KB140857

내레이션의 힘

내레이션의 힘

말은 어떻게 예술이 되는가

박형욱·김석환

예듬아카이브

일러두기

· 본문에서 언급한 아직 전문 용어로 규정되지 않은 내레이션 관련 표현은 방송계에서 통용되는 방식
  으로 표기했습니다.

· 본문의 인용문 중 출처가 명시되지 않은 것들은 이해를 돕기 위해 지은이들이 창작한 문장입니다.

· 본문에 삽입한 도판 중 일부는 저작권자를 찾지 못했습니다. 저작권자와 연락이 닿는 대로 허락을 구
  하고 정당한 사용료를 지불하겠습니다.

말의 기본 원리와 힘 그리고 특징을 모른다면,
그는 정신에 관한 대가(大家)가 아니다.

괴테

말하지 말고
내레이션하라

이 책을 쓴 우리 두 사람의 직업은 '성우(聲優)'다. 무엇인가를 읽고 표현하는 이른바 '내레이션(narration)' 전문가다. 원고를 손에 들고 그 내용을 때로는 흥미롭게, 때로는 감동적으로, 때로는 냉철하게 목소리로 전달하는 사람들이다.

정확한 정보 전달은 물론, 때로는 듣는 이들을 울리기도 하고 또 웃기기도 하는 우리 일의 대부분은 풍부한 음성 표현에 기반을 두고 있다. 그리고 그 음성 표현의 가장 기본이 되는 것이 바로 내레이션이다.

우리와 같은 전문 내레이터들에게도 '표현'하는 일이란 가장 흥미로우면서 늘 어려운 미션이다. 그래도 내레이션에 관해 항상 관심을 갖고 있다 보니 자연스럽게 여러 곳에서 강의를 하거나 코칭을 할 수 있는 기회가 많다. 그리고 그런 과정 속에서 문득 알게 된 것들이 있다. 생각만큼 우리나라에서는 훌륭하게 표현되는 우리말을 찾아서 '듣는' 교육이나, 소리 내어 표현하면서 '읽는' 교육이 거의 이뤄지지 않고 있다는 사실이다. 이런 까닭으로 제대로 말하고 표현하는 사람들이 주변에 흔치 않다.

또한 '스피치(speech)'에 대한 관심은 무척 높은데 정작 내레이션에 대해서는 잘 모른다. 같은 것으로 알고 있는 사람들도 부지기수다. 스피치 전문가라는 이들도 내레이션은 거의 다루지 않거나, 다루더라도 무척 소극적이고 불명확하게 접근한다. 사실은 스피치의 모체인데 말이다. '글을 제대로 읽고 표현해내는 것'이 말하기의 핵심이다.

그렇지만 이 둘의 차이를 이해하더라도 많은 사람들이 스피치는 대중적인 영역이고 내레이션은 전문적이라고 여기는 듯하다. 하지만 그렇지 않다. 내레이션은 우리의 일상과 밀접한 관련이 있다. 게다가 내레이션을 잘해야 스피치도 잘할 수 있다. 수학에서 덧셈을 이해해야 곱셈을 할 수 있듯이, 내레이션을 알아야 스피치를 능숙하게 할 수 있다.

요컨대 말을 잘하려면 기본적으로 '제대로 읽어야' 한다. 보고 읽든 외워서 읽든 떠올려서 읽든 간에 결국 모두 '읽기' 행위다.

용어는 친숙하지만 실상은 잘 모르는 내레이션을 제대로 다룰 수 있다면, 스피치에서 겪는 갖가지 문제들도 쉽게 극복할 수 있다. 더욱이 앞으로 살피겠지만 남녀노소를 불문하고 내레이션이야말로 가장 유용하고 실용적인 기술이며 표현의 예술이다. 우리가 갖춰야 할 첫 번째 소양이기도 하다.

이제부터 여러분은 우리와 함께 내레이션의 세계로 떠나볼 텐데, 그 전에 먼저 꼭 던지고 싶은 질문이 있다. 이 책을 펼쳐든 이 순간까지 여러분에게 내레이션이란 어떤 의미였는지. 내레이션이라고 하면 여러분은 무엇이 떠오르는가?

이 질문을 그동안 수많은 사람들에게 했고 그만큼 다양한 대답을 들었다. 그 가운데 가장 많은 답변은 다름 아닌 "별로 생각 안 해봤다"였다. 그래도 뭔가 대답하려고 애써준, 질문한 사람을 덜 무안하게 해주려는 배려심이 있는 이들은 보통 "뭔가를 소리 내서 읽는 것 아닌가?"라고 답변했다. 사실 대답이라기보다는 질문에 가까운 답변이었다.

"별로 생각 안 해봤다"와 같은 대답이 나오는 원인은 두 가지 정도라고 생각한다. 첫 번째는 읽기 행위가 우리의 삶 속에서 너무나 흔히, 숨 쉬는 일처럼 이뤄지는 일이기 때문이다. 지금도 여러분은 이 글을 읽고 있지 않은가? 읽지 않고 사는 일은 불가능하다. 원하든 원하지 않든 간에 여러분은 계속해서 뭔가를 읽는다. TV 화면 광고 문구를 읽고 스마트폰 메시지를 읽고 길을 걷다가도 의지와는 상관없이 간판에 적힌 글자를 읽는다.

이처럼 '읽는' 행위는 살면서 꼼짝 없이 할 수밖에 없는 일이다. 눈으로 읽느냐 입으로 읽느냐의 차이만 있을 뿐이다. 그렇다면 제대로 읽는다는 것은 과연 어떤 의미일까? 글자를 틀리지 않고 읽으면 잘 읽는 것일까? 별로 고민해보지 않았을 것이다. 그도 그럴 것이 읽기 행위가 숨 쉬는 일처럼 일상적인 일이라고 했을 때 우리는 우리가 왜 숨을 쉬는지, 어떻게 숨을 쉬어야 하는지 고민하면서 숨을 쉬지는 않기 때문이다.

우리는 그냥 숨을 쉰다. 뭔가를 읽는 행위는 그냥 삶 자체이기 때문에 왜 읽는지, 어떻게 읽어야 하는지 신경 쓰지 않고 사는 것은 지극히 자연스럽다.

그러나 그래왔던 우리가 건강에 제대로 관심을 갖게 되면 우선적으로 신경 써야만 하는 것이 바로 '숨 쉬기'다. 운동을 할 때도, 노래를 부를 때도, 대중 앞에서 발표를 할 때도 가장 먼저 고려해야 하는 것이 '올바른 숨 쉬기'다. 지금껏 아무런 신경도 쓰지 않았던 숨 쉬기가 그 무엇보다 기본적으로 신경 써야 할 최우선 사항이 되는 것이다.

'읽기'도 똑같다. 읽는 행위에 목적이 부여되면, 다시 말해 직장에서 프레젠테이션을 하거나 연설을 하거나 발표하고 진행할 때와 같이 누군가에게 말로써 메시지를 전달해야 한다면, 평소 숨 쉬듯 흔하디흔한 읽기가 아니라 '올바른 읽기'가 무엇인지부터 배워야 한다. 그 올바른 읽기와 표현이 바로 '내레이션'이다.

"별로 생각 안 해봤다"는 대답의 두 번째 이유는 우리나라 국어 교육에 있다. 이처럼 살면서 계속해서 읽고 표현해야 하는 상황이 끊임없이 펼쳐지는데도 이렇다 할 대책이 없었다. 잘 읽고 잘 표현하는 교육은 우리나라 정규 교육 교과 과정에 없다. 어릴 적 국어 시간에도 교과서를 그냥 읽는 정도가 전부였다.

사정이 이렇다 보니 우리나라 국민의 대다수는 제대로 표현하고 전달하는 올바른 읽기 기술이자 말하기 예술인 '내레이션'에 대해 알지 못했거나 관심이 없었다. 그런 채로 어떤 목적이나 필요에 따라 스피치 기술을 익히려고 하니 잘되지 않는 것이다. 그렇기 때문에 반드시 내레이션에 대한 이해에서부터 모든 말하기는 시작돼야 한다.

내레이션은 무척 흥미롭고 활용 분야가 매우 넓은 능력이며, 알아가는 과정 또한 아주 즐겁고, 제대로 익히면 여러분 삶의 많은 부분이 놀랄 만큼 바뀌리라는 것을 강조하고 싶다.

이 책을 읽고 나면 여러분은 한마디 말을 하더라도 이전과 같지는 않을 것이다. 제대로 읽고 멋지게 표현할 수 있다. 여러분이 전달하는 메시지는 명료하고, 많은 사람들이 여러분에게 설득될 것이다.

본론으로 들어가기 전에 잠깐만 아래 인용문을 살펴보자.

"사람들은 이제 아무것도 알 시간이 없어졌어. 그들은 상점에서 이미 만들어져 있는 것들을 사거든. 그런데 친구를 파는 상점은 없으니까, 사람들은 이제 친구가 없는 거지. 친구를 갖고 싶다면 나를 길들여줘."

여우가 말했다.

"그럼 어떻게 해야 하지?"

어린 왕자가 물었다.

"참을성이 있어야 해."

여우가 대답했다.

"우선 나한테서 좀 떨어져서 이렇게 풀숲에 앉아 있어. 난 너를 곁눈질해 볼 거야. 넌 아무 말도 하지 마. 말은 오해의 근원이지. 날마다 넌 조금씩 더 가까이 다가앉을 수 있게 될 거야."

다음날 어린 왕자는 다시 그곳으로 갔다.

"언제나 같은 시각에 오는 게 더 좋을 거야."

여우가 말했다.

"일테면, 네가 오후 네 시에 온다면 난 세 시부터 행복해지기 시작할거야. 시간이 갈수록 난 점점 더 행복해지겠지. 네 시에는 흥분해서 안절부절 못할 거야. 그래서 행복이 얼마나 값진 것인가 알게 되겠지. 아무 때나 오면 몇 시에 마음을 곱게 단장을 해야 하는지 모르잖아. 의식(儀式)이 필요하거든."

"의식이 뭐야?"

어린 왕자가 물었다.

"그것도 너무 자주 잊히고 있는 거야."

여우가 말했다.

"어떤 하루를 다른 날들과 다르게 만들고, 어떤 한 시간을 다른 시간들과 다르게 만드는 거지. 예를 들면 내가 아는 사냥꾼들에게도 의식이 있어. 그들은 목요일이면 마을의 처녀들과 춤을 춰. 그래서 목요일은 신나는 날이지. 난 포도밭까지 산보를 가고. 사냥꾼들이 아무 때나 춤을 추면, 하루하루가 모두 똑같이 돼버리잖아. 그럼 난 하루도 휴가가 없게 될 거고."

그래서 어린 왕자는 여우를 길들였다.

익숙한 장면일 것이다. 생텍쥐페리(Saint-Exupéry)의 명작 《어린 왕자(Le Petit Prince)》에서 어린 왕자와 여우가 처음 만나서 나누는 대화 중 일부다. 내레이션을 소개할 때 꼭 이야기해주고 싶은 장면이다. 어린 왕자가 여우에게 다가갔듯 조금씩 정성스럽게 내레이션이라는 분야로 접근해보는 것이다. 그럼 이제 시작해보자.

CONTENT

제2부 내레이션은 어떻게 하는가

제1부

내레이션이란
무엇인가

스피치에서
내레이션으로

앞으로 많은 이야기가 준비돼 있다. 매력적인 내레이션의 세계를 재미있고 명쾌하게 설명해보려고 한다. 그런데 반드시 짚고 넘어 가야 할 부분이 있다. 그래야 내레이션을 명확히 이해하고 구현할 수 있다.

앞서 우리는 여러분에게 내레이션이 어떤 의미로 다가왔는지, 내 레이션이라고 하면 무엇이 떠오르는지 물었다. 여러분의 삶과 내 레이션이 밀접한 관련이 있다고, 또는 여러분이 보다 나은 삶을 위 해 내레이션을 익히고 싶다는 생각을 해본 적 있는지 다시 한 번 묻 고 싶다.

왜 자꾸 같은 질문을 하는지 의아할 수도 있겠지만, '읽기'와 '말하기'의 올바른 관계 정립을 위해서 반드시 필요한 절차다. 내레이션이란 과연 무엇일까? 내레이션은 왜 있는 것일까?

여러 곳에서 다양한 삶을 사는 많은 사람들에게 내레이션을 설명할 때 "내레이션이 당신의 삶과 밀접한 관련이 있다고 생각한 적 없느냐"는 질문에 거의 모든 사람들은 고개를 갸우뚱하면서 "글쎄요, 별로 상관없는 것 같은데요" 식의 반응을 보인다. 이렇게 대부분의 사람들이 갖고 있는 내레이션에 대한 인식은 크게 다음과 같이 정리할 수 있다.

• 문장을 또박또박 읽는 일인데, 별로 해본 적은 없음.

• 주변에서 흔히 들을 수 있지만, 나와 직접적인 상관은 없음.

• 방송인이나 정치인과 같은 특정 계층에만 해당되는 것.

• 강의가 주업인 사람들은 배울 필요가 있을 듯함.

• 잘하지 못하지만 그렇다고 잘하고 싶은 생각도 없음.

대개의 경우 위 범주를 넘어서지 않는다. 그런데 질문을 바꿔 이렇게 물으면 완전히 다른 대답을 들을 수 있다.

"스피치에는 관심이 있습니까?"

'스피치'라는 단어를 듣는 순간 사람들의 눈빛은 변한다. 대답도 거의 한결같다.

"그럼요, 관심 많죠!"

그리고 한 번 더 묻는다.

"프레젠테이션(PT)은요?"

그러면 전보다 더 적극적으로 대답한다.

"당연하죠!"

이제 마지막으로 이렇게 묻는다.

"그런데 왜 내레이션에는 관심이 없는 건가요?"

이것이 우리가 이 책을 쓴 까닭이며, 내레이션을 올바로 알려야 겠다는 결심을 하게 된 계기다.

◀» 왕의 연설

세상을 움직이는 엄청난 말솜씨, 사람들을 움직일 수 있는 화술, 수많은 이들을 감동시키는 표현력을 체험하기에 걸맞은 영화가 있다. 바로 영국의 톰 후퍼(Tom Hooper) 감독이 연출한 영화〈킹스 스피치(The King's Speech)〉(2011)다. 뮤지컬 영화〈레미제라블(Les Miserables)〉(2012)로 더 유명해진 감독이다.

영화의 줄거리는 이렇다. 말더듬증 때문에 고생하던 영국의 조지 6세(George Ⅵ, 1895~1952)가 말더듬이 치료사 라이오넬 로그(Lionel Logue, 1880~1953)를 만나 마침내 훌륭한 연설을 하게 된다는 내용

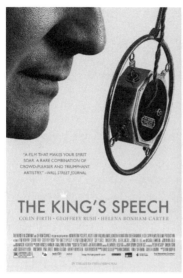
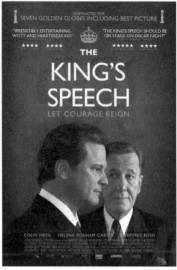

이다. 실화를 모티프로 삼았다. 영화의 포스터를 보면 마이크 앞 조지 6세 역할을 맡은 콜린 퍼스의 입이 클로즈업돼 있다. 다른 포스터에는 말더듬이 조지 6세와 그를 바라보는 치료사 라이오넬 로그의 얼굴이 나와 있다(이 역할은 제프리 러시가 맡았다).

이 영화는 영국과 미국은 물론 전세계 평론가와 관객 모두에게 좋은 평가를 받았다. 우리나라에서도 흥행했고 그와 더불어 말하기, 즉 스피치의 중요성을 일깨우는 역할도 톡톡히 해냈다. 스피치에 관심이 있는 사람이라면 꼭 관람했을 영화일 것이다.

왼쪽 포스터를 한 번 더 살펴보면 스피치에 대해 대중이 그리고 있는 이미지와 일치한다는 것을 알 수 있다. 마이크와 입 그리고 스피치라는 단어로 이뤄져 있다. 스피치라고 하면 떠올리는 인상은 동서양을 막론하고 비슷한 듯하다. 이번에는 오른쪽 포스터를 보자. 두 사람이 있는데, 스피치를 잘하고 싶은 사람과 스피치를 잘하게 해주는 사람이 있다. '킹스 스피치(The King's Speech)'라는 제목과 어우러져 말하기 힘들어하던 사람이 좋은 스승을 만나 말을 잘하게 되었다는 내용으로 읽힌다.

'왕의 연설' 정도로 직역되는, 대중이 스피치에 대해 갖고 있는 이미지를 간판으로 내세우며 만들어진 영화다. 그런데 이런 이미지를 넘어서 영화 내용은 어떤지 확인해보자. 그 내용도 여러분이 생각하는 그 스피치였는지 말이다.

말더듬증으로 고생하고 있는 영국의 국왕인 조지 6세가 있다. 예나 지금이나 정치는 말로 하는 것이고, 그렇기 때문에 지도자에게 훌륭한 스피치는 국가의 운명을 결정할 만큼 중요한 요소다. 그러나 이 국왕은 안타깝게도 지도자인데도 불구하고 심리적 불안증과 함께 말더듬증까지 갖고 있다. 왕으로서 자신의 운명과 국가의 운명까지 흔들 만큼 중대한 문제였다.

그런데 이런 조지 6세의 말더듬증을 치료하기 위해 라이오넬 로그라는 전문가가 나타난다. 전문가다. 스피치 전문가. 기대된다. 드디어 전문가가 등장했으니 말이다. 실제로 라이오넬 로그는 배우 출신의 언어 치료사였다. 그는 조지 6세에게 무엇을 가르칠까? 만

약 그가 앞으로 묘사할 스피치 전문가들과 같았다면 분명히 이렇게 할 것이다. 우선 조지 6세를 앞에 앉혀놓고는 자신의 전문성을 증명할 수 있는 여러 경력들을 소개한다. 그런 다음 갖가지 커뮤니케이션 및 스피치 이론을 설명하고, 스피치를 잘하는 각국 지도자들의 예를 들려준 뒤 자신의 사례도 곁들인다. 그러고는 "폐하도 훌륭한 연설을 하실 수 있습니다!" 하는 것이다. 여러분들이 봐온 수많은 스피치 책에서 말하는 그 방식이다.

그러나 라이오넬 로그는 그런 식의 스피치는 가르치지 않는다. 스피치라는 이미지는 그저 결과일 뿐이다. 그는 조지 6세에게 내레이션을 알려줬다. 앞에서 잠깐 언급했듯이 낭독(朗讀)과 스피치는 다른데, 그 미묘하고도 엄청난 차이를 이 영화를 통해 느낄 수 있다. 영화는 아주 중요한 단서를 제공하고 있다. 이 진정한 스피치 전문가가 무엇을 행하는지 살펴보자.

우선 그는 조지 6세에게 마이크 앞에 서는 법을 알려준다. 마이크와 어느 정도 거리를 유지해야 하고, 마이크를 사용할 때 어떤 마음

"턱을 풀어주세요"　　　　　　　　"힘 빼고 뛰어요, 어깨 풀고"

을 가져야 하는지, 그 앞에서 호흡은 어때야 하는지 차분하게 알려준다.

그러고는 긴장을 풀라고 다독인다. 몸과 마음의 긴장 모두 말이다. 하지만 긴장을 풀라고 제안한다고 해서 쉽게 풀리는 것은 아니다. 라이오넬 로그가 제시하는 솔루션은 제안으로 그치지 않는다. 그는 실질적인 방법들을 알려준다. 이론적인 지적인 정보가 아니다. 국왕 조지 6세 앞에서 자신이 얼마나 말을 잘하는지 퍼포먼스 따위는 하지 않는다. 그저 몸으로 하는 여러 가지 쉽고 간단한 방법들을 제안할 뿐이다.

호흡 훈련을 포함해 그는 모든 긴장 상태를 완화하는 방법들을 알려주고 함께한다. 조지 6세와 같이 뛰고, 턱을 흔들고, 깊게 복식호흡을 하면서 말이다. 이는 모두 말을 하기 전에 훌륭하게 말을 할 수 있는 몸의 상태를 만드는 일에 집중돼 있다.

그 다음으로는 스피치, 즉 내레이션을 하기 전 발성 연습을 충분

발성 연습

발음 연습("F 발음 조심하시고")

히 하라고 요구한다. 마찬가지로 발음 연습도. 몸을 소리 내기에 최적인 상태로 만들었다고 해서 말이 제대로 나오는 것은 아니기 때문이다. 발성 연습을 통해 '소리를 만드는 훈련'을 먼저 하는 것이다. 대중을 향해 연설하고 음성으로 메시지를 전달하는 일은 가수의 공연 준비 과정과도 비슷한 단계를 밟는다. 말이나 노래나 소리로 전달되는 메시지이므로 목소리를 가다듬어 최적의 발성 상태가 되도록 준비해놓는 것은 매우 당연한 일이다.

그런 뒤 비로소 목적한 일을 하도록 이끈다. 바로 연설문을 '읽는' 것이다. 가장 중요한 이 단계를 위해 라이오넬 로그는 그간의 모든 솔루션을 실행한 것이다. 사람들이 그리고 있던 그 스피치인가? 아닐 것이다. 그런데 영화 제목은 왜 '스피치'일까? 더욱이 영화 내용 내내 조지 6세가 커뮤니케이션 이론을 공부하는 장면은 한 번도 나오지 않는다. 그 까닭은 무엇일까?

◀》 스피치 열풍의 이면

우리 사회에 '스피치'로 대표되는 화술 열풍이 불기 시작한 시점은 1990년대 중반이었다. 지금도 여전하지만 그 필요성이 대두되기 시작한 원인은 당연하게도 사회 구성원들의 삶에 화술이 필요했기 때문이다. 직장인을 비롯한 일반 대중이 유려하고 설득력 있는 말솜씨로 통하는 스피치에 대대적인 관심을 가진 이유는 무엇이었을까?

사람들은 왜 스피치를 배우려고 했을까? 소중한 가족에게 기막힌 말솜씨로 감동적인 이야기를 들려주고 싶어서 스피치 강의를 들었을까? 아니면 사랑하는 사람에게 마음을 온전히 전하고 싶어서 스피치 책을 읽었을까? 그것도 아니면 친구들 사이에서 말 잘하는 사람으로 인정받고 싶어서? 아니다. 세상이 원했기 때문이다. 대다수의 기업이 스피치를 직원들의 중요한 역량으로 꼽고 인사고과에 반영해서다. 더 구체적으로 말하면 컴퓨터의 대중화로 기업들이 오피스 소프트웨어를 채택했고 마이크로소프트의 파워포인트(PowerPoint) 프로그램을 활용한 '프레젠테이션'이 필수 업무 기술로 떠올랐기 때문이다. 이것이 시작이다. 이로부터 스피치 교육은 하나의 목적 지점을 향하게 된다. 설득력 있는 프레젠테이션을 할 수 있는 유능한 직원이 되는 것. 이런 필요와 목적으로 대한민국에 스피치 광풍이 몰아쳤다.

그런 뒤 20년 가까이 시간이 흘러 지금에 이르렀다. 강산이 두 번이나 변한다는 적지 않은 세월이 흐른 지금도 스피치 관련 서적은 대형 서점에서 별도 매대를 형성할 만큼 큰 관심을 받고 있다. 20년의 세월 동안 우리 사회의 말하기 담론에는 어떤 변화가 있었을까? 서점에는 무수히 많은 주제의 스피치 관련 책들이 그야말로 빼곡히 꽂혀 있다. 프레젠테이션은 물론 대화, 소통, 설득, 협상에 이르기까지 다양한 주제의 스피치 도서들이다. 이토록 오랫동안 뜨겁게 스피치 열풍이 이어지고 있으니 놀랍다.

그렇다면 대한민국 국민들의 말하기 실력은 향상됐을까? 적어도 스피치 서적을 읽은 독자라면 전보다는 나아지지 않았을까? 함부로 단정 짓기는 위험하지만 우리가 보기에는 썩 개선된 것 같지는 않다. 하긴 만약 우리 사회에 말하기 니즈가 제대로 충족됐다면 스피치 열풍은 이미 사그라졌어야 맞을 것이다. 그런데 지금도 말하기에 대한 대중적 욕구가 강한 것을 보면 역설적으로 기존의 스피치 콘텐츠들이 그다지 성공적이지 못하다는 방증으로 볼 수도 있지 않을까?

이제 다시 질문을 던지고 싶다. 과연 말을 잘한다는 것은 어떤 의미일까? 훌륭한 스피치의 기준은 무엇일까? 초등학교와 중학교, 고등학교 시절을 거쳐 대학에 이르기까지의 교육 과정에서 말하기 교육을 제대로 받아본 기억이 있는가? 여러분의 가족, 친구, 연인,

동료들에게 바람직한 스피치를 하고 있는가? 혹시 20년 전 스피치 열풍의 배경이 그랬듯 회사가 요구해서, 업무 역량이라니까, 마치 숙제 하듯 '말하기'를 바라보고 있지는 않은가?

물론 말 잘하기 니즈가 꼭 업무 역량에만 있는 것은 아니다. 인간은 사회적 동물이고 언어를 사용하므로 화술에 대한 욕구는 본능이라고도 볼 수 있다. 예나 지금이나 인간관계에서 말을 잘한다는 것은 커다란 매력으로 작용하며, 직업 구조의 변화로 말하기에 대한 관심은 앞으로도 더 커질 것이다.

그러나 말하기 담론이 지난 20년의 세월과 똑같은 흐름으로 이어진다면 그 결과는 보지 않고도 알 수 있다. 기능으로서의 말하기, 스펙으로서의 화술, 그리고 무엇보다 노력한 만큼 얻지 못하는 잘못된 스피치 기술 등이 반복되면서 엄청난 에너지 낭비가 있을 것이다. 또한 수확한 열매가 있더라도 온전한 열매는 아닐 것이다. 그동안 쌓인 책들이 이를 증명해주고 있다. 따라서 지금까지의 '말하기'는 바뀌어야 한다. '말하기 패러다임'의 전환이다. 그리고 그곳에 다름 아닌 '내레이션'이 있다.

🔊 첫 단추부터 잘못된 스피치

'말하기'에 대한 개념과 정의는 왜 제대로 뿌리내리지 못했을까?

많은 이유가 있겠지만 가장 큰 이유를 생각해보면 세 가지 정도로 압축할 수 있다.

가장 먼저 짚어봐야 할 지점은 앞에서 지적했듯이 말하기에 대한 관심이 순수하지 못한 곳에서 출발했기 때문이다. 우리 사회에 말하기 열풍이 시작된 것은 기업의 요구 때문이었다. 그 요구가 있기 이전까지 훌륭한 조직 구성원의 첫 번째 덕목은 맡은 바 업무를 묵묵히 성실하게 수행하는 것이었다. 화술에 능통하지 않더라도 상명하복의 원칙에 따라 열심히 일하면서 아이디어를 내고, 차츰 리더십을 갖춰서 그렇게 한 계단씩 승진하는 사람이 더할 나위 없는 인재였다.

말을 잘하면 입만 살았다고 지탄을 받는 경우도 있었다. 조직은 그런 직원보다는 입이 무겁고 뚝심 있으며 충성스러운 사람을 원했다. 조용하고 무거운 카리스마를 갖춘 장군형 인재, 수직적인 조직문화에 최적화된 인재가 리더가 됐다. 그런데 그랬던 사회에 조금씩 변화의 조짐이 나타났다. 그런 변화를 이끈 사회 분위기가 있었다. 오래도록 이어져온 민주화에 대한 열망은 결국 정치권력의 양상을 바꿨고, 그 시대적 흐름 속에서 사람과 사람 사이의 소통방식도 달라졌다.

소수의 권력자들이 사회를 움직이던 환경에서 시민이 주인이 되는 시대로 변화했고, 때마침 세계화라는 화두가 범세계적인 이슈가 되면서, 대한민국이 글로벌 경쟁력을 갖추려면 무엇보다 기존의 수직적이고 폐쇄적인 조직문화가 개선돼야 한다는 목소리가 커졌다. 그리고 이런 분위기 속에 기업들은 새로운 인재상을 원하게 됐다. 윗사람 말 잘 듣고 얌전히 기획서 잘 쓰는 직원보다는, 창의적인 생각으로 여러 가지 아이템을 모색하고, 기본적으로 마케팅 능력을 갖추고 있으며, 수평적 리더십으로 주변 분위기를 밝게 만들 줄 아는 인재가 필요했다.

그러면서 자연스럽게 커뮤니케이션과 스피치 능력이 강조됐지만, 이를 통해 조직문화가 근본적으로 바뀌었다기보다는 조직 구성원 개개인의 프레젠테이션 능력 향상과 영업 마케팅 소양을 쌓는 쪽으로 발전했다. '말하기' 그 자체에 대한 관심에는 큰 변화가 없었다. 자유롭게 자신의 생각을 표현하고 공유하는 말하기의 발전은 더디게 이뤄졌다. 지극히 당연한 일이기는 하다. 말하기에 대한 관심이 개인에서 시작된 것이 아니라 업무 역량으로 위에서 요구됐기 때문이다.

위로부터의 변화에는 늘 한계가 있는 법이다. 더욱이 사회 구성원들이 '말하기'를 소통이라는 측면에서 바라본 것도 아니고 다분히 실용적이고 상업적인 필요로 생긴 분위기 변동이었으므로 그 속도는 느릴 수밖에 없었을 것이다. 어쨌든 이는 결과적으로 사회의 체질을 바꾸는 방향보다는 개인의 업무 역량을 발전시키는 데 그치는 다소 보잘 것 없는 열매를 맺는다. 그 열매가 무의미하다는 의미는 아니다. 애초부터 목적이 그랬으니까.

'말하기' 담론이 제대로 설정되지 못한 두 번째 이유는 우리 사회의 의식 부재에서 찾고 싶다. 아직까지 우리나라에서는 말하기에도 교육과 학습이 필요하다는 문제의식이 빈약하다. 공교육 과정에서 단 한 번도 가르치고 배운 적이 없기 때문이다. 그런 교과 과정도 없을뿐더러 그 누구도 필요성을 제기하지 않았다. 예컨대 학창 시절 국어 수업 시간에 "오늘은 우리말을 아름답게 구사하시는 아무개 선생님을 모시고 여러분과 '말하기'에 관해 이야기하는 시간을 가져보려고 해요" 식의 교육이 이뤄진 적은 없었다.

훌륭한 말하기는 훌륭한 말을 듣는 데서 시작한다. 특히 어릴 때에는 더 그렇다. 이 당연한 사실 때문에 서구 선진국들은 물론 이웃 나라 일본에서도 위와 같은 교육을 진행한다. 훌륭한 말하기의 필요성이나 방법을 칠판에 적을 수는 있어도 제대로 된 '소리'를 들려준 적이 없으니 모래 위에 집을 짓는 격이다. 언어는 어느 지역 어느 문명에서나 소리에서 시작됐다. 문자는 그 이후에 만들어졌다. 그런 다음 문법 등의 발전 순서로 이어졌다.

이 패턴은 지금도 똑같다. 말을 배우기 시작할 때부터 제대로 된 말을 들어야 하는 것이다. 하지만 안타깝게도 우리 사회의 국어 교육은 소리 교육보다는 문자 교육에 치중돼 있다. 되레 영어는 이미 좋은 소리를 듣는 '음성으로서의 말' 교육이 중요하다는 사실을 인식해 아이들에게 어려서부터 미국식 영어니 영국식 영어니 해가면서 좋은 소리를 듣고 가르치는 등 열심이지만 정작 우리말은 그렇지 못한 것이 현실이다.

말에 특화된 국어 교육이 절실히 필요하다. 읽기 교육의 일환으로 교육부가 제시한 신문 활용 교육 'NIE(Newpaper in Education)'가 있지만, 여기에서의 읽기도 음독이 아니라 묵독이다. 좋은 글을 많이 읽으면 좋은 말하기를 할 수 있다는 정도로 그친다. 사실 NIE도 취지야 무엇이건 간에 논술 대비용으로 활용된다. 소리로써 구현된 우리말의 아름다움을 느끼면서 나아가 풍성하게 표현하면서 읽을 수 있는 능력을 기르는 일은 매우 중요하다. 그런 뒤에라야 문법이나 기타 어문 규정이 제대로 살아날 수 있는 것이다.

이제부터라도 우리 국어 교육에 빠져 있는 '소리로서의 우리말'이 제자리를 찾았으면 하는 바람이다. 소리로서의 우리말이라고 할 때 표준 발음을 지칭하는 것은 아니다. 어느 나라의 말이든 그 아름다움을 나타내는 것은 말의 음조나 억양, 강세 등이다. 이런 것들을 제대로 지켜나가고 있기 때문에, 일테면 프랑스어가 아름다운 언어로 평가받는 것이며, 다른 선진국들도 그 사실을 알기에 소리로서의 국어를 교육하고 있는 것이다. 아름다운 소리로서의 우리말이 무엇인지 알지도 못하고, 배운 적도 익힌 적도 없는데, 무슨

수로 좋은 스피치를 할 수 있을까? 막막해지는 것이 당연한 일 아닐까?

여기에는 역사적·문화적 측면이 관련돼 있다. 우리 사회는 뿌리 깊은 유교문화의 영향으로 '말'이라는 것 자체가 조심스럽다. '교언영색(巧言令色)', 즉 말 잘하고 아첨하는 사람을 조심하라는 지침이 있을 정도다. 청산유수의 달변보다는 말을 아끼고 점잖은 태도가 훌륭하다고 평가받았고 선비의 미덕이라고 중시됐다. 그리고 그런 분위기가 근대를 맞이해 변화하기도 전에 일제 강점기로 접어들었다. 영토와 주권뿐 아니라 말과 글과 이름까지 모두 빼앗긴 시기였다. 독립을 이룬 후에도 사정은 좀체 나아지지 않았는데, 일제 강점을 벗어나자마자 1948년 제1공화국 시절부터 1988년 제5공화국이 끝나는 40년의 세월 동안 특유의 억압된 수직적인 분위기 속에서 자란 세대들은 스스로를 제대로 표현하는 기회를 갖지 못한 채 살았다.

가정에서건, 학교에서건, 사회에서건, 자유로운 자기표현보다는 입 다물고 수긍하는 문화가 몸에 밴 사람들에게 1990년대 중반에 덜컥 주어진 미션이 프레젠테이션과 스피치였다. 싸잡아 단정 지을 수는 없지만 잘될 리가 없었다. 그렇다면 20년이 지난 지금은 달라져야 하는데 여전히 필요성만 난무할 뿐 교육 과정 저변은 바뀐 게 없다. 다음 표는 해방 이후 1955년 문교부가 발표한 국민학교

문교부령 제44호 국민학교 교과 과정 (1955년)	교육부 고시 74호 초등학교 교육 과정 (2015년)
① 그림을 보고 즐기게 한다	① 글자, 낱말, 문장을 소리 내어 읽는다
② 그림과 물건을 분간할 수 있게 한다	② 문장과 글을 알맞게 띄어 읽는다
③ 사람과 사물의 이름을 알게 한다	③ 글을 읽고 주요 내용을 확인한다
④ 책을 보는 방법을 알게 한다	④ 글을 읽고 인물의 처지와 마음을 짐작한다
⑤ 자기의 경험과 글자를 결부시키게 한다	⑤ 읽기에 흥미를 가지고 즐겨 읽는 태도를 가진다
⑥ 간단한 낱말과 문장을 읽을 수 있게 한다	
⑦ 글자 외 여러 부호가 있는 것을 알게 한다	

교과 과정 중 읽기 목표 부문과 2015년 현재 교육부 고시 초등학교 읽기 교육 과정을 비교한 것이다.

이 두 교육 목표가 세워진 시간에는 60년의 차이가 있다. 하지만 그때나 지금이나 국어 교육이 지향하는 바는 크게 다르지 않다. 어떤 면에서는 1955년의 교육 목표가 좀 더 세심하다고 느껴질 정도로 뭔가 중요한 부분을 빠뜨린 채 60년이 흐른 것이다. 무엇이 빠졌을까? 표현하면서 읽기, 즉 '내레이션'이 빠져 있다. 소리 내어 읽으면서 문장 내용을 표현하기, 영화 〈죽은 시인의 사회(Dead Poets Society)〉에서 학생들이 받던 수업, 문학 작품을 소리 내어 읽으면서 표현하는 것, 이런 모든 내레이션 교육이 빠져 있는 것이다.

모든 학습 과정에는 순서가 있기 마련이다. 아기가 기어 다니다가 걸음마를 하고 아장아장 걷다가 마음껏 뛰어 노는 게 순서이듯이, 좋은 말하기는 좋은 말을 듣는 것이 우선이고, 그런 다음 그것을 따라하며 배우다가 문자를 익혀 제대로 읽고 풍부하게 표현한 뒤에라야 훌륭한 말하기 단계로 접어들 수 있다. 그런데 우리 국어 교육 과정에는 말하기를 듣는 것과 읽으면서 표현하는 것이 모두 빠져 있고, 오로지 글자를 배워 틀리지 않고 읽는 것만을 목표로 삼고 있으니 문제가 심각하다.

말하기 담론이 이 사회에 제대로 자리 잡지 못한 세 번째 이유는 역설적이게도 '스피치'라는 용어에 있다. 우리는 이렇게 단언하고 싶다. 스피치라는 용어에 모두가 크게 속았다고 말이다. 여러분은 '스피치'라는 단어에서 어떤 이미지가 떠오르는가? 아마도 2명 이상 모인 자리에서 자유롭게 대화하는 장면이 떠오를 것이다. 또는 앞에 나가서 청중을 향해 어떤 주제로 이야기를 하는 장면이나, 〈세바시(세상을 바꾸는 시간 15분)〉 같은 강연 프로그램에 출연한 각계각층의 연사들이 마이크를 통해 자신이 전하고자 하는 메시지를 설득력 있게 전달하는 모습을 떠올릴 것이다.

이런 이미지들이 '스피치'에 대해 갖고 있는 전형적인 이미지일 텐데, 이는 온전히 자신이 가진 전문성을 바탕으로 일정 시간 '프리 토킹(free talking)'한다는 것을 전제로 한 생각이다. 이 같은 이미지가 그대로 '스피치=능숙한 프리 토킹'이라는 고정관념으로 각인됐다. 누가 이런 이미지를 심었을까? 다름 아닌 대중에게 스피치의 중요성을 역설한 스피치 전문가들이다.

물론 그 이미지가 전적으로 틀렸다는 것은 아니다. 그러나 표면적인 화려함만 제시할 뿐 그 속에 담겨 있는 실체는 보여주지 않는다. 마치 배우를 꿈꾸는 사람들에게 레드 카펫의 눈부신 스포트라이트와 팬 사인회를 하는 모습만 그려주고 정작 그 자리에 오르기까지의 과정은 보여주지 않는 것과 같다. 그래도 서울만 가면 된다고, 스피치 관련 도서를 통해 능수능란한 프리 토커가 됐으면 상관없는데 그런 사람들이 많아 보이진 않는다. 주변 사람들에게 "그 책을 통해 이제 어디에서건 청중의 눈과 귀를 휘어잡고 이야기할 수 있게 됐나요?", "그 책을 읽으니 저자가 이야기하던 것처럼 되던가요?" 하고 물으면 "희망 고문만 당했어요"라는 대답이 돌아왔다. '저 사람이 됐으니까 나도 되겠지?'로 시작한 희망 고문은 결국 '역시 난 안 되는 구나'로 끝나는 경우가 대부분이다.

그런데도 스피치 책은 계속 쏟아져 나오고 잘 팔린다. 쓰디쓴 실패의 기억은 금세 잊히고 다시금 말을 잘하고 싶다는 니즈가 자리를 채운다. '분명히 나를 훌륭한 프리 토커로 이끌어줄 스피치 바이블이 있을 거야'라는 기대감을 버리지 못한 채 이 책 저 책 읽으면서 스스로 희망 고문을 거듭한다.

왜 이런 악순환이 반복되는 걸까? 눈치 챘겠지만 '스피치=프리 토킹'이라는 등식이 잘못됐기 때문이다. 사람들이 스피치라고 부르는 것은 사실 프리 토킹이 아니라 '리딩(reading)'이다. 일상생활에서의 평범한 대화가 아닌 어떤 목적을 갖고 행하는 모든 '말하기'는 전부 '읽기'다. 읽는 훈련(연습)을 통해 자유롭게 말하는 것(프리 토킹)처럼 보이는 읽기(리딩)인 것이다. 안 보고 말하는데 왜 읽기라고 하느냐 반문할지도 모르겠다. 하지만 아니다, 읽기 맞다. 완벽하게 외워서 머릿속에 있는 문장을 '읽는' 것이다. 그래서 이 정도로 능숙해지면 읽기와 말하기는 동일한 것이 된다.

따라서 스피치가 아니라 내레이션이 선행돼야 한다. 잘 읽어야 결국 잘 말할 수 있다. 읽는 데 도가 트면 말하기는 자연스럽게 체득된다. 스피치라는 거대한 신기루를 잡기 위해 너무나 많은 에너지를 낭비하고 있는 주위 사람들을 볼 때마다 우리는 달을 가리키면서 손가락을 보지 말라고 조언해왔다. 이제 여러분에게도 알려주고 싶다.

이해가 되었다면 이제 스피치가 아니라 내레이션으로 반걸음만 다가서보자. 우리 두 사람은 짧지 않은 기간 동안 방송, 강연, 교육 영역에서 내레이션 전문가로 활동했고, 그 과정에서 이른바 스피치 전문가라 불리는 이들과 직간접적으로 접할 수 있는 기회를 자주 가질 수 있었다. 그들과 스피치에 관해 이야기를 나누고 그들이 하는 스피치 강의를 경청하면서 배운 것들도 많았다. 하지만 한편으로는 '왜 정작 중요한 부분은 말하지 않을까?' 하는 의구심이 들었다.

그들은 자신의 말하기 능력이 어디에서부터 쌓이기 시작했는지, 어떤 계기가 있었는지 이미 잘 알고 있다. 엄밀히 말해 그들의 스피치 파워는 자신들이 말하는 스피치 기술이 아니라 그동안의 '경험' 덕분에 쌓인 것이다.

시장에서 물건을 파는 상인이 처음에는 익숙지 못하고 쑥스러워 쭈뼛거리다가도 시간이 흐르면 자신의 팔고 있는 물건에 대해서만큼은 몇 시간이고 쉬지 않고 말할 수 있게 되듯이, 스피치 전문가들도 마찬가지다. 수많은 강연 경험으로 어느새 강단에만 서면 말이 저절로 나온다. 그것이 그들의 직업이다. 한두 시간의 스치피 강연 동안 청중을 웃기기도 하고 놀라게도 한다. 하지만 기막힌 말솜씨를 꿈꾸는 이들에게 실질적 도움은 되지 않는 허울 좋은 퍼포먼스일 뿐이다.

조심스럽게 표현하자면 그들은 스피치 전문가가 아니라 스피치 강연 전문가라고 할 수 있다. 그들은 스피치 강연과 저술 활동 등을 통해 수익을 얻는다. 핵심은 청중에게 스피치를 잘하기 위한 방법과 도구를 알려주는 데 있다. 사실 그 방법이 거창한 것도 아니다. 그런데도 자신의 말솜씨 자랑만 늘어놓는다. 화려하지만 알맹이는 없는, 돌아서고 나면 다시 원점인, 그로 인한 반복적인 희망 고문, 이 쳇바퀴가 계속해서 돌아가는 한 '말하기'는 앞으로도 공염불에

머물 것이며 스피치 시장도 여전히 호황을 누릴 것이다. 지난 20년
간 그래왔던 것처럼.

◀» TV 화면에는 보이지 않지만

'말하기'가 직업인 사람들을 꼽으라면 가장 먼저 아나운서나 성
우가 떠오를 것이다. 주지했다시피 말하기에 대한 사회적인 관심
이 집중된 시점은 1990년대 중반이었고, 외환위기를 겪으면서 잠
시 시들해졌던 스피치에 대한 관심은 이후 취업난과 고용 불안으
로 인해 자기계발에 대한 욕구가 증폭하면서 급격히 확산된다. 아
나운서나 성우 말고도 각 분야 전문 강사 등 말로써 먹고사는 직군
이 폭발적으로 성장한 것은 2000년대부터였다.

물론 스피치에 대한 관심이 확산되면서 대중에게 스피치 전문가
로 가장 먼저 인정받은 직업은 정중하고 신뢰감 있는 말하기의 대
명사인 아나운서였다. 더불어 스피치 분야의 전문성을 인정받은
직업 역시 방송인들이었다. 정확히 표현하면 방송을 통해 명성을
얻은 다양한 강사들이었다. 비슷한 시기 대학의 미디어학과나 커
뮤니케이션 관련 전공자들이 많이 배출되면서 더욱 다양한 스피치
전문가들이 세상에 모습을 드러내게 됐다. 우리 두 사람도 오랜 기
간 성우로, 방송인으로, 전문 내레이터로 활동하면서 여러 부류의

스피치 전문가들을 만나 교류할 기회를 가질 수 있었다. 방송국을 우리 같은 전문 방송인들 사이에서는 '말 공장'이라고 부른다. 같은 방송인들끼리 부르는 애교 섞인 용어이긴 하지만 실제로도 이곳이 다양한 말을 만들어내는 곳임에는 틀림없다.

그래서인지 말 공장 안에는 다양한 직업을 가진 이른바 말 잘하는 사람들이 잔뜩 모여 있다. 대체로 이들은 크게 두 부류로 나뉜다. 공적 스피치 전문가와 사적 스피치 전문가다. 아나운서와 성우가 뉴스, 스폿(spot), 리포트, 다큐멘터리, 교양, 정보 등 방송의 공적 스피치를 전담하고 있는 전문 메신저라고 한다면, 여러 예능과 토크쇼 프로그램 패널로서 신변잡기나 특정 분야의 개인 강연 등을 하는 이들은 사적 스피치 전문가라고 할 수 있다.

이들 중에서 현재 대중적으로 스피치 전문가라 인정받고 있는 직군은 주지한 바와 같이 공적 스피치 전문가 그룹이며 그 대표적인 직업이 아나운서다. 아나운서가 주로 하는 일은 '어나운스먼트(announcement)', 즉 뭔가를 말로써 알리는 일이다. 그런데 이 어나운스먼트도 프리 토킹이 아니다. 원고가 있다. TV 화면에는 보이지 않지만 모든 아나운서들의 어나운스먼트는 '프롬프터(prompter)'를 보며 읽는 것을 기반에 둔다. 따라서 아나운서를 꿈꾸는 지망생들은 방송아카데미에서 읽기 훈련을 받는다.

아나운서의 시선이 닿는 카메라에는 프롬프터 장비가 장착돼 있

다. 카메라와 전면에 설치된 이 장비는 아나운서가 그날 해야 할 멘트를 보기 좋게 나열해서 눈앞에 띄워주는 역할을 수행한다. 말하는 이의 시선은 정확히 시청자 방향, 즉 카메라를 향해 있지만 사실은 그 앞의 프롬프터를 보면서 내레이션을 하고 있으며 그것을 어나운스먼트라고 일컫는 것이다.

미래의 스피치 전문가가 되기 위해 아나운서 지망생들은 '바르게 읽기'를 기본적으로 익히게 되는데, 아직 이 단계는 내레이션이라고 할 수 없다. 낭독이며, 바로 이 훈련이 순수한 의미의 '리딩'이다. 그렇다고 낭독이 쉬운가 하면 그렇지 않다. 국어적 소양을 정확히 지키고 훌륭한 발성과 발음을 유지해가면서 동시에 신뢰감 있는 자세와 표정으로 낭독하는 일은 매우 어려운 작업이다. 아나운서 지망생들은 원고를 정확하고 바르게 읽는 훈련을 쉼 없이 한다. 더욱이 초반에만 하고 그치는 게 아니라 지망생 기간 내내 계속해서 하게 된다. 이후 어려운 관문을 뚫고 방송사의 아나운서로서 입사한 뒤에도 계속된다. 가수가 발성 연습을 게을리 하지 않는 것처럼 말이다.

이는 방송 제작의 특수성과도 연관돼 있다. 방송은 프로듀서, 카메라, 기술, 작가, 기자, 아나운서 등의 여러 전문 분야가 협업해서 만들게 되는데, 이런 협업 사이에는 정확한 약속이 있어야 하고 그 약속을 각자가 확실히 이행하는 것이 매우 중요하다. 작가의 원고 준비와 아나운서의 멘트 시간 등이 사전에 약속한 대로 진행되기 위해 이런 부가적인 장치들이 필요한 것이다.

아나운서의 역할은 뉴스에서의 어나운스먼트뿐만이 아니다. 여러 다른 방송 프로그램의 진행자로 활동하기도 하고, 사건 현장이나 해외로 나가 리포팅을 하기도 하며, 라디오 DJ로도 활동하는가 하면, 매시 정각 "몇 시를 알려 드립니다" 하고 시각 고지(告知)를 하는 일까지 그 역할이 실로 다양하다. 이 중에 읽어서 표현하는 일이 아닌 것은 없다. 모두가 낭독하거나 내레이션해서 전달하는 일이다.

이렇듯 스피치 전문가로 알려져 있는 대표적 직업인 아나운서도 프리 토킹이 아닌 리딩으로 실력을 키우고 유지하는 직업이다. 더 정확히 말하면 원고를 또박또박 바르게 읽는 낭독에서부터 자신의 의지와 감정을 담아내 읽는 내레이션을 수행하는 직업이 아나운서다. 추가로 비언어적 소양과 지적 소양도 아나운서에게 요구되는 자질이다. 메시지 전달은 누가 어떻게 전달하느냐가 설득력을 결정하는 요소이기 때문에, 아나운서의 경우 메시지 자체 말고도 신뢰감 있는 비언어적 요소를 중요하게 다뤄야 한다. 이 부분은 뒤에서 따로 자세히 다룰 것이다.

🔊 리얼 버라이어티 같아도

그렇다면 사적 스피치 전문가인 방송인은 어떨까? 예능이나 토크쇼에 출연하는 사람들 말이다. 다양한 이야기를 자유롭고 거침없이 쏟아내면서 시청자들에게 웃음을 선사하는 역할도 있고, 특정 분야의 권위자로서 청중 앞에서 오랜 시간 강연하는 사람들도 있다.

얼핏 아나운서와 같은 공적 스피치 전문가들과는 다르게 원고 없이 순전히 프리 토킹을 하는 것으로 보이지만, 실상은 이들도 마찬가지다. 모든 방송은 읽기를 전제로 한 원고나 스크립트 준비가 선행되지 않고는 제작을 할 수가 없다. 리얼 버라이어티 예능이라고 프리 토킹을 하는 게 아니다. 작가들이 대본을 쓴다. 애드리브(ad lib) 정도는 허용된다.

라디오 예능 프로그램도 그렇다. 편하게 웃고 떠드는 것 같지만 원고가 있다. 다만 예외적인 경우가 있는데, 강연 프로그램에서 강

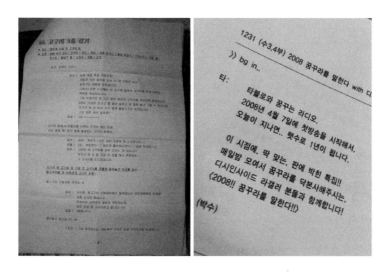

〈무한도전〉에서 MC 유재석 원고(왼쪽), 라디오 방송 프로그램 원고(오른쪽)

사에게는 원고가 제공되지 않는다. 해당 분야의 지식을 작가들이 알지도 못할뿐더러, 강의를 요청해놓고 원고를 써주는 것도 어불성설이니까. 그런데 이 경우도 제공된 원고 없이 강사 스스로 자유롭게 강의하므로 프리 토킹 같지만 사실은 강사 자신이 준비한 원고가 있다. 손에 든 것이 없다면 머릿속에 들어 있는 것이다.

간혹 정말로 사전 준비 없이 즉흥적으로 강의를 하는 이들이 있기는 하나 어디까지나 드문 경우다. 대부분의 방송 제작은 역시 세세한 원고들이나 대략적인 아웃라인을 가진 스크립트를 기반으로 한다. 그러므로 사적 스피치 전문가인 출연자들도 아래와 같이 사전에 세세한 원고 및 스크립트를 받고, 꼼꼼하게 체크하고 연습한 뒤에 제작에 참여하게 되는 것이다.

흔히 "방송을 잘한다"라고 할 때 시청자의 입장에서 보면 말을 재미있게 하고 정보나 감정을 흥미롭게 전달하는 것을 의미하지만, 방송 제작 실무자의 관점에서는 주어진 시간 안에 자신의 역할을 얼마나 잘 소화해내느냐와 같은 뜻으로 쓰인다. 다시 말해 아무리 말을 잘하더라도 그 출연자가 사전에 약속한 대로 말하지 않고 정해진 시간과 내용을 어긴다면, 설사 재미가 있더라고 방송 잘한다는 평가는 받기 어렵다. 방송인 또한 원고를 기반으로 하는 말하기 전문가인 것이다.

대다수의 스피치 관련서 저자들은 자신이 강연 등을 진행할 때 잘 구성된 원고가 얼마나 중요한 요소인지 알면서도 책 본문에서는 정작 이 내레이션 이야기는 쏙 빼놓는다. 충분히 이해는 된다. 구분하지 않아서다.

하지만 그 때문에 잘못된 결과가 도출되고 만다. 읽는 행위가 말하기와 동일시되면서 엉뚱한 솔루션이 제시되기 때문이다. 자신들의 스피치가 순수한 의미의 '말하기'가 아닌 데다 자신 또한 그렇게 훈련한 게 아니면서도 한사코 그것을 스피치로 규정하는 까닭은 내레이션 개념이 정립되지 않아서다. 국어 교육에서부터 개념 정립이 되어 있지 않으니 당연한 일이기도 하다.

🔊 스피치가 아니라 내레이션이다

다시 〈킹스 스피치〉로 돌아가보자. 스피치를 잘하기 위해 커뮤니케이션과 관련한 지적 소양을 쌓아야 한다는 선입견에서 벗어나지 못한 사람들은 이렇게 이야기할 수도 있을 것이다. 영화에서는 다루지 않을 뿐 분명히 이론 수업을 했을 거라고, 원래 왕은 '제왕학(帝王學)'을 배우지 않느냐고, 그 제왕학 속에 커뮤니케이션 이론이 없으리라는 법이 있느냐고 말이다. 조지 6세는 말더듬증 때문에 스피치만 못했을 뿐 이미 커뮤니케이션 이론에는 완벽한 사람이었을 거라고 주장할지도 모르겠다.

어쨌든 조지 6세는 이 모든 스피치 준비를 마친 뒤 드디어 '읽는다'. 연설문을 리딩, 즉 읽어간다. 그냥 읽는 것이 아니라 '내레이션'한다. 여기에서 조지 6세의 '읽는' 행위에 주목해야 할 필요가 있다. 그는 '낭독'을 하는 것이 아니다. 정확한 메시지 전달과 더불어 청중이 감동을 느낄 수 있도록 '표현을 담아' 읽는다. 내레이션을 하는 것이다. 다음 이미지를 보자.

조지 6세가 무엇을 하고 있는가? 마이크 앞에서 프리 토킹을 하는가? 라이오넬 로그가 왕에게 자유롭고 즉흥적인 스피치를 위한 기법들을 알려주고 있는가? 그렇지 않다. 원고를 읽히고 있다. 조지 6세에게 긴장을 풀어 자신의 마음을 꼭 부여잡고 있는 공포감을 덜어내고 당당히 맞설 수 있도록 돕고 있다. 여러 커뮤니케이션 이

론을 앞세워 스피치 전문가로서의 자질을 확보하라고 강요하지도 않는다. 자신의 주관적이고 개인적인 에피소드를 이야기하면서 조지 6세에게 정체 모를 동기부여를 심어주지도 않는다.

왜 그럴까? 필요 없기 때문이다. 그런 자질이 없어도 훌륭한 내레이션, 아직까지는 여러분의 인식에 스피치라고 자리 잡고 있는 바로 그 '말하기'는 얼마든지 가능하다는 사실을 알고 있어서다. 다만 그는 조지 6세에게 들고 있는 원고에 마음과 의지를 담을 것을 요구한다. 주어진 문장을 자신 있게 표현하라고 말이다. 스피치가 아닌 내레이션이다. 스피치 이론을 익히지 않아도 누구나 태생적으로 갖고 있는 능력을 끄집어낼 뿐이다. 왕에게 진정으로 필요한 것이 무엇인지 그는 알고 있다. 결과는 어땠을까? 당연한 말이지만 조지 6세는 위대한 연설, 역사에 남을 '왕의 연설'을 해내는 데 성공한다.

이 영화에서 반복적으로 나타나는 말하기 행위는 스피치가 아니라는 점에 주목해야 한다. 조지 6세가 연습을 거듭해 결국 성공하는 스피치의 실체는 원고를 '읽는' 행위다. 다시 말해 내레이션을 한다는 것은 주어진(또는 작성한) 문장을 풍성한 언어와 준언어 그리고 표현으로 전달하는 행위다. 여러분이 알고 있던 스피치는 대부분 내레이션이었던 것이다. 스피치는 환상이다.

영화에서 조지 6세가 당면한 문제도 여러분과 마찬가지다. 그가 당면한 문제는 자신이 평범한 인간으로서 살아간다면 굳이 교정하고 학습하지 않아도 되는 것이었을지 모른다. 그 상황이 그에게 특별했던 까닭은 그가 왕이었기 때문이다. 조지 6세가 원한 것은 프리 토킹은 분명히 아니었다. 그렇다면 또박또박 읽는 것? 아니다. 그건 낭독이다. 문장을 틀리지 않고 똑바로 읽는 것을 목표로 그가 그렇게 노력한 것은 아니었다. 그는 문장을 자신의 의지와 감정을 넣어 훌륭하게 표현하는 것을 원했기에 라이오넬 로그가 내레이션을 가르친 것이었다. 여러분도 그 방법만 알면 된다. 더 이상 헤맬 이유가 없다. 말더듬증 조지 6세보다는 상황이 훨씬 좋지 않은가.

◀» 말을 잘해야 한다는 난센스

언어 구사 능력에 장애를 가진 경우를 제외하고 대부분의 사람들은 자신의 삶에서 이미 훌륭한 프리 토커다. 친구들과 만나면 몇 시간이고 즐겁게 이야기를 나눌 수 있다. 일할 때 동료들과 얼마든지 의사소통을 할 수 있으며 정보를 공유할 수 있다. 세상을 살아가는 데 큰 불편함 없이 소통할 수 있고, 물건을 사고팔 때 흥정도 할 수 있으며, 길을 물어 모르는 곳에 갈 수도 있고, 자신의 감정도 충분히 드러내 보일 수 있다.

더 이상 무엇이 필요할까? 이 정도만으로도 충분하다. 만약 위에 열거한 것들에 큰 어려움을 느낀다면 스피치 책이 아니라 병원에 가서 상담을 받는 편이 더 빠르고 효과적이다. 대개의 사람들이 어려움을 호소하는 대목은 친구나 가족을 대상으로 하는 자연스러운 말하기가 아니라, 특정 이벤트나 공식적인 자리에서 다수의 청자들을 대상으로 하는 그 '말하기'다. 그렇지 않은가? 이런 불일치로 인한 어려움에 맞닥뜨렸을 때 우리는 자신의 부족한 말하기 역량과 재능에 안타까움을 느끼고, 그 부분이 '말을 잘하고 싶다'는 니즈로 이어진다.

바로 이 지점을 갖가지 스피치 관련서들은 꼬집고 할퀴고 생채기 낸다. 그런데 여러분이 공식적인 자리에서 스피치를 못하는 이유가 의사소통 능력이 모자라서일까? 수많은 스피치 전문가들이 자신의 저서에서 그렇게 이야기한다. 스스로에게 물어보자. 여러분에게 기막힌 말솜씨를 가지라고 강요하는 사람들이 있는가? 그런 유의 책에서만 그렇게 이야기하고 있지 않은가? 여러분이 그 요구에 부응하지 못한다고 자책할 까닭이 있을까?

이미 말했듯이 우리는 이미 훌륭한 프리 토커다. 여러분에게 필요한 역량은 쓰인 문장을 잘 읽어서 표현해내는 것뿐이다. 그 이상은 필요치 않다. 그런데 이미 말을 잘하는 사람에게 말을 잘하라고 유혹한다. 그것은 난센스다. 스피치 전문가들이 말하는 경지는 그들에게만 필요한 것이다. 그들은 그래야 한다. 그렇게 인식돼야 한다. 그것이 직업이니까. 반면 여러분은 그저 여러분이 필요한 만큼만 하면 된다. 내레이션으로 충분하다. 이것이 핵심이다. 여러분은 스피치에 대해 상대방이 원하는 것과 여러분이 해야 하는 것 사이의 차이를 분명하게 구분해야 한다. 통상적으로 세 부류가 여러분에게 스피치 역량을 키우라고 강요한다. 여러분이 속한 '조직', 강연장이나 책 속의 '스피치 전문가들', 그리고 '여러분 자신'이다.

● 조직

여러분이 속한 직장에서 직원들의 스피치 역량을 원하는 것은 앞에서도 살펴봤듯이 당연한 일이며 오래된 습성이다. 조직 구성원들의 업무 능력 중 하나가 강화된다는 것은 회사로서 더할 나위 없이 좋은 일이니까. 그 가운데 마케팅 역량과 관련이 깊은 스피치 능력은 회사의 경쟁력과 직결되므로 앞으로도 계속해서 구성원들에게 요구될 것이다.

그렇다면 조직에서 구성원들에게 요구하는 스피치 능력은 어느 정도일까? 회사가 속한 직종 또는 그 직원이 근무하는 부서의 업무와 관련해 설득력 있는 의사소통이 가능한 수준 정도다. 그 이상을 요구하는 고용주는 없다고 봐도 무방하다. 전문가 수준의 스피치가 필요한 일은 그런 전문가를 따로 고용하거나 외부 업체에 의뢰할 것이다.

하지만 많은 직원들이 스피치 강사 정도의 말하기 능력을 목표로 도전하는 경우도 흔히 볼 수 있다. 어학 능력을 예로 들면 이해하기가 쉽다. 회사에서 어학 능력을 요구한다고 해서 해당 어학을 전공할 필요는 없다. 업무에 필요한 범위 내에서 어학 능력을 확보할 수 있다. 여러분이 일하는 직종에 필요한 어휘와 문법을 익히고 단어와 문장을 정리한 뒤 책상 앞에 붙여두고 계속해서 활용하다 보면 자연스럽게 실력이 늘게 된다.

그런데 만약 주변에 어떤 직원이 어학 능력을 키우기 위해 대학원에 가려고 한다면? 그러나 현실적으로는 어려우니 우선 문법 책을 사고, 그러다가 또 회화 책을 사고, 이렇게 계속해서 책 구입을 반복한다. 실력이 쌓이는 것도 아니다. 불안해하면서 책만 구입하는 것이다. 그런 직원을 옆에서 본다면 뭐라고 조언해야 할까? 여지없이 그 방법은 아니라면서 멈추라고 할 것이다. 이런 일이 스피치 분야에서도 자주 일어난다.

● 스피치 전문가들

이 부분에 대해서는 계속해서 할 말이 많다. 서점에 넘치는 스피치 관련 서적들은 다양한 방법으로 말하기와 의사소통 등에 대해 이야기한다. 제목만 모아서 열거해도 책 몇 권은 될 만큼 많다.

하지만 책에서 제공하고 있는 방법이란 게 극단적으로 나뉜다. 어떤 책들은 매스미디어 전공자들이 읽어야 수준의 고민들로 채워져 있고, 제공되는 솔루션도 직접적인 말하기보다는 의사소통 이론 쪽에 치우쳐 있다. 또 어떤 책들은 방법론은 없고 사례로만 채워져 있다.

스피치를 잘해보고자 첫 발을 뗀 사람들을 향해 저자들이 가장 먼저 하는 것은 여러 가지 사례를 들면서 스피치의 필요성을 설파하는 일이다. 스피치를 못하면 금방이라도 사회에서 낙오자가 될지도 모른다는 생각이 들만큼 설득력 있다. 그러고는 세상에는 갖가지 커뮤니케이션 이론들이 있다는 사실을 열거한다. 보통 그 이론들은 매스미디어와 연관된 것들인데, 대부분 사회적·문화적 현상을 학문적으로 기술한 형이상학적인 이야기들이다. 그 다음 단계로 커뮤니케이션의 종류를 설명한다. 일 대 일 커뮤니케이션과 일 대 다 커뮤니케이션을 다루면서 다양한 어투를 소개한다. 그런 뒤 세계적인 유명 인사들의 스피치를 분석한다.

솔루션도 제시한다. 연단에서는 이렇게 하라, 유머 코드를 적절히 섞으라는 얘기도 하고, 제스처를 이렇게 저렇게 하라고 알려주기도 한다. 이야기 구성은 이렇게 하면 좋다면서 여러 구성 사례를 인용한다. 그렇게 마지막에 가서는 "여러분도 스피치 전문가가 될 수 있다"면서 마무리한다. 거의 대부분 이 같은 구조를 갖고 있다. 읽어보면 별 문제도 없다. 맞는 얘기다.

그런데 그 내용을 내 것으로 만들기가 너무 어렵다. 이유는 간단하다. 타깃이 다르기 때문이다. 익히기 어려운 전문가 영역의 솔루션이기 때문이다. 이렇게 설명해도 "그렇긴 한데 그렇다고 그게 잘못은 아닌 것 같은데" 하며 정확히 이해를 못하는 경우가 많은데, 예를 하나 더 들어보겠다. 무용 전문가가 무용이라는 예술에 대해 설명한다고 해보자. 먼저 무용 이론들을 폭 넓게 소개한다. 다양한 무용가와 무용도 언급한다. 그러고는 그 예술적 가치를 서술한다. 전세계 다양한 무용가들의 일화도 재미있게 소개한다. 이곳에서는 왜 이런 무용이 발달했고 저곳에서는 어떻게 그런 무용이 발전했는지 알려주는 식이다. 문제없다. 이제 솔루션이 제공된다. 마음가짐은 어떻게 하고 시선은 어떻게 처리하며, 손짓과 발놀림은 이렇게 하고 구성은 어떤 식으로 하면 좋다고 친절하게 설명해준다. 그리고 마지막으로 "여러분도 훌륭한 무용가가 될 수 있다"고 하는 것이다. 행운이 함께 하기를.

여러분은 일반인인데 이런 방법이 온당할까? 그 책을 읽고 나면 훌륭한 무용가가 될 수 있을까? 절대로 안 된다. 그 무용가는 좀 거칠게 말하면 일반인을 대상으로 자신의 전문성을 과시만 한 셈이다. 서점에 널려 있는 수많은 스피치 서적들의 논리도 비슷하다. 우리가 보유하고 있는 책들도 구조가 대동소이하다. 그런 식의 접근 방법으로 제대로 된 스피치를 할 수 없을 거라는 사실은 저자들이 더 잘 알 것이다.

한편으로 이렇게 이론을 접목한 스피치 서적이 아닌 경우에는 대개 유명인이 지은 저서들이다. '아무개의 스피치' 식으로 제목에 저자의 이름이 들어가고 일종의 에세이 형식으로 꾸며져 있다. 보통은 저자가 살아온 삶의 여정 사이에서 벌어졌던 여러 에피소드를 스피치와 결부시켜 설명하는 형태다. '언제 무슨 일로 누구를 만났는데…'로 시작한다. 그래서 '그때 이런 것을 깨달았다'면서 이를 스피치와 연결시킨다. 방송인이나 강사로 유명한 사람들의 스피치 책에 이런 유가 많다. 감동 코드도 들어 있고 자기계발적 요소도 강하다.

그래도 "여러분도 스피치 잘할 수 있다"로 마무리하는 것은 무책임하다. 이런 책을 읽고 독자에게 남는 것은 무엇일까? 동기부여밖에 없다. 그런데 동기부여는 이미 충분하지 않은가. 간혹 어떤 책에서는 읽기 방법이나 접근법에 대해 다루는 경우가 있어 반가웠지만, 역시 대다수의 스피치 서적들은 그렇지 못한 게 일반적이다.

가혹한 비판이고 성급한 일반화의 오류라고 지적할 수 있겠지만, 스피치 이론을 세상에 내놓고 20년 동안 뒷주머니 지갑을 앞주머니로 바꿨다가 윗저고리로 옮기기만 반복한 지금까지의 스피치 서적들을 보며 느낀 솔직한 심정이다.

● 내 자신

외부적인 요인만 있는 것은 아니다. 여러분 자신의 스피치를 향한 니즈가 스피치 역량을 채우라고 강요한 측면도 있다. 그런데 잘 안 된다. 많이 노력했는데도 향상되지 않는 자신의 스피치 수준에 낙담하는 모습을 많이 봐왔다. 미디어에 등장해 한마디 한마디가 무릎을 치게 하는 수많은 강연자들을 보면서 '하, 참 말 잘하는 군', '나도 저러고 싶다'고 속으로 부러워했는지 모를 여러분이다.

그런 여러분에게 확실히 말해주고 싶은 것이 있다. 여러분에게는 아무런 문제가 없다는 사실이다. 아무런 잘못도 없다. 그냥 성실했을 뿐이다. 본의 아니게 속았다. 안타깝게도 여러분에게는 이제껏 접근 가능한 솔루션이 제공된 적이 없다. 전문가의 방법론이 제시됐고 전문가의 이론을 알아야 했다. 애초부터 맞지 않았다. 지금까지 설명했으니 충분히 이해할 수 있을 것이다. 하지만 앞으로도 자꾸 같은 방식에 속는다면 곤란하다.

확실히 해두자. 지금까지 스피치 이야기를 한 것은 결국 내레이션을 말하기 위함이었다. 그리고 내레이션이 그 솔루션이다. 용어 문제의 골이 깊어 자꾸 스피치와 헷갈린다. 낭독과 내레이션도 헷 갈릴 테지만, 내레이션도 단순한 읽기기 아니라 장르까지 있을 정 도로 세분화돼 있다는 사실도 많은 이들이 잘 알지 못한다. 여기에 더해 각각의 장르에 따라 내레이션 기법과 표현법이 다양하게 변 화한다는 것도 아는 이들이 흔치 않다. 내레이션을 스피치와 같은 것으로 여기지 않으면 다행이다.

아니, 다르다고만 설명하는 것도 잘못됐다. 차근차근 풀어나가보 자. 많은 사람들은 스피치를 자신들이 생각하는 그 스피치라고 여 겨왔고, 지금까지 그들이 생각해왔던 그 스피치는 사실 스피치가 아니었다. 이제껏 여러분이 들었던 기막힌 말솜씨와 탁월한 연설 이 온전한 스피치가 아니었다는 점을 다시 한 번 주지하고 싶다. 이 제부터 내레이션이 무엇인지 살펴보자. 반걸음 더 들어가보는 것 이다.

내레이션은
어디에서 탄생했는가

내레이션의 역사는 '권력'의 역사와 닮았다. 문명이 시작된 이래 내레이션은 권력이 아니었던 적이 없었다. 내레이션은 아무나 할 수 없는 특별한 행위였으며, 소수의 권력자만 향유하고 있던 신성 불가침의 영역이었다. 내레이션이 권력이 된 데는 두 가지 원인이 있다. 하나는 '메시지'이며, 또 하나는 메시지를 기록한 '문자', 즉 '원고'다.

In the beginning was the Word and the Word was with God, and the Word was God.

→ 태초에 말씀이 있었고, 그 말씀은 하느님과 함께했으며, 그 말씀이 하느님이었다.

  신약성서 〈요한복음〉의 첫 번째 문장이다. 여기에 우리가 눈여겨 봐야 할 지점이 있다. "태초에 말씀이 있었다"라고 '문자'로 기록됐 다는 것이다. 신 그 자체로서의 말씀이 문자로 기록된 이후 내레이 션은 커다란 권력을 얻게 된다. 기록된 문자를 읽고 해석해 전달하 는 매우 특별한 내레이터가 나타났고, 그들이 권력을 소유하게 된 것이다.

  위 그림 중 왼쪽은 네덜란드의 화가 렘브란트(Rembrandt)의 작품 인데, 십계명이 새겨진 석판을 손에 들고 있는 인물은 이집트의 노 예생활로부터 이스라엘 백성을 구출한 지도자 모세(Moses)다. 작가 미상의 오른쪽 그림은 구약성서의 대표적인 예언서 〈이사야서〉의 이사야(Isaiah)를 나타낸 것이다. 신의 신탁인 예언, 즉 하느님의 진 리가 적힌 두루마리를 읽어 공표한 인물이다. 이런 내레이션 행위 는 당시 누구나 원한다고 할 수 있는 것이 아니었다.

◀» 하늘이 내려준 힘

그런데 앞의 모세와 이사야를 표현한 그림에서 공통적으로 발견할 수 있는 것은 신의 말씀과 그것을 기록한 문자다. 이 두 가지를 다룰 수 있는 선택된 사람만이 최고의 권력을 가질 수 있었다. 물론 저들이 신의 말씀을 기록한 물건을 소유하는 것만으로 힘이 있었던 것은 아니다. 이들은 내레이션을 했다. 그때에는 녹음을 할 수 있는 기술이 없어서 남아 있지 않을 뿐, 저 모세와 이사야가 대중을 향해 신의 말씀을 전달하는 내레이터의 역할을 수행했다는 것은 명백한 사실이다.

성서에서뿐만이 아니다. 고대 이집트의 경우 상형문자를 다룰 수 있는 권한은 일부 신관들에게만 귀속돼 있었으며, 그것을 읽고 말할 수 있는 권한도 그들에게 있었다. 당시 이집트에서 문자는 신이 내려준 선물이라고 생각했다. 그래서 상형문자를 '신성한 문자'라는 의미의 히에로글리프(Hieroglyph)라 부르는데, 이는 '새겨진 신성한 문자'라는 뜻의 그리스어 히에로글리피카 그람마타(Hieroglyphica grammata)에서 나온 말이다. 모세와 이사야의 예와 일맥상통한다. 권력자는 반드시 메시지와 문자를 다뤄야 했고, 더불어 그 권력자의 모든 언행은 반드시 문자로 기록돼야 했다.

세계 최고의 문명을 구가하고 있던 이집트는 문자의 기록 방법과 도구도 획기적으로 발전시켰다. 초기에는 석판이나 흙벽에 날카로운 물체를 이용해 새긴 뒤 색을 입히는 방식으로 문자를 기록했으나 이후 나일강 주변에서 자라고 있던 '파피루스(papyrus)'를 활용했다. 인류 역사상 최초의 종이라고 할 수 있다. 파피루스 줄기 속 부드러운 조직을 떼어내 따로 모아 여러 조각으로 자른 뒤, 이를 다시 여러 방향으로 겹쳐 붙여 두루마리 형태로 만들었고 거기에 문자를 기록했다. 종이를 뜻하는 영어 단어 '페이퍼(paper)'의 어원이 파피루스다.

고대 이집트의 문자 권력자들은 제사장들이었다. 이들이 신의 메시지를 전달할 수 있는 독점적 권한을 가졌으며, 자신들의 기본 역할인 제례 주관을 넘어 법과 정치 전반에 간여했고 율법을 가르치는 스승이기도 했다. 그 모든 권력이 문자를 다루는 데서 나왔다.

이집트 문명과 함께 서양 문명의 근간을 이뤘던 지중해 문명, 즉 그리스-로마 시대를 빼놓을 수 없다. 이들 문명도 문자를 다룰 수 있는 권한은 권력과 동의어였다. 플라톤(Platon), 아리스토텔레스(Aristoteles), 히포크라테스(Hippocrates), 알렉산드로스(Alexandros)와 같은 인물들과 철학, 수학, 과학 그리고 조각과 건축 예술로 대표되는 지중해 문명에서 반드시 갖춰야 할 소양이 있었는데, 그것은 다름 아닌 '수사학(修辭學, rhetoric)'이었다.

수사학은 흔히 생각과 감정을 효과적으로 표현하는 문장을 구사하는 것으로 알려져 있다. 이를 좀 더 구체적으로 말하면 내레이션

을 하기 위한 바로 전 단계의 원고를 작성하는 법을 일컫는다. 수사학은 아리스토텔레스가 담론의 이성적이고 논리적인 근거를 뜻하는 '로고스(logos)'와 화자의 인격과 신뢰성을 의미하는 '에토스(ethos)' 그리고 청자, 즉 듣는 사람의 감정적 공감을 일컫는 '파토스(pathos)', 이렇게 세 가지 요소로 구체화하기도 했다. 이를 통해 알 수 있듯이 논리적 완결성을 가진 원고와 말하는 사람이 가져야 하는 태도는 물론 듣는 사람(읽는 사람이 아닌)의 감성적 요소까지 모두 내레이션에서 고려돼야 할 사항인 것이다. 수사학을 배워야 하는 목적은 정치적인 이유가 가장 컸다. 많은 사람들을 설득하고 감화

시켜 행동을 유발하는 지식과 정보를 전달해야 했기 때문이다.

앞의 그림은 르네상스의 거장 라파엘로(Raffaello)가 그린 〈아테네 학당(Scuola di Atene)〉이다. 아테네의 귀족이자 지식인, 즉 권력자들이 모여 토론하면서 각자의 수사법으로 상대방에게 지식을 전달하고 설득하는 모습을 묘사했다. 라파엘로는 이 그림 속에서 당대의 지식인 54명을 표현했다. 플라톤, 아리스토텔레스, 알렉산드로스 대왕, 소크라테스(Socrates), 프톨레마이오스(Ptolemaios), 헤라클레이토스(Heracleitos) 등 철학자, 수학자, 천문학자 등이 망라돼 있다. 그런데 이 그림을 자세히 들여다보면 매우 흥미로운 사실을 발견할 수 있다.

모두 공통적으로 책이나 문서를 들고 있거나 보고 있다. 그것들을 읽어서 표현했고 전달했으며 설득했을 것이다. 다시 말해 내레이션을 했을 것이다. 당시의 문자는 소리 내어 읽기 위해 존재하는 것이었다. 앞으로 독서 행위 및 낭독과 내레이션의 발전 단계를 짚어볼 때 더 자세히 살펴보겠지만, 초기의 문자는 지식을 담아두는 데 쓰이기보다는 소리를 담아두려는 목적으로 작성됐다. 신의 목소리와 그 안에 담긴 메시지, 신성한 곳에서부터 전해져 오는 모든 청각적 형태의 메시지를 시각적으로 담아두는 도구로 문자를 사용했다. 따라서 텍스트는 모두 소리 내서 읽어 전달하는 행위를 전제로 쓰인 것이다.

플라톤과 아리스토텔레스   헤라클레이토스   피타고라스

에피쿠로스   히파티아   디오게네스

소리 내어 읽지 않고 눈으로 읽는 묵독(默讀)은 상당한 시간이 흐른 뒤에야 그 방법과 효용에 대해 이야기가 등장하며, 초기의 글쓰기 행위는 내레이션을 전제로 한 것이었다고 해도 과언이 아니다. 그리고 이 중 유일한 여성 지식인 히파티아(Hypatia)를 주인공으로 만든 영화가 스페인 알레한드로 아메나바르(Alejandro Amenabar) 감독의 〈아고라(Agora)〉(2009)다. 고대 이집트의 도시 알렉산드리아를 배경으로 철학자이자 수학자 히파티아의 시선을 통해 당시 지식인 사회와 부조리와 모순, 진리를 추구하고 지키려는 노력들을 그린 영화인데, 여기에서도 지식은 권력과 불가분의 관계에 있으며, 바

영화 〈아고라〉의 주인공 히파티아가 문서를 들고 있는 장면

로 그 권력의 상징으로서의 메시지와 그것을 기록한 수많은 문헌들이 등장한다.

앞서 설명했듯이 기호로서의 문자는 소리였고, 그렇게 만들어진 문장은 곧 내레이션이었다. 시가 곧 노래였듯이 말이다. 심상에 떠오른 음률을 입으로 소리 내어 흥얼거리다가 음표를 사용해 악보로 기록하듯이, 문자를 이용한 문장은 내면으로부터 들려오는 목소리나 신으로부터 전해져 내려온 메시지를 담는 도구였다. 반드시 소리 내어 읽어야만 온전한 가치를 드러내는 것이었다. 자격을 갖춘 사람만이 내레이터가 될 수 있었음은 두말할 것도 없다.

◀» 소수의 선택받은 사람들

내레이션의 역사가 권력의 역사와 닮아 있는 것은 동양도 마찬가지다. 서양과 차이점이 있다면 서양의 경우 문자가 표음문자, 즉 '소리글' 위주여서 음성으로 표현하는 방법이 발달했다면, 동양의 경우는 한자와 같이 표의문자여서 뜻을 잘 전달하기 위한 낭독 위주로 발달했다는 점이다.

지금도 마찬가지지만 권력자들이 대중을 통치하고 권력을 유지하는 수단은 말과 글이었다. 동양에서도 문자의 시작은 신성한 기운을 담는 도구로 활용됐다. 서양에서 제사장에 해당하는 주술사들이 초기 문자 권력을 갖고 있었고, 그것을 민간에게 나눠주는 역할을 담당했다. 그 가운데 요즘도 흔히 볼 수 있는 것이 '부적(符籍)'이다. 예부터 부적은 재앙을 막고 복을 가져다주는 주술적 도구였다. 장신구 형태도 있었지만 보통은 종이에 글자나 기호, 그림 등을 그려 넣어 벽에 붙이거나 몸에 지녔다. 부적은 우리를 비롯해 중국과 일본 등에서도 공통적으로 통용됐는데, 지역을 더 넓히면 그 형태는 매우 다양해진다.

단군신화를 보면 환인(桓因)의 아들 환웅(桓雄)이 인간 세상을 구하기 위해 땅으로 내려가겠다고 하자 이에 환인이 세상을 통치하는 데 필요한 세 가지 천부인(天符印)을 하사했다. 천부인은 말 그대로 하늘에서 내려준 도장, 즉 '인장(印章)'을 말한다. 이 인장을 찍으면 하늘의 권한을 위임받았다는 표시가 되며, 나쁜 기운으로부터 보호받는 부적이 됐다. 부적은 초기 문자의 모습이기도 했다. 문양 안에 신령스러운 기운이 들어 있다고 여겼고, 액운을 물리치는 기도 소리가 문자의 형태로 담겨 있다고 믿었다. 또는 부적을 지닌 대상을 보호하는 수호신이 담겨 있다고 상정되기도 했다. 문자가 메시지를 시각적 형태로 담아내는 역할을 한 것이다.

종교도 마찬가지의 과정을 거쳤다. 초기 불교의 경우 석가모니 사후 붓다(Buddha)의 말씀을 직접 들은 승려들이 그것을 암송하는 형태로 전해지다가 이후 문자로 기록한 경전이 완성되는데, 이 경전 역시 붓다의 말씀, 즉 소리가 담긴 것으로 간주됐으며 경전을 읽는 내레이터의 역할도 소수의 선택받은 선택된 승려들만 할 수 있었다.

이렇게 역사가 발전해오면서 동양의 문자 역시 주술적 권력을 벗어나 실질적인 정치적 영향력을 갖게 된다. 우선 고대 서양의 권력자들이 그랬던 것처럼 동양의 권력자들도 문자를 독점하는 형태를 취하게 된다. 조선의 경우 귀족 계층인 양반 계급이 문자 권력을 독점하면서 과거라는 시험 제도를 통해 관리를 선발했고, 양반들의 유희라는 것도 문자와 문장을 이용한 놀이인 경우가 많았다. 시를 짓고 읊는 것을 '풍류(風流)'라고 일컫기도 했다. 또한 관혼상제의 주관을 맡은 이는 반드시 축문이나 제문을 '낭독'했으며, 이 역할은 해당 공동체의 구성원 중에서 가장 학식이나 지위가 높은 사람만이 할 수 있었다. 이를 통해 볼 때 동양에서도 문자를 다루고 읽는 행위에는 일정한 규율이 존재했고, 규율이 정한 사람만이 그것을 다룰 수 있었으며, 그들이 바로 권력을 가진 자들이었다는 사실은 서양과 큰 차이가 없었다고 할 수 있다.

🔊 변하지 않는 본질

인류의 역사는 기준을 어떻게 설정하느냐에 따라 다르지만 길게는 100만 년으로 보기도 하고 짧게는 25만 년으로 보기도 한다. 그림 등 문자의 기원에 해당하는 것들이 발견된 시점은 길제 잡아 1만 년 전이다. 제대로 된 문자의 역사는 약 6,000년밖에 되지 않는다. 인류의 탄생에서 문자의 발명까지 엄청난 시간이 걸렸지만, 마침내 인간에게 문자가 생겼다는 것은 수많은 함의를 갖게 됐다.

문명의 시작에는 문자가 있었고 내레이션이 있었다. 모든 권력자는 신탁을 받아 문자로 그 메시지를 기록해 대중에 선포, 다시 말해 내레이션을 하는 방식으로 권력을 유지했다. 그렇다면 오늘날은 어떨까? 권력의 양태는 다르지만 영향력의 측면에서 보면 크게 다르지 않다. 현대에 와서도 문자와 내레이션이 사회의 거의 모든 분야에 영향을 미치고 있다고 봐도 무방할 만큼 절대적인 힘을 갖고 있다. 문자와 말이 없이는 기능하기 어려운 사회 구조다. 제대로 쓰고 읽어 표현할 줄 아는 능력이 곧 자신을 대변한다. 우리는 내레이션 속에서 살고 있고 앞으로도 내레이션 속에서 살 것이다. 내레이션을 듣기도 할 것이며 내레이션을 하기도 할 것이다. 오늘날 정치·경제·사회·문화·역사·예술·교육 등 거의 모든 영역에서 내레이션과 관련 없는 경우를 찾기란 불가능하다.

과거와 달라진 것이 있다면 내레이션을 소수의 권력자만이 향유하던 시대는 끝났다는 사실이다. 인터넷 혁명과 소셜 네트워크의 발달로 정보의 독점은 옛날이야기가 됐다. 과거와 같은 문자 권력은 모든 대중이 나눠가졌다.

그런데 오히려 이는 내레이션이라는 능력을 더욱 중요한 위치로 끌어올리고 있다. 현대 사회의 리더십은 완전히 달라졌다. "나를 따르라!"는 구시대의 유물이 됐다. 따라야 하는 이유를 납득시키고 설득시키지 못하면 리더십은 상실된다.

스피치 바람이 일면서 우리나라에서 사회적·문화적으로 아주 극단적으로 달라진 두 가지 현상이 있다. 하나는 그렇게 많던 웅변 학원이 한순간에 거짓말처럼 사라진 것이다. 이전까지만 해도 많은 초등학생들이 다니던 학원 중 웅변 학원을 빼놓을 수 없었다. 그런데 유독 웅변 학원만 지우개로 지운 듯 사라진 것이다. 이 사회가 더 이상 "이 연사 힘차게 외칩니다!", "나를 따르라!" 하는 식의 리더십을 원하지 않는다는 방증이라고 할 수 있다.

또한 방송계에서도 변화가 일었다. 예전 같으면 그다지 주목 받지 못할 스타일이 각광받게 됐다. 개그맨 유재석이 예능 MC의 대세로 떠오른 것이다. 유재석과 같은 부드럽지만 조금은 유약해 보일 수도 있는 캐릭터는 과거에는 주역으로 어필하기 어려웠다. 조직에서도 그런 유형의 리더는 인정받기 어려웠다. 그러나 사회는 이제 수평적 커뮤니케이션할 수 있는 리더를 원하고 있었다. 팔로워들과 어깨를 나란히 하고 눈높이를 맞출 수 있는 리더, 부드러운 카리스마를 요구하고 있었다.

이 같은 현상은 앞으로도 계속되리라고 본다. 사회 어느 곳에서도 골목대장 식의 제왕형 리더십을 가진 사람은 설 자리를 잃어갈 것이다. 개인 한 사람의 역량보다는 집단 지성이 훨씬 더 강력한 힘을 얻게 됐으며, 기업들은 '빅데이터(Big Data)'라는 개념으로 사람과 사람 사이의 소통 유형을 분석하고 이를 기반에 둔 상품까지 선보이고 있다. 그런데 여기서 한 가지 의문스러운 점이 있다. 이제 대중은 과거의 권력자들이 독점하던 문자 권력을 갖게 됐다. 그런데 왜 우리에게는 그에 합당한 현실 권력이 없는 걸까? 오늘날의 권력자들은 이전의 그들과 비교해 무엇을 가졌기에 현재의 기득권을 유지할 수 있는 걸까?

수천 년의 시간이 흘렀지만 표면적인 양상만 달라졌을 뿐 본질은 변하지 않았기 때문이다. 내레이션이 권력으로 작용하고 있는 현상은 그대로다. 우리가 내레이션으로 가득 찬 세상에 살고 있는 것처럼, 현대의 권력자들도 내레이션을 제대로 소화할 수 있는 소양을 갖춰왔다. 왕조 사회와 근대 산업화 시대를 거쳐 4차 산업 혁명의 시대에 접어들었지만, 언제나 중요한 소양으로 꼽혔던 내레이션 능력은 국민의 투표로 권력을 획득하고 재편하는 민주주의 정치 체제가 자리 잡은 현대에 와서 그 우선순위가 더 높아졌다.

비단 정치인들에만 해당되는 이야기가 아니라, 사회의 중심 세력들은 하나 같이 내레이션이라는 공통분모를 갖고 있다. 혼자서는 살아갈 수 없는 세상이다. 어떤 직종에 종사하는 사람이건 간에 모두가 인간관계 속에서 생활하고 있으며, 누구에게나 자신의 메시지를 훌륭히 전달할 수 있는 능력이 요구된다. 과장된 생각이 아니다. 우리 주변에서 누가 앞서 나가고 있는가? 회사에서 결국 누가 더 인정받고 더 많은 권한을 갖게 되는가? 그리 어려운 질문도 아닐 것이다.

맡은 바 자신의 역할만 잘 수행하면 사는 데 문제가 없던 시대는 자꾸 멀어지고 있다. 이제는 내가 맡은 일을 잘하는 것만으로는 곤란하다. 잘하고 있다고 어필해야 살아갈 수 있다. 기획서가 아무리 훌륭해도 어필하지 못하면 빛을 볼 수 없고, 아이디어가 아무리 신선해도 설득하지 못하면 현실화시킬 수 없다.

🔊 세상을 바꾼 내레이션

세계사적으로 볼 때 참으로 많은 사람들의 '말하기'가 세상을 바꿨다.

"나에게는 꿈이 있습니다. 언젠가는 조지아 주의 붉은 언덕에서 과거 노예였던 사람들의 후손과 노예의 주인이었던 사람들의 후손이 형제애를 가지고 한 테이블에 앉는 꿈이."

이렇게 시작하는 마틴 루터 킹(Martin Luther King, 1929~1968) 목사의 연설은 너무나 공고해서 깨지지 않을 것 같던 인종 차별이라는 거대한 벽을 무너뜨렸다.

에이브러햄 링컨(Abraham Lincoln, 1809~1865)의 "국민의, 국민에 의한, 국민을 위한 정부는 이 땅에서 사라지지 않을 것임을 분명히 밝히는 바입니다"로 유명한 게티스버그의 연설은 미국을 넘어 세계 민주주의 역사를 바꾼 말하기였다.

이처럼 세상을 긍정적으로 바꾼 말하기도 있지만 반대 방향으로 이끈 연설도 많다.

"내 삶은 온통 우리 국민을 위한, 국민의 부활을 위한 기나긴 투쟁에 다름 아니었습니다. 그 투쟁에는 오직 하나의 구호만이 존재할 뿐이었습니다. 국민을 믿어라!"

이 패기 충만하고 열정적인 연설은 제2차 대전을 일으킨 나치 독일 아돌프 히틀러(Adolf Hitler, 1889~1945)의 입에서 나왔으며, 러

시아의 볼셰비키 혁명을 선동한 블라디미르 레닌(Vladimir Lenin, 1870~1924)은 "모든 권력이 민중을 향한다는 의미는 이 나라의 행정과 경제 관리를 노동자와 농민의 손에 완전히 이양한다는 뜻으로서, 어느 누구도 감히 이들에게 저항하지 않을 것"이라며 대중의 권익을 대변하겠노라 소리 높여 외쳤다.

마틴 루터 킹, 링컨, 히틀러, 레닌이 한 연설은 모두 긍정적으로든 부정적으로든 세상과 인류 역사를 바꿨다. 조지 6세가 한 말하기와는 비교되지 않을 만큼의 커다란 영향력을 발휘했다. 비단 정치인들뿐일까? 테레사 수녀(Mother Teresa, 1910~1997)는 "사랑은 가정에서 시작된다"면서 가정을 지켜야 할 당위성과 그로 인한 박애정신을 세상에 널리 알렸고, 인디라 간디(Indira Gandhi, 1917~1984)는 카스트 제도가 확고한 인도에서 "어쩌면 여성의 교육이 남자아이와 남성의 교육보다 더 중요하다"고 역설하며 인도 사회와 전세계를 흔들었다.

그런데 이 위대한 연설들이 통상적인 의미의 스피치였는지, 프리토킹이었는지 생각해보자. 모두가 쓰인 원고 내용을 의지와 감정을 실어 표현한 '읽기', 즉 '내레이션'을 했다는 공통점이 있다. 과거나 현재나 말이 세상을 바꾼다. 시공간적으로 멀리 갈 필요도 없다. 우리 역대 대통령을 봐도 마찬가지다. 얼마 전 우리 사회는 엄청나게 거대한 역사적 시련을 겪었다. 국민들이 밝힌 촛불로 탄핵을 당해 권좌에서 내려와야 했던 대통령이 해온 모든 연설과 담화도 내레이션이었고, 그 자리를 이어 대통령에 오른 이가 가장 처음으로 한 일도 국정 의지를 국민에 전달하는 연설, 즉 내레이션이었다. 그리고 낭독도 아니고 프리 토킹도 아닌 전·현직 대통령의 내레이션이 주는 느낌과 영향력은 분명히 다른 것이었다.

이렇듯 깊은 감명을 주는 것도 사람의 말이요, 두고두고 조롱거리가 되는 것도 결국은 말인 경우가 많다. 오죽하면 〈킹스 스피치〉 같은 영화가 나왔을까? 크든 작든 간에 세상을 바꾸고 싶은 이들에게 훌륭한 말하기는 절대적으로 갖춰야 할 덕목인데, 이 '말하기'가 모두 정말 '말'인지 생각해보라고 계속해서 강조하는 것이다.

위에서 언급한 모든 연설(스피치)은 각기 다른 시간과 공간에서 이뤄졌고 그 목적도 모두 다르다. 하지만 공통점이 있는데, 사적 대화와 같은 순수한 의미의 '말'이 아니라 연설문이라는 원고 형식의 텍스트를 기반으로 연설대 앞에서 펼친 내레이션이라는 것이다. 원고를 의지와 열정을 담아 읽어내는 행위를 내레이션이라고 한다면 여러분이 목표로 하는 스피치는 무엇이었을까?

지금까지 우리의 삶에서 늘 요구돼왔던 과제들은 있는 그대로의 '말'이 아니었다. 유치원 시절 자기소개를 하고 장래 희망을 발표하는 것에서부터 초등학교 반장·회장 선거에서 포부를 밝히는 일, 학교를 졸업한 뒤 사회생활을 하면서 프레젠테이션을 하는 등 우리가 늘 과제라고 여겨왔던 모든 '말하기'는 '스피치'라는 이름으로 불린 '내레이션'이었다.

◀» 내레이션, 모두와 함께 숨 쉬다

"이거 읽을 줄 아니?"

학교에 들어가기 전인데도 집안 어른들이 신문 헤드라인의 커다란 글자를 가리키며 이렇게 물으시면 어깨를 으쓱하곤 했다. 웬만한 한글은 제법 읽을 줄 아는 모습에 웃으시며 내 머리를 쓰다듬어주셨기 때문이다. 어린 나이에도 그 무언의 칭찬에 인정받는 기분이 들어 좋았다. 학교도 들어가기 전에 글자를 깨쳤으니 똘똘하네, 신동이 틀림없네 하는 말씀이라도 나오면 읽는 내 목소리는 더 커졌다. 물론 그런 것이 아무것도 아니라는 사실을 깨닫기까지는 그리 오랜 시간이 걸리지 않았다. 나(형욱) 같은 아이들이 실은 꽤 많았을 뿐더러, 남보다 한글을 좀 더 일찍 읽을 수 있는 것과 신동 사이에는 아무런 연관성이 없음을 알게 됐다. 그렇게 얼마 지나지 않아 다정하게 머리를 쓰다듬어주시는 일도 당연히 사라졌다.

이와 비슷한 기억을 갖고 있는 사람들이 많을 것이다. 하지만 사실 "이거 읽을 줄 아니?"라는 물음은 그렇게 쉽게 나올 수 있는 것이 아니었다. 앞에서도 이야기했듯이 '읽는' 것은 원래는 아무나 할 수 있는 일이 아니었으니까. 신의 대변자 제사장이나 주술사, 극소수 권력자들의 전유물이었지 않은가. 그렇지만 소수의 특권이던 '읽기'는 세월이 흐르면서 위에서 아래로, 지배 계층에서 일반 대중으로 확산됐다. 오늘날 문명 세계에서 문자를 배우지 못하는 사람은 거의 없다.

"이거 읽을 줄 아니?'라는 질문은 잘 뜯어보면 해당 언어의 문자를 배웠느냐, 그 언어를 글로도 알 수 있느냐의 의미를 포함하는데, 옛날이라면 특별하고 신성하기까지 한 질문이었겠지만 지금은 그저 어느 수준까지 글을 배웠는지를 확인하는 용도일 뿐이다.

18세기 산업 혁명을 거치면서 세계적으로 극히 일부 계층만 누리던 부의 재분배가 이뤄졌다. 급격한 인구 증가와 경제적 성장에 발 맞춰 읽기의 특권도 무너졌다. 프랑스 혁명 이후 공교육 시스템이 마련됐고 그것이 확산돼 200여 년이 흐르면서 읽기의 대중화가 급속도로 이뤄졌다. 1960년대 개발도상국들이 심혈을 기울인 국가 발전 계획은 교육이었고, 1980년대가 지나자 세계화에 따른 국가 경쟁력 강화가 여기에 힘을 보태 마침내 읽기는 모두의 것이 됐다. 내레이션이 대중의 품속으로 들어온 것이다.

우리 사회 한 가운데에 자리 잡은 내레이션은 실로 다양한 모습으로 일상에서 나타나고 있다. 문자를 단순히 읽기만 하는 것은 물론 내레이션이 아니다. 그렇다고 아무나 할 수 없는 것이 내레이션

도 아니다. 앞으로 본격적으로 내레이션을 하는 방법에 대해 살펴
보겠지만 지금 이 순간에도 내레이션은 우리 모두와 함께 숨 쉬고
있다.

내레이션으로
둘러싸인 세상

KBS 1TV 〈우리말 겨루기〉라는 퀴즈 프로그램을 8년째 진행하고 있는 엄지인 아나운서가 어느 날 불쑥 내게(형욱) 책을 내밀었다. 《엄마 마음 사전》이라는 제목의 책이었다. 아이에게 사랑을 전하는 예쁜 말을 사전으로 엮었다고 했다. 그렇지 않아도 첫 아이를 낳고부터 프로그램을 진행하는 목소리 톤이 나긋나긋하게 달라진 것을 제작진도 이미 눈치 채고 있던 터였다. 톤만 바뀐 것이 아니었다. 녹화 중간 중간 출연자 가족 중 아이가 있으면 이제까지는 들어본 적 없는 하이 톤에 웃음을 흠뻑 머금은 어조로 "이름이 뭐예요?", "몇 살?" 하고 한두 마디씩 꼭 말을 걸고야 마는 것이었다. 스포츠 뉴스를 박진감 넘치게 진행하던 모습은 온데간데없었다.

🔊 내 아이를 위한 최고의 선물

둘째를 낳고 나서는 엄마의 말은 다르다며, 아니 달라야 한다며 책으로까지 엮은 것이었다. 그녀도 아이가 생기기 전에는 분명히 몰랐을 것이다. 엄마가 되면 아이에게 어떤 말을 선물할 수 있는지 말이다. 그러다가 직접 아이를 낳고 그 삶의 시작점에 선 존재에게 처음으로 건네는 단어와 문장, 눈빛 하나 미소 하나가 얼마나 큰 의미를 갖는지 온몸으로 느꼈을 것이다. 그때 나오는 엄마의 말은 억지로 내는 것이 아니라 '사랑'이라는 이름의 가장 정성스럽고 따뜻한 내레이션이 되어 아이에게 닿았을 것이다. 세상의 모든 엄마는 내레이터가 된다고 해도 지나친 말이 아니다.

인구 절벽이 국가적 재난이라는 요즘, 신기하게도 내 주변에서는 임신 소식이 제법 들려온다. 흔치 않은 소식이라 기억에 더 남는 것인지도 모르지만, 첫 임신을 하거나 둘째 또는 셋째가 생겼다는 이들에게 축하 인사를 전하느라 바쁜 날도 많았다. 그런데 흥미로운 것은 이들이 제각각 환경은 모두 다르지만 아이를 가졌다는 사실을 알게 되면 하나 같이 비슷하게 변한다는 사실이다. 다름 아닌 말이 달라진다. 평소의 자신보다 더 상냥하고 친절하게 바뀐다. 그렇지 않은 경우는 보지 못했다. 태교 때문일 것이다.

뱃속 아이에게 좋은 영향을 주기 위해 마음을 바르게 하는 태교의 첫 단계는 산모는 물론 배우자와 가족, 나아가 만나는 모든 사람들의 예쁜 말이다. 아직 세상 밖으로 나오진 않았지만 좋은 말과 아름다운 음악, 바른 행동으로 아이의 정서에 도움을 주려고 하는 것이다. 태교의 과학적 가치는 이미 수많은 연구에서 증명됐기 때문에 의심할 여지도 없지만, 특별한 방식이 아니더라도 우리는 새 생명 앞에서 본능적으로 뭐든 조심하고 신중하며 좋은 분위기를 만들어주고자 애쓴다. 그래서 평소에는 무심히 지나치던 근사한 풍광도 눈여겨보고 뱃속 아이에게 동화구연가나 천사 역을 맡은 배우처럼 차근차근 설명해준다.

단순히 설명만 하는 게 아니라 아이와 교감하면서 사람과 삶에 대해, 아이가 살아갈 세상에 대해 엄마의 사랑으로 내레이션을 한다. 그처럼 중요한 순간에 아무렇게나 그냥 나오는 대로 말을 할 수는 없을 것이다. 아이가 세상에서 처음으로 배우는 처음의 소리이고 언어일 테니 말이다. 이때의 내레이션은 내 아이에게 주는 최고의 선물이 된다.

🔊 논술 이후엔 구술

"고3까지는 논술이고 이후에는 구술이 필수라니까요!"

입시 정보에 일가견이 있다는 어떤 학부형의 말이다. 평소에는 어느 학원이 가장 핫하다거나, 이번 학년에는 어디까지 꼭 선행돼야 한다거나 하는 사교육 광고들에 무심한 편이었지만 이 말에는 귀가 번쩍했다. 원하는 대학에 들어가기 위해서는 논리적인 글쓰기가 돼야 하고, 대학에 들어가서는 취업을 위해 면접 대비 말하기 실력을 갖춰야 한다는 얘기인 것 같았다. 그런데 생각해 보면 맞는 얘기다. 그것도 상당히.

'논술'을 따로 공부했거나 화술 등을 익힌 적이 없을 텐데도 글쓰기와 말하기의 중요성은 인지하고 있는 것이다. 더욱이 우리 사회에서 뭔가를 더 성취하고 싶다면 이것들이 '필수'라고까지 말하고 있었다. 논리적인 글쓰기에 문외한인 나는(형욱) 처음에는 논술이라는 게 논리적으로 이치에 맞게 삼단논법과 같은 법칙에 입각해서 쓰는 것이리라고 지레짐작했다. 큰 착각이었다. 그렇게 단순한 작업이 아니었다.

논술을 조금이라도 공부해본 사람이라면 어떤 주제를 갖고 글을 쓰기 전에 논증을 할 수 있는 자료들의 맥락을 찾는 것에서부터 시작해 그것들을 순차적·구조적으로 연결시키고 증명해나가면서 자신의 독창적인 해석을 덧붙여야 하는, 결코 쉽지 않은 작업임을 알 것이다. 어렵고 복잡한 것을 질색하는 성향이라면 한 줄도 채 이어가지 못하는 게 논술이었다. 그나마 다행인 것은 어쨌든 훈련과 학습이 가능해서 꾸준히 연습하면 감을 잡을 수 있고 그 뒤로는 비교적 수월하게 써내려갈 수 있다는 점이다. 그래서 그 많은 논술 학원들이 계속 생기고 유지되는 듯하다.

화술이나 스피치라고 불리는 '구술'도 비슷하다. 목소리를 가다듬고 차분히 또박또박 말하면 구술을 잘하는 것이라고 생각하기 쉽지만 이 또한 호락호락하지 않다. 개인의 말하는 스타일이나 자신이 가진 몸 악기 소리가 천차만별이기 때문이다. 백이면 백, 천이면 천, 각기 다른 자신만의 몸 악기와 상황 때문에 개인별로 다른 훈련이 이뤄져야 비로소 일정 정도 말하기와 내레이션을 할 수 있다. 그런데 구술의 경우에는 제대로 된 훈련을 받을 수 있는 곳도 많지 않고 개인별로 어떤 단계에 집중해야 하는지 마땅한 매뉴얼조차 없는 가운데 '필수'라는 인식만 잡혀 있다. 진학을 위해, 취업을 위해, 인간관계를 위해, 나아가 사회 안에서 리더로 서기 위해 내레이션을 배워야 하는 필요성이 커졌지만 그 준비를 제대로 갖추기 어려운 현실이다. 수요와 공급이 불균형을 이루고 있는 내레이션이 그럼에도 불구하고 필수 항목으로 꼽히고 있다.

◀» 선배님은 323 스타일

학교를 마치면 또 다른 본격적인 인생이 시작된다. 육체적·정신적으로 급속히 변화하는 성장의 단계를 지나 비로소 삶이라는 거울 앞에 자신을 세우고 책임과 의무가 공존하는 진짜 인생을 향해

하기 시작하는 것이다. 사람마다 시기적으로 조금의 차이는 있겠지만 성인이 되어 편의점에서 그 어떤 물건도 제약 없이 구입할 수 있게 되면, 그때부터는 사회적 독립을 위해 어떤 방식으로든 경제활동을 시도하게 되고 대부분은 직장생활을 하게 된다. 사회인으로서의 시작과 함께 내레이션도 시작되는 시기다.

내가(형욱) 성우로서 사회생활을 시작할 당시에는 아직 라디오 드라마가 꽤 방송되고 있던 때라 KBS 성우실에는 하루 평균 60~80명의 선배 성우들이 들렀고 많을 때는 100명이 넘기도 했다. 늘 북적북적 활기가 넘쳤다. 막내 성우들도 출연을 하긴 했지만 아직 경험과 실력이 부족한 터라 초기의 주 업무로 성우실로 걸려오는 전화를 받는 '전화 당번'과 선배님들 '커피 타기'도 꼽을 수 있었다. 가뜩이나 막내들이 몇 명 되지도 않았는데 시간이 흐르면서 배역 캐스팅이 오지 않는 동기들이 한두 명씩 사라지자 방송을 하면서 커피를 타고 전화를 받는 일이 개인적으로 더 늘어 보다 바쁜 나날을 보냈다.

"안녕하십니까. KBS 성우실입니다."라는 말로 시작하는 전화 당번은 긍정적으로 생각하면 목소리를 다듬거나 다양한 톤 변화를 연습해볼 수 있는 기회였지만 커피 타기는 그렇지 않았다. 하루 수십 잔씩 커피를 타려고 공채 시험을 본 게 아니라고 선언한 뒤 나몰라라 하는 동기도 있었고, 허구한 날 질질 흘리고 엎어서 되레 안하는 것이 도와주는 셈인 동기도 있었다. 믹스 커피도 아니어서 커피·크림·설탕을 잘 조합해야 했는데, 비록 나 또한 커피 타려고 입사한 것은 아니지만 어떤 선배라도 "막내야, 커피 한잔 마시자" 하면 "싫습니다" 하는 것은 언감생심이었다.

그래서 결국 생각을 바꿨다. 어차피 해야만 하는 일, 누가 시켜서 타지 말고 아예 먼저 권하기로 말이다. 내 돈 들어가는 것도 아니고 성우실에 비치되는 재료로 대접할 수 있는 기회가 아닌가. 그때부터 성우실 문이 열리는 소리가 들리면 곧바로 눈을 맞추고 "어서 오세요, 커피 한잔 어떠세요?" 하고 말했다. 그러면 열이면 열 활짝 웃으며 "좋~지!" 하셨다.

선배들과의 관계가 안 좋아질 수가 없었다. 정성껏 커피를 타서 앞에 내려놓으면 어김없이 대화가 이어진다.

"우리 막내가 이름이 뭐더라?"

"맛있게 잘 타네."

이렇게 시작돼 "요즘은 뭐 연습하고 있니?"로 이어져 "지난번 녹음 잘 들었는데 어미를 조금만 더 올리면 좋을 것 같더라" 하는, 감히 돈 주고도 못 얻을 황금 같은 조언을 받기도 했다. 하도 커피를 많이 타다 보니 나중에는 선배들 얼굴을 보면 이름보다 332·233·122 같은 숫자가 먼저 떠오르기도 했다. 각자의 취향에 맞는 커피·크림·설탕의 양이었다.

20년이 훌쩍 넘은 요즘에도 몇몇분은 이 숫자가 떠오르는 걸 보면 정말 열심히 커피를 탄 것 같다.

하지만 내가 받은 선물은 그런 커피 한 잔에 비할 바가 아니었다. 커피를 드시면서 언제나 하나같이 해주신 좋은 말씀이었다. 자신만의 잘 읽는 비법, 인관관계의 조언, 나쁜 발성 습관 고치기와 같은 어디에서도 배울 수 없는 내용들을 3년 내내 전수받았다.

"추우시죠? 이럴 땐 커피가 딱이죠! 선배님은 323 스타일 맞으시죠?"

이렇게 나만의 말 표현 스타일을 완전히 바꾼 채 전속 기간 3년을 마치고 프리랜서 성우로 활동을 시작할 즈음, 삶을 대하는 내 자세 또한 완전히 달라져 있었고, 그때 커피 타기로 얻은 조언들이 탄탄한 밑바탕이 되었음은 두말할 필요도 없다. 나만의 '내레이션' 시작이 거둔 작은 성공이었다.

다른 곳에서도 상황은 비슷하다. 좋은 결과도 일어나지만 말 표현의 차이로 기껏 공들인 일을 다른 사람에게 빼앗기는 경우도 많다. 광고 회사에 들어간 한 친구는 1주일을 꼬박 밤새워 준비한 프레젠테이션 자료를 자신보다 목소리 톤이 더 밝다는 이유로 동기가 발표를 대신하게 되면서 고스란히 넘겨줘야 했다. 어렵게 유수의 대기업에 입사한 어떤 후배는 "자네는 다 좋은데 프레젠테이션은 영 젬병이야, 어떻게 합격했는지 모르겠군" 하는 상사의 질책에 깊은 상처를 받고 직장생활을 점점 더 부담스러워하다가 결국 회사를 그만두기도 했다. 학창 시절 공부 잘하고 늘 칭찬만 받던 사람이 사회생활을 시작해 처음으로 말 표현의 시험대에 올라 혹평을 받을 수도 있는 것이다. 안타깝지만 현실은 그렇다.

◀》 유치원생 자기소개부터 대통령 연설까지

초등학생인 아들에게 2월이 되면 선거 연설문을 써서 외우게 하던 엄마가 있다. 2월이면 학기도 시작하지 않았는데 무슨 선거 연설문인가 싶겠지만, 3월에 시작되는 새 학기 반장 선거를 미리 준비시키는 것이다. 《엄마 반성문》이라는 책에 나오는 내용이다. 아이가 반장이 되고 싶은지, 연설문에 어떤 내용을 넣고 싶은지 묻지 않은 것이 문제였기는 해도 이렇게 미리 반장 선거 연설문을 작성해 암기를 시켜야만 목적을 이룰 수 있었다고 한다.

고학년 때에는 전교 회장 선거에 나가야 하기에 1월부터 연설문 준비를 시켰다니 유별난 엄마라고 생각할 수 있겠지만, 요즘에는 실제로 이런 부모들 수요가 꽤 있어서 강남에는 초등학교 선거 스피치를 준비시키는 학원이나 개인 강사까지 있을 정도다. 이렇게 엄마가 독단적으로 아이의 인생 스케줄을 짜서 이끄는 잘못된 행동으로 아이가 고3 때 자퇴를 하는 초유의 사태가 벌어지는 등 오래도록 아픔을 겪었지만 결국 다시 좋은 관계를 찾았다는 해피엔딩으로 마무리된다.

여기서 주목할 부분은 초등학생 선거 연설도 사실은 준비한 원고를 내레이션하는 것이라는 점이다. 방식을 다르게 했으면 좋았지 않았을까. 아이가 반장이나 전교 회장을 하고 싶은지 충분히 대화를 나눈 뒤 진정으로 원한다면 먼저 스스로 하고 싶은 이야기를 적게 하고 그 내용을 다듬는 시간도 줘야 했다. 출마는 아이가 하는 것이고, 선거 연설의 내레이션도 아이가 직접 친구들 앞에서 하는 자신의 이야기이자 공약이기 때문이다. 미사여구 일색이 마음을 움직이는 게 아니다. 전교에서 가장 활발한 '시끌벅적반'을 만들겠다거나 체육대회에서 무조건 1등을 하는 '최강 튼튼반'으로 이끌고 싶다거나 하는 아이의 진솔한 마음이 담긴 연설이 더 박수를 받기도 한다. 아이일 때 아이다운 내레이션을 해본다는 것은 꼭 반장으로 뽑히지 않더라도 아이에게 좋은 경험이자 훌륭한 연습이 될 수 있다. 아이의 인생에서 커다란 자기표현의 경험으로 자리 잡게 되고 이는 훗날 인격 성장의 디딤돌이 될 수 있기 때문이다.

그런 경우를 바로 옆에서 지켜볼 수 있었다. 내(형욱) 딸아이는 그렇게 적극적인 성격이 아니었다. 혼자일 때는 밝지만 사람들 앞에서는 낯을 가리고 소극적인 아이였다. 초등학교 때 3분 발표, 자기소개, 모둠 발표, 교내 말하기 대회 같은 교내 행사에서 준비한 원고를 덜덜덜 떨면서 간신히 읽는 게 전부였다. 한겨울에도 땀으로 온몸이 다 젖어 단상을 내려오곤 했지만, 그나마 틀리게 읽거나 중간에 포기하고 내려오지 않은 것만으로도 다행이라 여겨 아낌없이 격려해줬다. 다른 이들은 내가 성우니까 무슨 비법이라도 전수해주지 않았을까 생각했겠지만, 나중에는 평균보다 못한 아이의 발표 실력을 보고 "아이가 친가 쪽인가 보네요" 하고 오해하는 학부형도 있을 정도였다.

하지만 나는 늘 희망을 봤다. 미미하지만 발표를 할 때마다 아이가 극복하고 있는 부분이 하나씩은 꼭 있었기 때문이다. 저번에 세 번 말을 더듬었다면 이번에는 한 번, 다음에는 더듬는 부분은 없어졌지만 말이 너무 빨라 못 알아들을 정도였다면 그 다음에는 듣는 이들이 알아들을 수 있는 속도로 말하는 데 성공했다. 처음에는 고개를 한 번도 들지 못하고 읽기만 하다가 이후에는 한두 번씩은 힐끔힐끔 청중을 바라보기도 했다. 그렇게 아이는 자신의 속도로 내레이션을 조금씩 발전시키고 있었다.

물론 그 작은 변화는 나만이 알아볼 수 있었지만, 그때마다 나는 아이에게 달라진 부분을 말해주고 칭찬하는 것을 잊지 않았다. 그렇게 조용하지만 밝은 아이, 반장은 아니었는데 발표는 종종 하는 평범한 학생으로 중학교를 졸업했고 고등학교에 진학했다. 그런데 입학하고 3주쯤 지나 갑자기 사전 공지도 없이 회장을 뽑는다고 해서 불쑥 손을 들고는 메모지에 몇 자 적어서 간단히 선거 연설을 했단다. 자기가 아주 평범한 사람이라는 유머를 던져서 아이들을 웃게 만든 후, 학기 초만 되면 항상 문제가 되던 소통과 전달 문제를 자신이 회장이 되면 반 SNS를 이용해 밤을 새우더라도 꼭 해결하겠다는 각오를 표현해서 박수를 받았단다.

대단한 공약이나 비전은 아니었지만 현 시점에 반 친구 누구에게나 공통적으로 필요한 부분을 꼭 짚어 강조한 것이 주효했던지 아이는 태어나서 처음으로 회장이 됐다. 아이도 꽤 놀란 상황이었다. 팔자에도 없던 대표를 맡은 것에도 놀랐지만, 내레이션 구조를 이해하고 진행한 것에 나는 더 놀랐다. 자신을 청중과 동급으로 만들면서 유머라는 감정 코드를 활용해 마음을 열게 하고, 함께하고 있는 집단의 상황을 정확하게 진단한 뒤 미래 비전을 제시하는 연설의 기본 3단계 구조를 배운 적도 없던 아이가 본능적으로 그것을 터득했던 것이다. 한 번 그렇게 되더니 다음부터는 계속해서 학교 학생회 임원과 동아리 회장을 하는 등 평생 대표만 하고 지내왔던 사람처럼 달라졌다. 그와 동시에 아이의 평소 말 표현도 달라지고 있었다.

이런 경우는 부모의 지난한 기다림과 아이 스스로의 꾸준한 자발성이 함께 거둔 수확일 수도 있는데, 어쨌든 이렇게 한 번 물꼬가 트이면 앞으로 만나게 되는 모든 삶의 무대에서 자신만의 화법으로 내레이션을 할 수 있게 된다. 학교에서의 작은 연설도 이런데 사회에서 어떤 조직을 이끌거나 책임을 맡는 위치에서의 내레이션은 그 영향력이 얼마나 크겠는가. 내레이션을 잘하는 리더와 그렇지 못한 리더가 이끄는 조직이 어떤 차이를 보일지 가늠하는 것은 그리 어렵지 않을 것이다. "안녕하~십니까, 저~는, 별님반, ○○○~입니다"로 시작하는 유치원의 자기소개부터 "위대한 국민 여러분"의 대통령 연설까지 '내레이션'으로 이뤄진 세상에서 우리는 살고 있는 것이다.

휴먼 다큐멘터리에서
지하철 안내 멘트까지

내레이션이 활용되는 분야는 실로 다양하다. 방송 드라마와 다큐멘터리 내레이션에서부터 교양, 시사, 예능, 정보, 그리고 광고, 공연, 행사에 이르기까지 우리 사회에 존재하는 거의 모든 분야에서 내레이션을 접할 수 있다. 내레이션이 가진 매체 초월적 역량이라고 할 수 있다.

　내레이션의 유형과 형태를 나누는 방식은 다양한 측면에서 접근할 수 있다. 방송 매체에서의 내레이션과 방송 이외의 매체로 나눌 수도 있고, 장르적 측면에서 드라마·다큐멘터리·교양·예능 등으로 구분도 가능하다. 내레이션 기법 측면에서도 구분할 수 있는데, 호흡을 길게 갖는 정통 내레이션과 연기적 접근의 캐릭터 내레이

분야별 분류			기법적 분류
정통 내레이션	장르 내레이션	매체 내레이션	
드라마 내레이션 다큐멘터리 내레이션	방송 내레이션 임팩트 내레이션	학습 교재 내레이션 광고 내레이션 ARS 내레이션 공연 내레이션 화면 해설 내레이션 오디오북 내레이션	내러티브 내레이션 퍼스낼리티 내레이션

션 그리고 홍보 성격의 임팩트 내레이션 등의 유형으로도 분류한다. 나아가 프로그램의 성격 측면에서 예술성과 시사성을 중심으로 문예물과 비문예물 내레이션으로도 구분한다.

그렇지만 방송 중심으로 내레이션이 확장됐다는 측면에서 구분하는 것이 가장 명료하다. 매체나 장르를 초월한 현장성이 있고 구체적인 실행 기준을 우선해 분류 기준을 설정한다면 크게 '정통(traditional)' 내레이션, '장르(genre)' 내레이션, '매체(media)' 내레이션 그리고 기법적 분류인 '내러티브(narrative)' 내레이션과 '퍼스낼리티(personality)' 내레이션으로 구분할 수 있다.

◀》 정통 내레이션

내레이션의 기본 요소들 사이의 균형과 조화를 적절히 고려하고 호흡과 발성 그리고 음색의 안정적인 발현에 기초한 내레이션을 '정통 내레이션'으로 분류한다. 가장 기본적인 내레이션 분야다. 정통 내레이션은 프로그램의 유형에 따라 '드라마' 내레이션과 '다큐멘터리' 내레이션으로 나눌 수 있는데, 문예물과 비문예물의 구분으로 볼 수도 있다.

● 드라마 내레이션

드라마 내레이션은 내레이션하는 원고가 문학에 속하는 시, 소설, 희곡 등을 드라마로 만든 작품을 소화하는 내레이션이다. 드라마 내레이션은 작품의 스토리와 구성이 대체로 기승전결의 형태를 이루고 입체적으로 전개되므로 이에 걸맞은 전달과 표현이 필요하다. 〈라디오 독서실〉(KBS 1라디오)과 〈소설극장〉(KBS 3라디오), 〈이것이 인생이다〉(KBS 1TV) 등이 대표적인 드라마 내레이션이라고 할 수 있는데, 시점에 따라 세 가지로 구분할 수 있다.

첫 번째는 주인공이 직접 작품의 해설을 이끌어가도록 구성돼 역할에 따른 감정적 표현이 부각되는 '1인칭 시점' 내레이션이다. 드라마 내레이션이라는 분야가 가장 부각되는 형태라고 볼 수 있다. 작품 전체를 설명하고 이끌어가는 역할은 다른 드라마 내레이션과 같지만, 1인칭 시점에서 진행되기 때문에 작품 속으로 더 깊게 관여한다. 작품에 등장하는 인물의 말이나 행동 등의 이유를 실제에 근접하게 표현하며 주로 서사적 문장으로 해설한다. "나는"이라는 1인칭 주어로 시작하며 "…라고 생각했다", "…를 알았다"와 같은 어미가 화자의 직접적인 상황이므로 감정적으로 더욱 정교한 표현이 요구된다. 가령 아래와 같은 문장을 보자.

'제 이야기는 실망스럽게도 입양 문서에 적혀 있는 내용이 전부입니다.

엄마를 보고 싶은 제 마음도 이렇게 애가 타는데,

저를 잃은 엄마는 얼마나 더 마음이 아플까요.

엄마를 만나는 날이 하루 빨리 왔으면 정말 좋겠습니다.

나의 지난 10년은 참으로 파란만장한 한 편의 소설 같다.

누구나 자신의 삶을 한마디로 정리해 말하기는 쉽지 않겠지만,

나 같은 사람은 오히려 한마디로 표현하기 쉽다고 생각한다.

이해를 돕고자 창작한 문장인데, 위와 같은 문장들을 1인칭 시점 내레이션으로 분류할 수 있다. 짧은 문장에서도 알 수 있듯이 작품에서 내레이션을 통해 주인공이나 등장 인물의 심리적 묘사나 감정적 표현을 극대화시키기 위해 1인칭 시점으로 진행하는 경우가 대부분이므로, 원고를 소화할 때 객관성과 주관성 사이의 관계 조

율을 고민하며 해설을 이어가야 한다.

두 번째는 객관적인 시선으로 작품을 조명하기에 감정선을 어느 정도 배제할 수 있는 역량이 요구되는 '3인칭 시점' 내레이션이다. 드라마라는 극을 진행하는 해설이므로 어느 정도 희곡적인 요소를 품고 있지만, 작품의 효과적인 표현을 위해 객관성을 유지하며 전개시켜야 하는 구성일 때 3인칭 시점을 활용한다. 감정보다는 냉정한 시선을 유지하며, 스토리 속의 원인이나 이유보다는 행동과 상황을 해설한다. 하지만 드러나는 표면적 양상을 주로 해설한다고 해서 작품이 갖고 있는 깊이가 덜하거나 주인공을 비롯한 인물들의 심리 묘사가 불충분한 것은 아니다.

드라마 작품을 '집'이라고 가정했을 때 1인칭 시점 내레이션은 문 안쪽에서 집을 설명하는 셈이고, 3인칭 시점 내레이션은 문 밖에서 집을 바라보며 설명한다고 보면 된다. 두 내레이션 모두 작품인 집을 바라보며 해설하지만, 문 안에서 보느냐 문 밖에서 보느냐의 차이가 내레이션 해설의 차이로 나타난다.

아무 일 없이 잘사는 줄로 철석같이 믿고 계시는데, 이혼한 것을 알면 얼마나 놀라실까… 생각만으로도 가슴이 답답해지는 진영이다. 아버지는 늘 그리움을 품고 사셨다. 베일에 싸인 듯 생경하고 때 묻지 않은 순수함으로 화답하는 무지개 너머의 기억 속으로 떠나신

듯한 눈빛을 종종 보이셨다.

이렇게 대통령이 대화를 강조하고 국회가 공공연히 부안 방폐장 백지화를 주장하는 가운데, 부안 대책위는 정부와 공동협의회를 열기로 했고 전제조건 없이 우선 대화를 통해 문제를 해결해야 한다는 데 합의했지만 어불성설이었다.

—KBS 1라디오 〈대한민국 경제실록〉 중에서

위의 문장들이 3인칭 시점 내레이션에 속한다. 1990년대만 해도 방송에서 접할 수 있는 내레이션의 80퍼센트 이상이 3인칭 시점으로 구성됐는데, 최근 10여 년 사이에는 1인칭 시점 내레이션 구성이 증가하고 있는 경향을 보인다. 화자의 중요도가 증가하는 시대적 추세를 반영하는 변화라고 볼 수 있다. 그런데도 여전히 3인칭 시점에서 원고를 낭독하는 것이 내레이션의 기본이다. 내용 전달과 객관성 확보가 내레이션의 1차적인 속성이기 때문이다.

세 번째는 흔한 경우는 아니지만 '너'나 '당신'으로 지칭하는 '2인칭 시점' 내레이션이다. 드라마 구성 형태로 보면 국내 소설인 신경숙의 《엄마를 부탁해》나 김영하의 《당신의 나무》 등을 들 수 있고 외국 소설로는 베르나르 베르베르의 《상대적이고 절대적인 지식의 백과사전》 중 독자와 대화를 나누는 부분이나 폴 오스터(Paul Auster)의 《겨울일기(Winter Journal)》 등을 꼽을 수 있다. 이렇게 몇몇 작품에서 새롭고 독특한 시도로 사용됐지만 소설 이론에서도 여러 가지 논쟁거리가 많은 것이 2인칭 시점이다.

> 너는 내게 한 줄의 편지도 남기지 않고 어느 날 갑자기 내 곁을 떠났다.
> 너는 어느 이름 없는 항구에 다다랐을 때 비로소 걸음을 멈추고 나를 더 이상 만날 수 없음에 눈물을 흘리기 시작했다. 눈물은 하염없이 흐르고 흘러 멈출 수가 없었다.
>
> 그 여자가 과속을 하기는 했지만 결국 그것은 중요한 문제가 아니었어요. 당신은 잡지 말아야 할 기회를 잡았죠. 당신은 판단 착오로 인한 부끄러움을 떨쳐버릴 수가 없었어요.
>
> —폴 오스터 《겨울일기》 중에서

위의 인용문에서 보면 '너'나 '당신'으로 지칭되는 주인공이 서술 대상(화자)과 일정한 거리를 유지하면서도 화자의 내면을 잘 표현할 수 있는 위치를 차지한다. 즉, 주인공과 사건 사이에 화자가 위치함으로써 관조적 위치를 확보할 수 있다는 특징이 있다. 더불어 등장 인물에 대한 도덕적 우월감을 확보하고 독자(청자)가 편안한 위치에서 주인공의 세계를 보다 쉽게 받아들일 수 있도록 하는 역할을 적극적으로 수행할 수 있는 것이 2인칭 시점이다. 앞의 예에서처럼 작품을 '집'이라고 가정한다면 2인칭 시점은 집과 밖을 연결하는 문턱 바로 위에 서서 집 안을 바라본다고 생각하면 된다.

이때의 내레이션은 1인칭 시점 내레이션과 마찬가지로 화자의 감정선이 살아있어야 하며, 그러면서도 객관성을 잃지 않는 이중적 성격을 유지해야 한다. 또한 작품 속 역할에 따라 감정 조절을 다양하고도 섬세하게 해야 한다.

● 다큐멘터리 내레이션

영국 BBC 다큐멘터리 국장 윌 와이어트(Will Wyatt)는 다큐멘터리를 정보, 사실·진실(verite), 퍼스낼리티, 탐사, 오락, 역사, 인물, 드라마식 등으로 분류한다. 전세계 대부분의 방송사에서도 이 분류를 따르고 있는데, 정통 내레이션이 가장 잘 표출되는 형식이 바로 '다큐멘터리' 내레이션이다.

기존 다큐멘터리 분류와는 별도로 내레이션 관점에서는 표현방식에 따라 정보 전달, 탐사, 역사, 시사 등의 '정보 다큐멘터리' 내레이션과 인물, 오락, 퍼스낼리티 등을 포함하는 '휴먼 다큐멘터리' 내레이션으로 나뉜다. 〈역사 스페셜〉(KBS 1TV), 〈일요 스페셜〉(SBS), 〈다큐 프라임〉(EBS), 〈이제는 말할 수 있다〉(MBC) 등이 정보 다큐멘터리에 속하며 '역사 다큐멘터리'나 '리얼 다큐멘터리'로도 불린다. 구성은 대부분 3인칭 내레이션으로 이뤄져 있다. 최대한 객관적인 관점의 낭독 기법을 사용하며, 어조나 변조의 활용을 자제하면서도 강조와 포즈(pause, 말하는 사이의 잠깐의 침묵), 음의 강약을 적절히 분배해 메시지를 정확하고 분명하게 전달한다.

매년 10월, 우주에 새로운 빛이 탄생합니다.
진주의 숨겨진 아름다움이 그 빛을 타고 세계로 향합니다.
국내 최고의 가을 축제이자 세계를 빛으로 물들일 화려한 판타지.
진주 남강유등축제의 꿈결 같은 세상이 펼쳐집니다.

서산 천수만은 넓은 호숫가가 있고 물에도 농경지에도 먹이가 풍부해 온갖 겨울 철새들이 편안히 쉬어가는 국내 최대의 철새 도래지이자 새들의 낙원이다.

―MBC〈영상기행 한국의 명소〉중에서

위의 예처럼 정보를 다루는 내레이션의 어미는 주로 "…입니다"와 "…이다"로 나뉜다. 주어가 지시하는 대상의 속성을 나타내는 서술격 조사를 사용해 더욱 객관적으로 내용을 표현한다. 따라서 내레이션 표현도 감정을 배제하는 3인칭 시점의 속성을 더 강하게 부각해 소화하는 것이 좋다.

또 다른 다큐멘터리 내레이션으로 '휴먼 다큐멘터리'가 있다. 〈인간극장〉(KBS 1TV)이나 〈다큐멘터리 3일〉(KBS 2TV), 〈휴먼다큐 사랑〉(MBC) 등의 내레이션 형태를 통칭해 휴먼 다큐멘터리 내레이션으로 부른다. 정보 다큐멘터리 내레이션과는 달리 사람을 포함한 살아있는 대상을 담아내지만 다큐멘터리 장르인 만큼 허구적 연출 없이 그대로 표현한다. 하지만 실제 인물이나 주인공의 인생 스토리를 청자가 공감할 수 있도록 전달하기 위해 원고 내용은 물론 영상, 음악, 효과와 같은 종합적인 요소들과의 조화를 염두에 두고 내레이션해야 한다. 그리고 무엇보다 다큐멘터리의 실제 주인공이 현장에서 나누는 대화나 인터뷰 등과 연결성을 고려하면서 주인공이 잘 부각될 수 있도록 하는 것이 휴먼 내레이션의 특징이다.

아직은 스스로 일어나는 것이 힘든 아이들을 일일이 달래며 바쁜 아침을 여는 아빠 홍종 씨. 무엇이든 한 팔로 해결하는 그는 왼쪽 팔꿈치 아랫부분을 절단한 2급 지체장애인이다.

—KBS 1TV 〈사랑의 가족〉 '사남매 아빠의 희망편지' 중에서

떡볶이 할머니는 언제나 그 자리다.
얼큰한 국물 맛도 그대로, 촌스러운 떡 모양도 그대로.
40년을 하루같이 동네 꼬맹이들의 작은 배를 든든히 채워주신다.

위 인용한 휴먼 다큐멘터리 내레이션의 문장을 보면 주인공이 되는 인물을 중심으로 내면적 표현이나 객관적인 묘사가 다각도로 나타난다. 이런 스타일의 내레이션이 2000년대에 들어서 점차 문장 길이가 짧아지고 '이야기체' 형식을 띠게 되었는데 〈인간극장〉(KBS 1TV)과 같은 프로그램이 내러티브 내레이션 형식에 지대한 영향을 끼쳤다고 볼 수 있다. 이를 내러티브 내레이션이라고 따로 분류하는데 뒤에서 자세히 살필 것이다.

🔊 장르 내레이션

정통 내레이션과 구별되는 내레이션을 어떻게 분류할지에 관한 연구는 앞으로도 계속되겠지만, 현장에서의 특성을 고려해 조건적 정의로서 '장르 내레이션'이라고 분류하겠다. '장르(genre)'라는 용어가 일종의 패턴을 말하고, 상업적인 성격을 띠면서 계속 변하고 있는 측면과 많은 부분 상통하기에 비정통 내레이션을 통칭하는 용어로 적합하다고 판단했다. 방송과 매체의 변화에 따라 여러 형태로 파생될 수 있다는 측면에서 열린 형식의 분류가 될 수도 있다.

장르 내레이션은 구성 형식에 따라 두 가지로 나눌 수 있다. 하나는 '방송(broadcasting)' 내레이션이다. 방송에서 다루는 교양과 예능 또는 이 둘을 합친 일명 '인포테인먼트(infotainment)' 프로그램 등에서 사용된다. 다른 하나는 '임팩트(impact)' 내레이션으로, 짧은 시간 안에 함축적인 메시지를 전달한다.

● 방송 내레이션

방송 프로그램 중에서 정통 내레이션을 제외한 모든 내레이션을 포함한다. 크게는 교양과 예능으로 나눌 수 있다. 대표적인 교양물로는 〈생로병사의 비밀〉(KBS 1TV)과 〈컬처클럽〉(SBS) 같은 프로그램을 꼽을 수 있다.

교양 성격이다 보니 아무래도 정보 전달의 명확성과 객관성이 내레이션의 근간을 이루고, 거기에 프로그램 구성에 따라 약간의 감성적 표현이나 유머 코드를 조미료처럼 섞는다. 교양 프로그램은 광범위한 내용을 다룬다. 역사, 문화, 예술, 교육, 정치, 경제, 건강 등 다양한 정보들을 정통 다큐멘터리 내레이션 형식을 벗어나 청자가 접근하기 쉽도록 조금 자유롭게 구성해 내레이션한다. 따라서 각각의 내용과 주제에 따라 교양물 내레이션의 성격도 조금씩 차이를 둬야 한다.

우리 몸에 필요한 영양소 중 가장 으뜸인 단백질은 인체에서 물을 뺀 나머지의 70~80퍼센트를 차지하고 있으며 근육, 색소, 힘줄, 장기, 손톱, 머리카락 형성과 체력, 활력 및 뼈의 성장, 면역 기능 등의 중요한 역할을 한다.

단백질의 구성 성분인 아미노산의 20종 중에 8종은 음식으로 섭취해야 하는 필수 아미노산이고 이들 중 한 가지라도 부족하면 균형이 무너지게 된다. 너무 과하지도 않고 모자라지도 않은 단백질 섭취가 중요하다는 뜻이다.

−KBS 1TV 〈생로병사의 비밀〉 중에서

이것은 악보가 아닙니다.

이것은 대나무가 아닙니다.

인간의 몸이 붓이 된다면 그 표현의 한계는 어디까지 일까요?

카메라 렌즈 안에 한 폭의 그림을 수놓는 사진작가 박귀섭.

그의 프레임 속으로 들어가봅니다.

−SBS 〈컬처클럽〉 중에서

〈슈퍼스타K〉(Mnet)나 지상파 3사의 연예정보 프로그램 〈연예가중계〉(KBS 2TV), 〈섹션 TV 연예통신〉(MBC), 〈한밤의 TV연예〉(SBS) 등에서의 낭독 형태는 예능물 내레이션으로 볼 수 있다. 낭독 기법이 교양물과는 오락성 추구의 측면에서 확연히 다르고, 명확한 낭독이나 완벽한 문장 소화보다는 보이는 영상의 각인, 강조, 축소, 반복 등의 편집 효과를 증폭시키고 보조하는 역할이다.

그래서 내레이션하는 문장이 문법적으로 불안정하더라도 그것을 충분히 소화할 수 있는 역량이 요구된다. 나레이터의 표현이 독특하거나 고유하다고 인정받게 되면 프로그램을 뛰어넘는 코너 내레이션의 장르화로 독립성까지 얻을 수 있다.

케이블 사상 최고 시청률인 8.47프로를 기록한 전 시즌의 인기를 힘입어 1년 만에 시즌 2로 돌아온 슈퍼스타K 2!

전체 스케일이 두 배로 커졌으며 상금 또한 2억 원으로 2배 껑충 뛰었다. 거기에 작곡가들이 미리 만들어놓은 곡으로 한 달 이내에 음반 발매와 MAMA 스페셜 무대 공연 자격 그리고 QM5 한 대를 상품으로 받게 되는데… 특히 이번 시즌엔 실력파들이 대거 등장, 여성 기타리스트들도 상당수 눈에 띈다.

결선 진출자들 중에서 서울 및 수도권 출신의 출연자 비율이 현저히 높았던 전 시즌과 달리 전국 각지의 지방 출신 진출자가 유난히 많았던 이번 시즌.

실제로 해외파나 지방 출신을 제외한 수도권 출신의 참가자는 인천 출신인 허각. 그리고 대전 소재의 대학에 다녔지만 원래 광명 출신인 김소정밖에 없다.

—Mnet 〈슈퍼스타 K〉 시즌 2 오프닝

배우 이승준이 송혜교 씨 실제 성격을 언급했는데요. 이날 이승준은 송혜교가 실제로는 소탈하고 먼저 다가와서 편안하게 해주는 사람이라고 말해 눈길을 끌었습니다. 또 '태후'의 송닥터와 하간호사 커플의 매력에 대해서는 외모적으로 현실적이고 친근하기 때문인 것 같다고 말했는데요. 자신의 상의 탈의 비하인드 영상에 대해서는 "제작진이 몸을 망가뜨리라"고 하더라며 "열심히 망가뜨린 몸이다"라고 변명해 웃음을 자아냈습니다.

―〈연예가 중계〉 배우 이승준 영상 중에서

2003년 11월부터 방영돼 2012년 9월에 막을 내렸으며, 2.0 버전의 자매 프로그램으로까지 확대됐던 〈스펀지〉(KBS 2TV)는 기존의 획일적이던 정보 전달 포맷에 오락적 요소를 본격적으로 융합함으로써 복합 장르를 유행시킨 대표적인 프로그램이다. 이처럼 교양과 예능의 중간 형태인 인포테인먼트 장르는 이후 다양한 형태로 확산되었는데, 영화 소개 프로그램이나 트렌드 맛집을 소개하는 형태 등이 여기에 속한다.

이 경우 내레이션 방식에도 차별화가 요구된다. 교양과 예능 딱 중간 위치에서 내레이션한다고 생각하면 된다. 보통 프로그램의 구성상 여러 조각으로 나뉜 녹화 영상이 하나의 프로그램을 형성하는 경우가 많다. 이런 형태는 예능 프로그램의 틀에서 나온 것인데, 짧게 끊어진 영상 구성으로 지루할 틈을 주지 않고 내레이션이 필요한 영상과 영상 사이에 녹화 형태로 진행자나 게스트들이 토크, 게임, 실험, 시연 등을 하는 종합적 구성으로 꾸며진다.

곤충의 사냥꾼, 두꺼비.

두꺼비와 폭탄먼지벌레. 이 둘의 대결은 어떻게 될 것인가

두꺼비, 폭탄먼지벌레를 보고 관심을 보이고,

뚫어지게 쳐다보며 먹이의 행동을 관찰하는데…

폭탄먼지벌레, 겁도 없이 두꺼비에게 다가가고,

두꺼비도 비장하게 다가가는데…

드디어,

어머나 이게 웬일? (포즈)

도로 뱉어 낸다. (포즈)

다시 한 번 느린 동작으로 보자.

—KBS 2TV 〈스펀지〉 중에서

열악한 지원과 온갖 구박 속에서도 기필코 출전하고 싶었던 단 하나의 경기.

영화 '국가대표 2'는 대한민국 최초 여자 아이스하키 국가대표팀이 아오모리 아시안게임 도전기를 담은 작품으로,

중간만 가도 성공적이라는 여름 시장에서 리우올림픽 특수까지 노
린 다크호스였지만

결과는…

－KBS 2TV 〈영화가 좋다〉 중에서

부지런한 자만이 먹을 수 있는 문전성시의 비밀 대공개.

먼저 이국적인 맛의 바닷가재.

바닷가재는 매일 필요한 만큼만 들여와 그때그때 손질하고 바로바
로 쪄내는데요.

15분이 지나면 스팀 사우나를 마친 바닷가재가

그 먹음직스러운 자태를 드러냅니다.

그리고 먹기 좋게 손질하는데, 반으로 가르는 또 다른 이유가 있다
구요?

－KBS 2TV 〈생생정보통〉 중에서

이때의 내레이션은 자신의 낭독 지점이 어느 부분에서 어떤 역할
을 하느냐에 따라 달라진다. 프로그램의 도입부일 때, 아이템(소재)
제시 부분일 때, 설명일 때, 과정일 때, 마무리일 때 등이 각기 다른
역할을 하기 때문에, 같은 내레이터라고 하더라도 낭독 지점을 사
전에 파악하여 정보성과 오락성을 다양하게 표현해야 한다.

이런 상황 판단 감각이 뛰어난 내레이터가 인포테인먼트 프로그램들에서 많이 활약하고 있으며, 교양과 예능을 아우르는 폭넓은 역량이 발전돼 아예 특화된 캐릭터 내레이터를 만들기도 한다. 실제로 〈롤러코스터〉(tvN), 〈막돼먹은 영애씨〉(tvN), 〈짝〉(SBS)에서처럼 내레이터의 독특한 개성이 전면적으로 부각돼 '캐릭터 내레이션'이라는 장르가 형성됐다.

인포테인먼트 내레이션이 하나의 프로그램 안에서 낭독 지점에 따라 톤, 속도, 감정 등을 다양하게 표현하는 데 반해 캐릭터 내레이션은 내레이터가 하나의 독특하고 개성 넘치는 자신만의 내레이션 기법으로 처음부터 끝까지 자신의 스타일로 일관되게 소화한다. 이 경우 내레이터가 우선적으로 부각되는 특징이 있다.

전문 성우가 내레이션을 할 경우에는 주로 음성적 특징이나 리듬, 독특한 발성 등을 연구하고 분석해 새로운 캐릭터를 창조하며, 비성우 내레이터의 경우에는 탤런트, 가수, 영화배우, 개그맨 등 이미 자신의 분야에서 형성된 개인의 캐릭터 그대로 내레이션에 참여하게 된다.

송중기가 내레이션한 다큐멘터리 〈남극의 눈물〉(MBC), 최불암이 직접 출연하고 내레이션도 하는 〈한국인의 밥상〉(KBS 1TV) 등이 그렇다.

남녀탐구생활 국군의 날 특집.

군대 간 남친 기다리는 여자 편이에요.

여자가 술집 구석탱이에서 술 퍼마시고 떡이 된 남친을 발견해요.

무슨 일이냐고 묻자 남친은 한참동안 아무 말 없이 울기만 해요.

그리고 떨리는 손으로 내게 영장을 내밀어요.

오마이갓.

꽃띠 청춘 이제 연애 좀 해보나 했더니 남친이 군대를 간대요.

—tvN 〈롤러코스터〉 '남녀탐구생활' 중에서

영애 놀리는 재미에 푹 빠진 산호.

이러다 영애에게 정드는 것은 아닌지…

오늘 하루 지옥과 천당을 오고간 영애와 그의 뉴 프렌드 산호의 아웅다웅 이야기,

막돼먹은 영애씨의 고군분투는 다음 주에도 계속된다.

—〈막돼먹은 영애씨〉 중에서

　　위에서 인용한 인포테인먼트 내레이션과 캐릭터 내레이션의 원고를 보면 알 수 있듯이, 문장 구성이 문법적으로 맞지 않고 비문도 있다. 문장을 완결하지 않거나 명사로 끝맺는 내레이션, 잦은 감탄사와 비표준어, 문어체가 아닌 구어체 구성이 대부분이기 때문에

문장을 소화하는 내레이터의 표현 역량이 크게 요구된다. 지금까지의 캐릭터 내레이션의 대부분은 유머 코드를 담고 폭넓게 발현하는 특징을 보이고 있지만, 앞으로 또 어떤 식으로 변화할지 기대가 되는 내레이션 형태다.

● 임팩트 내레이션

방송에서 가장 함축적이고 응축된 형태로 읽어서 표현하는 내레이션을 말한다. 내레이션 시간이 15초에서 1분 전후로, 짧은 시간 안에 소화해야 하는 분야다. 내레이터의 역량이 최대로 집중되고 메시지 전달과 효과 측면에서 노련함이 집결돼야 한다.

제작물의 길이를 중심으로 분류하면 짧은 시간에 스포츠나 행사 홍보 등을 내레이션하는 '스폿(spot)'을 먼저 꼽을 수 있다. TV나 라디오에서 스폿은 대개 1분 이내의 시간 안에 내용을 집약적으로 전달하는 형태다. 프로그램과 프로그램 사이 또는 광고와 프로그램 사이에 편성된다.

동일 채널의 다른 프로그램이나 특집 방송, 스포츠 방송의 홍보와 소개가 목적인데, 그런 목적에 부합하기 위해 인상적인 목소리 색깔이나 톤이 요구된다. 스폿의 성격에 따라 스포츠, 시사, 역사 등에는 강렬하고 무게감 있으며 신뢰를 주는 내레이션이 선호된다. 표현력의 난도로 볼 때 내레이터로서 노련함이 발휘되는 형태

라고 할 수 있다. 행사, 연주회, 대회 등에서는 차분하고 명료하면
서도 매력적인 목소리 톤을 발휘하는 것도 중요하다.

서울시립교향악단이 선사하는 낭만 가득한 여름밤.

세계 무대에서 인정받은 마에스트로들과 함께하는 주옥같은 명작
의 향연.

세계적인 지휘계의 거장, 지휘자 엘리아후 인발.

라흐마니노프 스페셜리스트, 피아니스트 올가 케른.

창의적인 프로그래밍과 폭넓은 레퍼토리, 지휘자 한스 그라프.

프랑스 피아니즘의 대명사, 피아니스트 파스칼 로제.

2016 여름, 서울 시립교향악단과 함께

잊지 못할 추억을 만드시기 바랍니다.

−서울시립교향악단 정기 연주회 스폿

공공기관이나 비상업적 메시지를 지속적으로 전하는 각종 '캠페
인' 또한 임팩트 내레이션으로 구분할 수 있다. 1990년대까지만 해
도 지상파 채널에 캠페인 편성이 따로 있어서 전기·물 절약이나,
가스 안전, 화재 예방 등 공익을 목적으로 하는 캠페인이 심심치 않
게 제작됐다. 짧은 원고 안에서 캠페인 고유의 성격에 맞게 흔들림

없이 객관적이고 공적이며 의지가 느껴지는 내레이션이 특징이다.

아직도 모르세요?
학교 앞 반경 300킬로미터 안에서는
운행속도 30킬로미터를 지켜야 합니다.
스쿨존을 더 안전하게 지켜주세요.

이 캠페인은 국회안전특위가 함께합니다.

—국회 안전혁신 특위 교통 캠페인 중에서

또한 프로그램을 표현할 때나 프로그램 중간에 연결 형태를 취할 때의 내레이션을 '로고(logo)'라고 부르는데, 로고는 한 프로그램 안에서 각각의 소구성안들을 구분하는 역할을 하기도 하고, 현재 방송되는 프로그램이 어떤 프로그램인지 중간에 소개하는 역할을 하기도 한다.

MBC TV 〈라디오 스타〉에서 중간 중간에 "여러분은 지금 고품격 음악방송 라디오 스타와 함께하고 계십니다"라고 언급하는 것이 일종의 로고다. 이 프로그램에서는 진행자가 소화하지만 대부분은 성우가 프로그램 성격을 잘 드러낼 수 있는 표현으로 로고 내레이션을 한다.

이뿐만 아니라 프로그램의 방송 일정이나 내용, 주요 쟁점을 축약해서 알리는 '예고' 내레이션도 있다. 통상적으로 프로그램 말미에 다음 회 예고로 이어지기도 하고 독립적으로 시간을 편성 받아 본방송 이전에 3~5회 이내로 본 방송의 주요 내용 소개 및 가장 주목할 만한 부분을 부각시켜 내레이션한다.

기본적으로 방송이 계속됨을 알리는 기능 외에도 시청 욕구를 불러일으키는 목적에 부합하도록 설득 커뮤니케이션 기능을 염두에 두고 내레이션하며, 방송의 편성 시간 고지를 필수로 포함한다. 시간과 프로그램 이름을 정확히 낭독하는 것도 소홀하지 말아야 할 부분이다.

딸랑 딸랑 딸랑~! 개그맨 김학래.

오늘 달인 안 되면 안! 괜찮아유~

모두 내 밥이야~! 개그우먼 이경애

입담만큼 뛰어난 우리말 실력은?

아줌마 팬을 몰고 다니는 가수 박상철.

정답만을 맞히겠다! 무조건 무조건이야~

달인이 되기 전엔 못 간다고 전해라~

백세인생 이애란의 우리말 실력은?

축제 현장을 방불케 하는 한판 승부.

정답과 오답을 오가는 겨루기 한판!

'우리말 겨루기' 오늘 저녁 7시 35분.

많은 시청 바랍니다.

—KBS 1TV 〈우리말 겨루기〉 추석 특집 예고

이렇게 임팩트 내레이션을 할 때는 각각의 형식과 성격에 맞도록 내레이션의 톤을 잡는 게 무척 중요하다. 예를 들어 역동적인 스포츠 행사의 스폿일 경우 내레이터는 자신의 목소리 톤 중에서 가장 높은 톤을 사용하며, 스포츠의 힘 있고 생동감 넘치는 효과를 나타내기 위해 자신의 성량에서 가장 강한 발성과 호흡을 활용한다.

또한 문화 및 예술 프로그램의 경우 중간이나 그보다 약간 낮은 톤으로 서정적인 감성을 머금은 호흡과 공명을 활용하는 등 제작 목적에 부합하는 전달 기능을 살리는 감각적이고 효과적인 내레이션을 수행한다.

🔊 매체 내레이션

방송 매체 이외의 분야에서도 내레이션의 역할은 광범위한데, 그 중 가장 양적으로 참여가 많은 분야가 구연동화, 어학, 전문 학습서와 같은 '교재' 분야다. 학습에 대한 욕구가 매우 높은 우리나라의 교육 환경에 발맞춘 교재 녹음 시장은 여러 비방송 분야 중에서도 꾸준하고 활발한 내레이션 작업이 이뤄지고 있다. 낭독물의 목적성이 중요시되는 만큼 무엇보다 내레이션의 전달력에 큰 비중을 둬야 하고, 동화 내레이션의 경우에는 기본적인 감정과 연기력이 더욱 풍부하게 표현돼야 한다.

예전에는 영상이 병행되지 않는 학습 교재가 많아서 영상이 표현해야 할 부분까지 오디오로 다 담아야 했기 때문에, 같은 원고라도 음성 및 감정을 과하게 표현해야 녹음이 제대로 이뤄진다는 분위기였지만, 최근에는 거의 대부분이 영상과 병행되므로 영상에 맞고 교재의 목적에 부합하도록 내레이션한다.

스타와 마주앉아 이야기를 나누다 보면 마법처럼 풀리는 영어회화.
마풀영어가 신개념 영어공부의 세계를 소개합니다.

톱스타 다니엘 헤니와 수현,
LA 다저스 마케터 마틴 김의 다이얼로그 영상을 통해

쉽고 재미있게 영어회화를 배울 수 있습니다.

다양한 학습 콘텐츠와 일상생활 속 재미있는 스토리로 배우는 실용 문법. 필수 보카 마스터, 기초 영어와 듣기 영어, 테마 영어 등 다양하게 구성된 마풀영어로 시작하세요.

(중간 주제 코드 음악)

제1강. 다니엘 헤니와 함께하는 기초 영어

1. 다니엘 헤니의 집 이야기.

먼저, 침실과 거실을 보며 이야기를 나눠볼까요?

다니엘 헤니의 설명을 잘 들어보고 연습 문제를 통해 확인해보세요.

　　　　　　　　　　　　　　　　　　　－마풀영어 교재 내레이션

'광고 내레이션'도 주요 분야 중 하나인데, 상업성이 강한 만큼 광고 상품의 성격과 광고 컨셉트의 설득적 요소를 이해한 내레이션이 돼야 한다. 광고는 상업적 목적 아래 진행되는 분야로서 내레이션의 역할이 매출, 수익, 연작, 재제작 등에 직접적인 영향을 미친다.

따라서 광고주나 의뢰인 등과 협의해 내레이션 방향을 결정하는 경우가 다른 분야보다 많다. 이때 상업성과 밀접한 관련이 있는 트렌드나 유행어, 용어의 이해 등이 중요하다. 내레이션을 제대로 수행하기 위해서는 평소 내가 살고 있는 세상을 감각적으로 읽는 역량도 필요하다.

광고해야 하는 대상이 무엇이냐에 따라 내레이션의 범위가 무척 넓고, 표현방식도 각양각색으로 요구되므로 내레이터의 순발력이 돋보일 수 있는 분야이기도 하다. 그리고 다른 분야에 비해 내레이터의 목소리 질감이나 내레이션 트렌드가 수명이 짧은 편이며, 유행 회전이 빠르다. 광고 내레이션은 새로운 목소리와 새로운 스타일에 민감해서 오히려 열려 있는 분야다. 다른 분야와 비교해 신진 내레이터의 유입이나 이동이 활발한 편이다.

맙소사, 또 한 살 먹었다.

결혼? 안 했다.

아이? 없다.

나만 아무 일도 일어나지 않는다.

늦으면 좀 어떤가.

지금의 외로운 나도 그럭저럭 좋지 않은가.

한 살 더 먹은 나의 이야기는 지금부터 시작이다.

전화 자동응답 시스템인 'ARS(Automatic Response System)'도 내레이션의 분야다. 기기의 영향을 받긴 하지만 충분한 음색과 정확한 발음 그리고 청자를 향한 안내의 성격을 감안해 녹음을 진행해야 한다. 114 자동 안내 등의 공공기관, 기업, 박물관, 전시장, 은행, 공항에서부터 지하철 안내 방송까지 분야가 넓다.

남녀노소, 지역, 교육 수준, 청취 시간대 등 청자의 상황이 거의 특정되지 않으므로 최대한 기본적이고 보편적인 내레이션이 관건이다. 누가, 언제, 어떤 상황 속에서 ARS 내레이션을 접할지 알 수 없기 때문에 내레이터가 할 수 있는 가장 정확한 메시지 전달에 초점을 둔다.

지금 개화, 개화행 열차가 들어오고 있습니다.

승객 여러분께서는 안전선 밖으로 한걸음 물러서주시기 바랍니다.

이번 역은 서울역, 서울역입니다.

내리실 문은 왼쪽입니다.

수원, 인천이나 청량리, 의정부 방면으로 가실 손님께서는

이번 역에서 1호선으로 갈아타시기 바랍니다.

－지하철 내 안내 방송

안녕하십니까.

국민의 평생 금융 파트너 ○○은행입니다.

원하시는 번호를 눌러주시기 바랍니다.

분실, 금융사고 신고는 샾 버튼을,

빠른 말 서비스는 별표,

상담원 연결은 0번을 눌러주십시오.

－금융사 ARS 안내 멘트

전시관 제4전시실에는 람세스 2세 거대 흉상과 로제타스톤을 비롯
한 대표적인 이집트 기념상들과 유물들을 전시하고 있으며, 2층 전
시실들에서도 140여 점의 미라와 관, 무덤에서 발굴된 유물들을 전
시하고 있습니다. 그럼 전시관 앞쪽으로 이동해주십시오.

－영국박물관 한국어 안내

'공연 내레이션'도 최근에 활발해진 내레이션 분야다. 녹음 과정
을 거치는 사전 작업이 아니라 현장에서 직접 공연의 성격과 역할

에 맞춰 내레이션한다. 각종 영화제 현장에서의 오프닝 멘트, 수상자 소개, 코너 소개 등의 내레이션이나 시상식, 패션쇼, 낭독회, 기념회, 선발 대회 등 행사 무대에서의 내레이션이 여기에 속한다. 녹음 부스에 들어가 마이크 앞에서 이뤄지는 대부분의 내레이션과는 다르게 일정 정도 이상의 공간에서 마이크로 실시간 내레이션을 진행한다.

공개홀, 공연장, 연주회장, 심지어 몇 만 명을 수용하는 대형 경기장까지 현장은 확대될 수 있다. 그래서 공연 내레이션에서는 '공간 장악력'이 요구된다. 행사가 이뤄지는 현장의 공간을 내레이터의 멘트로 어떻게 아우르는가에 따라 행사의 성패가 좌우되기 때문이다. 행사의 성격에 따라 차이는 있지만 주로 오프닝이나 주요 정보, 상황 전환, 클로징 등 분획을 책임지는 큐(cue) 사인 같은 역할도 겸하고 있다.

공연 내레이션은 최대 발성과 공명된 목소리로 내레이션하는 경우와 음색에 집중해 내레이션하는 경우로 나눌 수 있다. 쇼나 오락적인 성격이 강한 연말 시상식, 미스코리아 선발 대회, 박물관 개관식 등의 현장에서는 관객의 집중과 호응을 유도해야 하기에 발성과 공명의 확대에 신경 써야 하며, 시 낭독회, S/S 패션쇼처럼 분위기 있고 차분하며 우아한 현장에서는 목소리 질적 효과와 행사에 특화된 용어 표현에 집중해야 한다.

지금부터, 2017 미스코리아 선발 대회

그 화려한 무대가 시작됩니다!

60년 전통의 대한민국 최고 지성과 재능, 아름다움으로

세계 속에 한국을 대표할 미의 제전.

치열한 예선 경쟁을 거쳐

오늘 여러분 앞에 각양각색의 재능과 다채로운 프로그램으로

3시간 동안 생방송을 펼칠 55명의 퍼레이드에

큰 박수 부탁드립니다!

–미스코리아 선발 대회 오프닝

자막 방송과 함께 제작되고 있는 '화면 해설 서비스(Descriptive Video Service, DVS)'가 있다. 화면 해설은 TV, 영화, 연극 등 대중 매체에서 시각 장애인이 인지하기 어려운 행동, 의상, 몸짓, 상황 등의 영상 요소를 음성으로 설명해주는 서비스를 말하며, 화면 해설 방송과 화면 해설 영화로 구분해 사용된다. TV가 대중화됐지만 시각 장애인의 경우 TV 드라마 등에서 나타나는 다양한 장면과 같은 영상을 볼 수 없기 때문에 이를 귀로 들을 수 있도록 설명해주는 화면 해설 서비스가 필요해졌다.

2002년 지상파를 통해 TV 화면 해설 방송을 시행한 것을 시작으로 KBS, SBS, EBS 등에서 화면 해설 서비스를 제공하고 있으며, 다큐멘터리와 영화 등으로 영역이 확대됐다. 화면해설 서비스는 정보 소외 계층에 해당하는 시각 장애인들의 대표적인 정보 접근 수단일 뿐 아니라, 단순히 영상물에 대한 접근성을 지원하는 보조 서비스의 차원을 넘어 사회 통합과 삶의 질 향상에 도움을 주는 핵심적인 복지 서비스이므로 정확한 내용 전달이 우선시된다. 또한 대사와 효과를 침범하지 않는 해설이 돼야 하므로 프로그램을 미리 숙지하는 과정이 필요하며, 실제 녹음하는 현장에서는 효과적인 작품 설명과 표현을 위해 순발력 있는 대처 능력도 요구된다.

2011년 시작된 '배리어프리(Barrier-free)' 영화제의 내레이션처럼 화면이 관객에게 보일 때 과거 변사가 해설하듯 화면 상황을 설명하면서 현장성을 대변하고, 관객과의 공감을 그때그때 확인하면서 진행하는 새로운 형태의 공연 내레이션에 속한다.

출판계에서 진행하고 있는 '오디오북(Audio Book)' 분야도 매체 내레이션의 한 종류다. 예전에는 서적 판매에 보조적 역할로 수익에 도움을 얻고자 시인이 시를 낭송하거나 동화책에 성우들의 목소리를 녹음한 테이프 또는 CD를 부록으로 제공하고, 영어 등의 학습 교재에 끼워 넣는 형태로 제작됐다. 그러다가 점차 독립적인 형태를 이루면서 오디오북 자체가 별도로 제작 판매됐는데, 이때부터 완성도가 훨씬 높아졌고 소비자의 기대치도 상승했다. 이제는 시, 소설, 에세이뿐 아니라 자기계발, 역사, 전문서, 강연북 등 종류도 다양해지고 세분화됐다. 초기에는 시각 장애인용에 초점을 맞췄으나 이후 대중교통으로 출퇴근하는 직장인이나 자가용 운전자 등 일반 소비자를 대상으로 확대됐다.

기존 책과의 조화로운 상생을 감안해야 하고 소음이 있는 외부에서 이동하는 청자를 고려할 때 오디오북 내레이션은 조금은 속도감 있고 음의 강약이 분명해야 한다. 더불어 오디오 드라마나 소설 같은 형식은 라디오 매체에서 방송되고 있는 드라마와 같은 수준이거나 차별성까지 염두에 두어야 상업적 가치를 확보할 수 있다.

🔊 내러티브 내레이션과 퍼스낼리티 내레이션

내레이션 종류를 기법적으로 구분하면 '내러티브' 내레이션과 '퍼스낼리티' 내레이션으로 나눌 수 있다. 우선 매체와 장르를 초월해 이야기체로 진행되는 '내러티브 내레이션'을 살펴보자. 2000년대 후반에 접어들어 방송계와 광고계에서 급속히 각광 받는 내레이션 분야로 떠올랐다. 내러티브는 실제 또는 허구적 사건을 설명하는 행위에 내재돼 있는 이야기적 성격을 가리킨다. 〈다큐멘터리 3일〉이나 〈한국인의 밥상〉처럼 시청자에게 말하듯이 메시지를 전달하는 형식의 내레이션이라고 할 수 있다.

저널리즘 영역에서도 '내러티브 기사'가 독자들에게 더욱 공감을 얻고 있다. 기사의 접근성에 큰 영향을 미치고 있다는 사실이 증명되고 있는 것이다. 이 같은 사회적 분위기는 방송에서도 이야기하듯이 내용을 전하는 추세로 내레이션의 양상을 변화시켰다. 더욱이 방송 관련 기자재의 발전과 함께 내러티브 내레이션은 정보의 정확한 전달에서 질적인 측면으로 내레이션의 양상을 바꿨다.

하지만 일부 훈련되지 않은 유명인의 내레이션과 내러티브 내레이션을 혼동하는 경향이 있는데, 내레이션으로 마무리되는 작품의 완성도 측면에서 분명한 차이가 있으며 질적인 괴리가 청자에게 부정적 영향을 미치는 경우도 있다.

그리고 최근의 내레이션 경향을 언급할 때 빼놓을 수 없는 영역이 바로 특정 인물 내레이션이라고도 말할 수 있는 '퍼스낼리티 내레이션'이다. 매체나 작품의 성격에 따라 내레이션의 특성을 분류하는 것이 아니라 '누가' 읽느냐에 따라 분류한 형태다. 현빈의 〈아프리카의 눈물〉(MBC), 앞에서도 언급한 송중기의 〈남극의 눈물〉, 이병헌의 〈인간의 땅〉(KBS 2TV) 등 누가 내레이션한 다큐멘터리인지 제목 앞에 이름을 명시하고, 중간 중간에 내레이션하는 인물의 얼굴이나 현장 영상을 내용 전개에 방해가 되지 않는 선에서 짧게 노출시키면서 내레이터를 부각한다.

처음에는 주로 특별 프로그램이나 단발성 다큐멘터리에서 퍼스
낼리티 내레이션을 선보이다가, 신애라의 〈슈퍼맨이 돌아왔다〉
(KBS 2TV), 최백호의 〈사람과 사람들〉(KBS 1TV)처럼 특정 유명인의
인지도를 기반으로 그만의 스타일과 기법으로 내레이션하는 프로
그램들이 생겨났다. 많은 사람들이 알 만한 유명인들을 내세우는
경우가 많은데, 이때 중요시되는 부분이 인지도다. 대중적인 인기
만을 의미하지는 않고 목소리와 말투만 들어도 누구인지 알 수 있
을 정도의 내레이션 능력을 인정받는 인물이어야 한다.

　퍼스낼리티 내레이션은 초기에 많은 실패를 겪기도 했다. 특정
인물의 유명세에만 기대어 내레이션 역량을 검증하지도 않은 채
투입시켰다가 프로그램의 완성도를 떨어뜨리기도 했다. 유명인을
내레이터로 섭외하는 게 유행처럼 번진 적도 있었다. 그렇게 오랜
기간 공들여 제작한 프로그램의 가치를 내레이션 단계에서 격감시
키는 경우가 발생했고 그 피해는 고스란히 시청자(청자)가 떠안게
되었다. 물론 반대의 경우도 있다. 틀에 얽매이지 않은 자연스럽고
신선한 내레이션으로 내용이 한층 풍성해진 사례도 많다. 퍼스낼
러티 내레이션의 최대 강점이기도 하다. 이들이 더욱 전문적으로
내레이션 훈련을 하게 되면 그동안의 인지도에 더해 엄청난 시너
지를 발휘할 것이다.

　내러티브 내레이션이나 퍼스낼리티 내레이션을 한때의 유행으

로 보는 시각도 있다. 모든 것은 변하는 법이다. 기존의 내레이션이 시대와 상황에 따라 변화하고 발전해왔듯이, 새로운 스타일의 내레이션도 훗날 또 다른 형태로 바뀌게 될 것이다. 매체의 변화와 함께 내레이션의 표현 기법도 꾸준한 연구가 이뤄져 앞으로 더 다채로워질 것으로 예상한다. 질적인 성장은 언제나 반가운 일이다.

제2부

내레이션은
어떻게 하는가

탁월한 내레이터는 무엇이 다른가

사전적 정의에 따르면 내레이터란 영화·연극·TV·라디오 등의 매체에서 직접 등장하지 않고 목소리로만 등장 인물을 연기하거나 작품을 해설하고, 내용이 전개되고 있는 상황에 대해 부연 설명하는 사람을 말한다.

내레이터는 주로 다큐멘터리 프로그램에서 자주 등장해 내용을 설명하고 상황을 묘사한다. 상황에 따라 1인칭 시점으로 설명하기도 하고 3인칭 관찰자 시점에서 해설하기도 한다.

하지만 이런 정의는 내레이터의 기능만을 말해줄 뿐 내레이터가 어떤 소양과 전문성을 갖고 있는지는 설명해주지 않는다. 내레이터는 말 그대로 '내레이션을 하는 사람'을 일컫지만 전문적인 직업이기도 하다.

기업의 기획 부서에서 일하는 사람들이 스스로를 기획자라고 칭할 수는 있지만 "당신은 훌륭한 기획자인가?"라는 물음에는 쉽게 답하지 못하는 것처럼, 내레이션을 할 줄 알면 누구나 내레이터라고 부를 수 있겠지만 진정한 의미에서의 내레이터는 또 다른 문제일 것이다. 가창력이 그리 훌륭하지 않은 직업 가수도 있고, 노래를 엄청나게 잘 부르는 일반인도 있다. 그런데 어쨌건 제대로 노래 부르는 법을 배우려면 전문 영역으로 파고들 수밖에 없다. 그게 정석이니까.

🔊 맛있는 내레이션

내레이터가 갖춰야 할 전문성에는 어떤 것들이 있을까? 기술적 측면에서만 보면 위에서 언급한 발성, 발음, 호흡, 공명, 음색 등을 포함하는 음성 요소와 톤(tone), 강세(accent), 속도, 포즈(pause), 변조(變調) 등의 화법 요소를 조화롭고 정확하게 발휘해야 훌륭한 내레이터라고 할 수 있다. 이 밖에 감정 표현과 비언어적 요소의 활용이 더욱 입체적인 내레이션의 바탕이 된다.

내레이션은 감정을 담아 읽어 표현하는 고도의 말하기 예술이다. 문장에 담겨 있는 정보와 감정 메시지를 극대화해서 청자에게 전달한다. 이른바 '맛있게' 읽는 것이다.

내레이터의 읽기는 사람의 '감정선'에 기반을 둔다. 하나의 작품에서 배우가 자신의 역할을 분석하고 체화해서 캐릭터를 재창조하듯이, 내레이터도 작품의 성격에 따라 감정선을 맞추고 청자와 공감의 눈높이를 함께한다. 그래서 휴먼 다큐멘터리 내레이션을 들으면 눈물이 나고 감동을 느끼게 되는 것이다. 심지어는 정보 다큐멘터리에서도 따뜻한 공감과 여운을 남길 수 있다.

내레이터는 여러 감정 훈련과 다양한 말하기 연습을 통해 평면적 원고를 입체적으로 구현해낸다. 문장이 음성으로 바뀌어 나오는 과정에서 내레이터는 원고의 완성도를 높이고 메시지에 대한 이해를 증폭시킨다.

내레이터는 언어 표현의 전문가이자 예술가다. 내레이터의 광범위한 활동 영역과 프로그램 내에서의 기여도가 그 사실을 뒷받침해주고 있다. 다양한 장르의 다채로운 언어 표현이 가능하고 국가의 언어문화에서 국민들과 가장 가깝게 만나는 사람이기도 하다.

🔊 성우, 내레이션을 말하다

우리 사회에 존재하는 모든 직군을 통틀어 내레이션에 대해 가장 많이 고민하고 내레이션이라는 행위를 매일 하면서 사는 직업은

성우일 것이다. 성우로서 내레이션을 이야기하는 것은 무척 자연
스러운 일이다. 또한 내레이션은 성우라는 직업과 아주 밀접한 관
련이 있다. 그래서 성우가 무슨 일을 하며 어떤 사람들인지를 알면
내레이션을 이해하는 데 큰 도움이 될 수 있을 것이다.

　우리나라에서 직업으로서의 성우는 1940년대에 생겨났다. 성우
를 한마디로 정의하면 '읽어서 표현하는 것을 전문적으로 하는 목
소리 배우'다. 흔히 마이크 앞에서 원고를 들고 보통 사람들과는 다
른 목소리로 뭔가를 말하는 모습이 떠오를 것이다.

　방송국은 메시지를 만들고 전파하는 곳이다. 그렇기 때문에 방송
국이 채용하는 한편의 인력들은 대부분 메시지를 생산하는 사람들
이다. 프로듀서, 작가, 엔지니어 등 방송국의 모든 인력은 메시지를

함께 만드는 전문가들이다. 그리고 그와 더불어 특별히 공을 들여 선발하는 인력이 있다. '메신저(messenger)', 즉 생산된 메시지를 전달하는 전문가인데, 대표적으로 아나운서와 성우가 있다. 그런데 왜 굳이 아나운서와 성우를 따로 뽑는 걸까? 여러분도 알다시피 아나운서도 목소리가 좋고 내레이션도 잘하는데 별도로 성우를 쓰는 이유는 무엇일까?

이 부분에 대한 규정이 내레이션을 이해하는 중요한 포인트가 될 것이다. 방송국은 크게 두 가지 메시지를 생산한다. 하나는 지식 메시지이고 다른 하나는 감정 메시지다. 지식 메시지의 대표적인 것이 뉴스이며 기자가 만들어내는 기사 및 각종 교양 프로그램 등도 여기에 포함된다. 감정 메시지는 대표적으로 쇼, 예능, 드라마 등에서 주로 다룬다.

그러나 이 두 가지 메시지는 전달자(메신저)에게 각기 다른 소양을 요구한다. 각종 뉴스와 지식 메시지의 전달자인 아나운서에게 요구되는 소양은 기본적으로 감정을 배제한 정확한 정보 전달이다. 아나운서가 다채로운 표정을 지으며 목소리에는 감정을 가득 담아 뉴스를 전한다고 상상해보자. 개그 프로그램의 소재로나 가능할 것이다. 게다가 그 정보가 설득력을 가질까? 정보의 신뢰성을 담보하는 것은 아나운서의 메시지가 사실 그대로일 것이라는 대중의 믿음이다. 그래서 이미 설명했듯이 아나운서들은 지망생 시절부터 사적 감정을 배제하고 읽는 훈련을 지속적으로 수행한다. 감정을 덜어내 전달하는 연습이다. 이 훈련은 아나운서로서 일하는 내내 멈추지 않고 계속되는 일이다. 아나운서가 전달해야 하는 메시지 중에서는 대중의 감정을 자극하는 민감한 정보들이 많기 때문에 이 훈련을 게을리 하면 자칫 큰 실수로 이어지고 방송의 신뢰성에 심각한 흠집을 낼 수 있다.

이와는 다르게 감정 메시지의 전달자는 온갖 감정들을 다양하게 담아내서 다채롭고 흥미진진하게 전달해야 한다. 그래서 감정 메시지의 대표적 전달자인 성우는 지망생 시절부터 어떻게 하면 원고 안에 담긴 감정, 표정, 색깔, 부피, 질감 등을 제대로 표현할지를 연구한다. 이 또한 감정을 덜어내는 훈련만큼이나 어렵다. 어쩌면 더 오랜 시간 훈련하지 않으면 제대로 확보할 수 없는 것이 성우의 역량이다. 아나운서는 감정을 덜어내 신뢰를 얻어야 하고 성우는 감정을 담아내 신뢰를 확보해야 한다. 아나운서는 제대로 읽어서 메시지를 전달하고 성우는 제대로 표현해서 메시지를 전달한다. 분야가 다른 것이다.

전파를 통한 소통방식의 변화는 메시지 전달자인 메신저의 새로운 자질을 요구하게 됐다. 좋은 목소리와 표현력 그리고 국어에 대한 지식 등이었다. 그 가운데 가장 먼저 요구된 소양이 바로 좋은 목소리와 표현력이었다. 이후 성우의 역할은 다양하게 확장되고

방송 영역에서 성우의 활동 범위			
라디오 드라마	다큐멘터리	방송 광고	방송 스폿
라디오 진행	방송 콩트	제품 홍보	드라마 탤런트
외화 더빙	애니메이션 더빙	쇼 호스트	영화 후시 녹음
예능 프로그램	퀴즈 프로그램 문제 출제	시사·교양·정보 프로그램	방송 고지
다큐멘터리	뉴스 보도, 간추린 뉴스	취재 리포트	강연

발전해왔다. 라디오 드라마에 출연해 목소리로 연기하는 것을 중심으로 활동하던 초창기의 성우 분야는 상업 방송의 개국과 함께 시사·교양·정보와 같은 프로그램은 물론 TV 오락 프로그램으로까지 급속도로 확장됐다.

뒤이어 경제 성장과 함께 방송 광고 분야로도 진출했고, 영화 산업이 발달하면서 후시 녹음으로 배우들의 목소리를 대신했으며, TV 외화 더빙과 다큐멘터리 내레이션 등 성우의 활동 분야는 방송 전반에 걸치게 됐다.

성우가 다양한 분야에서 각광 받은 이유는 죽어 있던 문장에 힘을 불어넣을 수 있는 내레이션 능력이 있었기 때문이다. 또한 성우가 하는 말에는 그만의 맛이 있다. 목소리만으로 모든 것을 전달해야 하기 때문에 성우의 음성 연기를 듣고 있으면 머릿속에서 그림이 그려진다. 귀로 듣고도 눈으로 본 것 같이 만들어준다는 뜻이다. 이런 차별점이 아나운서나 배우로 대체하기 어려운 성우 고유의 영역을 만들게 됐다.

따라서 성우가 내레이션을 누구보다도 잘 이해하고 설명할 수 있다는 데에는 이견의 여지가 없을 것이다. 훌륭한 내레이션은 성우 음성 표현의 꽃이다. 성우가 구현해내는 내레이션 영역을 좀 더 살펴보자. 현업 성우들인데도 성우의 활동 영역을 열거해보라고 하면 난감한 느낌마저 든다. 활동 영역이 몇 가지 정도로 나열하기에는 너무나 광범위하기 때문이다.

성우의 활동 영역이 전방위적이라는 것은 과장된 표현이 아니다. 매체가 존재하고 언어 표현이 필요한 곳이라면 어디에서나 활동하고 있는데, 우선 방송에서의 활동 영역만을 한정해 나열하면 다음과 같다.

방송 영역만 간추려도 20개에 달한다. 성우의 내레이션 활동이 경쟁력이 있음을 보여주는 증거라고 할 수 있다. 단일 직업이 이처럼 다양한 범위에서 활동하는 사례는 방송 직종에서 거의 유일하다고 할 수 있다. 여기서 주목할 부분은 성우의 언어 표현이 수용할 수 있는 분야가 방송 영역 전반에 걸쳐 있다는 점이다.

🔊 랑그와 파롤, 능력과 수행

성우는 다양한 언어 표현의 전문가다. 따라서 기본적인 말하기 훈련부터 준언어와 감정 훈련을 거쳐 까다롭게 선발된다. 원칙적으로는 몸과 얼굴이 보이는 일이 아니지만 역할에 맞는 음색을 내고 표현하기 위해 비록 보이지는 않아도 배우들처럼 손짓과 몸짓 등 비언어 부분도 활용한다. 이 모든 것들이 내레이터에게도 그대로 적용된다.

사람은 특별한 경우를 제외하고는 모두 말을 할 수 있는 언어 능력을 갖고 있다. 그러나 언어를 이용해 의사소통을 할 수 있다고 해서 그것만으로 훌륭한 언어 표현 능력을 갖고 있다고 평가받지는 않는다. 노래를 부를 수 있다고 모두 가수는 아니듯이 언어를 다채롭게 활용해 예술적 경지로 승화시키는 것은 따로 다뤄야 할 만큼의 고차원 능력이다. 스위스의 언어학자 페르디낭 드 소쉬르(Ferdinand de Saussure, 1857~1913)가 구분한 '랑그(Langue)'와 '파롤(Parole)'을 잠깐 살펴보자.

랑그와 파롤은 사전적인 의미로는 둘 다 '언어'이지만 개념은 다르다. 쉽게 말해 랑그는 사회적·관습적으로 통용되는 언어를 말하고 파롤을 랑그가 개인에 의해 발음된 것을 가리킨다. "사랑합니다"라는 문장을 여러 사람들에게 발음하게 하면 각기 음색이나 톤 등이 모두 다르다. 굵고 낮은 목소리로 천천히 말하는 사람도 있고 가늘고 높은 목소리로 빠르게 말하는 사람도 있듯이 파롤은 다양하게 표현된다. 하지만 "사랑하다"라는 말은 머릿속에서 같은 의미로 받아들여지는데 그것이 랑그다. 발음돼 나오는 느낌이나 뉘앙스가 다 다르지만 이 랑그가 있기 때문에 의사소통이 가능하다.

언어를 다루는 내레이터에게는 랑그에 대한 이해와 함께 파롤에 대한 훈련이 요구된다. 사회가 공유하는 언어의 문법과 구조를 이해한 뒤 실제 말을 할 때 이를 충실히 소화해내야 하는 것이다. 내레이터에 따라서도 파롤은 다르게 나타난다. 같은 문장도 내레이터마다 다르게 구체화시킨다. 파롤이 충실히 수행되지 않으면, 예컨대 잘못 해석하거나 발성과 발음이 불안정해서 잘못된 뉘앙스로 표출되면 랑그가 제대로 전달될 수 없다.

소쉬르가 제시한 랑그와 파롤의 개념을 이후 미국의 언어학자 노암 촘스키(Noam Chomsky, 1928~)는 언어의 '능력(competence)'과 '수행(performance)'이라는 개념으로 대치시켰다. 소쉬르는 문장의 구성을 발화에 의한 파롤로 본 반면 촘스키는 랑그, 즉 문법 능력으로 파악한다. 다시 말해 일상 언어에 내포돼 있는 규칙성을 토대로 한 창조성을 강조했다. 말 때문에 오해가 생기는 경우는 대부분 랑그가 잘못 전달돼서 발생한다. 같은 말을 다르게 받아들이는 경우 그런 일이 벌어진다.

내레이터의 내레이션은 가능한 한 모든 사람들이 인식하고 있는 문장의 의미, 즉 랑그를 기반에 두고 이뤄져야 한다. 사회적 통념이라는 테두리 안에서 랑그를 전달해야 하므로 개인이 편하게 말할 때처럼 파롤을 수행할 수 없다. 객관적·보편적으로 인식 가능한 말의 의미를 전달하기 위해 그 사회가 규정하고 있는 문법 능력(랑그)에 대한 높은 이해가 필요한 것이다.

◀» 내레이터를 다르게 만드는 것들

개인차가 있겠지만 내레이션을 제대로 하는 데까지 이르는 과정은 통상적으로 다음과 같다.

첫 번째는 읽기에 대한 개념도 부족하고 실력도 모자란 단계다. 이 단계에서는 읽기라는 행위가 무엇인지 확실히 이해한 뒤 기본기를 배워서 정확하게 눈으로 읽고 낭독하는 연습이 필요하다. 두 번째는 귀는 열렸는데 내레이션은 잘되지 않는 단계다. 괴리감과 절망감을 많이 느끼는 시점이기도 하다. 알 것 같은데 잘 안 되기 때문이다.

뭔가 안 것 같아서 다른 욕구가 생기기도 한다. 단어와 단어 사이의 빈 공간을 나만의 호흡과 색깔로 채우고 싶어진다. 원칙을 슬슬 벗어나서 나만의 개성을 찾아가는 단계라고도 할 수 있다.

그렇게 빈 공간을 감성대로 채우는 것에 익숙해지고 순간적인 대처도 가능해지면 세 번째 단계로 접어들게 된다. 자신의 내레이션 영역을 확장시켜 예술적으로 내레이션하고 싶은 욕구가 생긴다. 그런데 이 단계까지 도달하기 위해 반드시 필요한 것이 있다. 바로 '가치 있는 개념'이다. 이 장에서는 내레이터가 갖춰야 할 조건들과 내레이션의 종류에 관해 설명할 것이다. 우선 내레이터의 조건을 살펴볼 텐데, 잘 읽고 목소리만 좋으면 되지 않나 싶겠지만 그렇게 단순하지 않다. 우리가 이 책을 통해 여러분에게 전하고자 하는 내용은 그냥 내레이션이 아니라 훌륭한 내레이션이니까 말이다.

내레이션을 필요로 하는 곳이 많아지고 내레이터의 활동 영역이 확장됨에 따라 다양한 자질이 요구되고는 있지만, 각론에서의 차이일 뿐 총론에서는 언제나 변함이 없다. 영화배우가 팬 미팅 때 노래도 잘 부르면 좋겠지만, 배우에게 요구되는 기본 자질은 연기력인 것과 마찬가지다. 내레이터에게도 기본적으로 요구되는 조건이 있다.

첫째, 순발력과 통찰력이 필요하다. 거의 대부분의 내레이션은 청중을 대상으로 진행된다. 녹음을 하는 방식으로 제작되는 콘텐츠도 있지만 여러분이 활용할 내레이션, 프레젠테이션과 같은 자리는 실시간으로 빠르게 진행되기 때문에 내레이터에게 순간적인 몰입 능력을 요구한다. 따라서 사전에 연습은 하겠지만 실제 내레이션을 할 때 얼마든지 예기치 못한 상황이 발생할 수 있으므로 전하고자 하는 메시지의 핵심과 감정, 맥락 등을 그때그때 결정해야 하며, 이를 위해 순발력과 통찰력은 필수불가결한 조건이라고 할 수 있다.

둘째, 안목과 판단력이 필요하다. 어떤 주제든 내레이션할 수 있는 수준이 되려면 콘텐츠를 깊이 있게 해석할 수 있는 눈이 있어야 한다. 그리고 그것을 표현할 때 어떤 방향으로 해야 하는지 판단해야 한다. 이를 위해서는 경험이 중요한데, 다른 조건들도 그렇지만 안목과 판단력은 특히 시간이 요구되는 자질이다.

셋째, 품위와 매력이 필요하다. 청중에게 신뢰감을 줄 수 있어야 한다. 내레이터는 정보의 전달자, 즉 '메신저'다. 메신저에게 주어진 가장 큰 임무가 메시지를 가장 효과적으로 전달하는 것이라는 측면에서 청중의 메신저에 대한 신뢰는 메시지의 전달력을 극대화하기 위한 매우 중요한 요소라고 할 수 있다. 이 신뢰감을 공고히 하기 위해 필요한 조건이 품위이며, 나아가 자신만의 뚜렷한 개성이 표출하는 매력은 다홍치마로 작용한다.

넷째, 매너와 친화력이 필요하다. 다른 일도 똑같지만 내레이터에게도 매너와 친화력이 요구된다. 혼자서 모든 것을 하는 게 아니기 때문이다. 한마디로 말하면 인간미가 있어야 한다. 경우에 따라 여러 명과 호흡을 맞춰서 진행할 때도 있고 아예 처음부터 기획자, 작가, 엔지니어 등과 협업으로 진행될 때도 있다.

하물며 회사에서 프레젠테이션을 할 때도 옆에서 다른 직원이 진행을 돕는다. 원만하고 섬세하게 소통할 수 있도록 좋은 매너와 친화력을 갖춰야 한다.

다섯째, 정신적·육체적 건강이다. 목소리에는 그 사람의 거의 모든 정보가 담겨진다. 손가락에 지문이 있듯 목소리에는 성문이 있어서 나이, 체형, 성격, 품성, 건강 상태, 심리 상태, 출생지, 교양 수준 등 많은 정보들이 드러난다. 목소리가 마음에 들게 나오지 않는다면 자신의 상태를 점검해봐야 한다. 또한 그때그때의 컨디션뿐 아니라 평소의 언행이나 태도도 바르게 해야 한다. 그렇지 않으면 훌륭한 내레이션은 발현되기 어렵다.

◀» 주문을 외워보자, 표발발호공 국해품!

내레이션이 우리의 실제 생활에서 차지하는 비중은 막대하다. 일대 일 대화를 제외한 거의 모든 음성 정보를 내레이션의 형식으로 접하고 있다. 영상 정보에서도 내레이션이 없는 경우를 찾기란 매우 어렵다. 하지만 정작 내레이션에 대한 정보는 구하기가 어렵다. 구한다고 해도 낭독에 대한 조건들을 열거한 뒤 내레이션이라고 부른다. 심지어 그것이 일반론으로 자리 잡고 있다. 내레이터가 무엇인지, 어떤 소양을 확보해야 하는지에 관해서는 정보가 전무하다. 내레이션을 주제로 한 책도 없다. 지금 여러분이 읽고 있는 이 글이 내레이션의 문을 여는 시작이다.

내레이션에 대한 관심이 생겼다면 자연스럽게 내레이션을 이루는 주요 요소로 관심이 옮겨지며 뒤이어 내레이터에 대한 관심으로 이어지게 마련이다. 내레이터에 대한 관심은 당연하게도 내레이터의 소양으로 이어진다. 그동안 내레이터의 구체적인 소양과 이를 확보하기 위한 방법이 정리돼 있지 않았으므로 이 책에서 정의를 내리려고 한다. 크게 다섯 가지를 들 수 있다. 이제부터 주문을 외워보자. 표발발호공 국해품! 표현력과 발성, 발음, 호흡, 공명, 국어 능력 그리고 해박함과 품성을 일컫는다. 기술적인 부분은 이 책의 마지막 장에서 상세히 설명할 텐데, 여기서는 간단히만 살펴보고 넘어가자.

● 표현력

내레이터는 언어의 예술가다. 메시지의 내용을 정확히 읽고 이해해 또박또박 말하는 것만으로는 예술적 가치가 생기지 않는다. 말을 예술로 승화시키려면 '표현력'이 좋아야 한다. 조음 기관의 유연성을 위한 훈련에서부터 감각과 감성을 예민하게 다듬는 훈련, 감정을 표현하고 발산하는 훈련, 극적인 포인트를 짚어내 호흡과 리듬을 만들어내는 훈련에 이르기까지 많은 노력이 필요하다. 내레이션은 듣는 이의 감성에 소구하는 내용이 주를 이루기 때문이다. 연극을 예로 들어 설명하면 내레이션은 연출자가 연기자에게 요구하는 대사의 예술적 표현이다. 연출자는 자신의 의도를 그대로 수용해 훌륭하게 표현하는 연기자를 원한다. 그런 연기자는 대사를 틀리지 않게 낭독하는 수준을 넘어 대사를 관객의 마음에 꽂는다. 그 감동 전달의 요체가 바로 표현력이다. 뒤에서 자세히 살피겠지만 내레이션과 낭독이 다른 분야인 이유다.

표현력을 위해 내레이터는 다양한 표현 기법을 배워야 한다. 엄밀히 말하자면 대화법이다. 내레이터는 스스로와 대화해야 하고 청자와 대화해야 한다.

● 발성과 발음 그리고 호흡과 공명

내레이터는 목소리로 청자를 만나는 존재다. 그러므로 내레이터에게 목소리는 훌륭한 용모를 갖추는 것과 같다. '잘생긴 목소리', '예쁜 목소리'라는 표현은 목소리가 시각적 이미지를 이끌어내기 때문이다. 목소리를 낼 때는 '발성'과 '발음' 그리고 '호흡'이 중요하다. 우선 내레이터의 발성은 자연스러워야 한다. 목소리를 깔아서 일부러 꾸며낸 부담스러운 소리가 아니다. 충분한 연습을 통해 자연스럽고 멋스럽게 전달할 수 있는 좋은 '공명'을 가진 발성을 할 줄 알아야 한다. 정확한 발음도 내레이터의 필수 요건이다. 발음이 정확하지 않으면 메시지 전달자로서의 자격은 상실된다. 무슨 말을 하는지 알 수 없는 목소리는 소음일 뿐이다. 자연스러운 '호흡'도 굉장히 중요하다. 내레이션을 듣는 청자는 어느새 내레이터와 같은 호흡을 하게 된다. 내레이터의 호흡이 불안하면 듣는 이도 불안해지고 내레이터가 편안하고 안정된 호흡을 유지하면 듣는 사람도 편안하게 메시지를 받아들이게 된다.

● 국어 능력

내레이터가 수행하는 가장 기본적인 일은 읽어서 표현하는 것이다. 우리말에만 한정 지어 말하면 한글을 읽는 것이다. 그렇지만 단순히 국어책 읽듯이 소리 내어 읽는 것이 아니라 '국어 능력', 다시 말해 우리말에 대한 지식을 충분히 갖춘 읽기를 말한다. 우리말의 장단과 고저, 양성 모음과 음성 모음, 주부와 술부의 메시지 호응, 의미 전달을 위한 정확한 낭독 등의 소양을 갖추고 있어야 '내레이션에서 말하는 읽기'를 할 수 있는 것이다.

내레이터는 말하기의 장인(匠人)이다. 장인은 주어진 재료를 훌륭한 솜씨로 재탄생시키는 사람이다. 내레이터에게 주어진 재료는 다름 아닌 한글이다. 한글에 대한 지식은 훌륭한 내레이션의 필수 불가결한 요소다.

해박함

모든 문자화된 메시지는 생각을 축약한 형태로 드러난다. 기호학적 측면으로만 문자를 이해하면 책은 글자의 나열에 지나지 않을 것이다. 독자가 책을 읽을 때 즐거움을 느끼는 까닭은 문장에 들어 있는 생각, 즉 문자 이외의 정보를 느끼기 때문이다. 내레이터는 문장을 다룬다. 이 문장도 생각이 축약된 형태이므로 내레이터는 문장 속에 들어 있는 수많은 함의(含意)를 자연스럽게 인지할 수 있어야 한다. 더구나 내레이션이 다루는 장르는 넓고 다양하다. 그래서 내레이터는 '해박해야' 한다. 깊고 전문적이진 않더라도 폭넓은 교양을 갖추고 있어야 한다. 청자는 내레이터가 문장에 담긴 뜻을 제대로 알고 말하는지 그렇지 않은지 직관적으로 감지한다. 그렇지 않다고 느끼면 더 이상 귀를 기울이지 않는다.

품성

내레이터는 메시지 전달자다. 청자가 해당 메시지를 들을 때 작동하는 기제 중 메시지 전달자가 누구인지도 중요하다. 사람들은 어떤 이야기를 접할 때 그 내용이 무엇인지 받아들이기에 앞서 이야기를 전달하는 메신저가 그럴 만한 사람인지를 판단한다. 설사 전달자가 누구인지 모르는 상태에서 메시지를 긍정적으로 받아들였더라도 나중에 자격이 없었음을 알게 되면 판단을 유보하는 경우가 많다. 정치인들의 메시지가 특히 그렇다. 가령 갑질 행태로 구설에 올랐던 어떤 국회의원이 사회적 약자 보호에 관한 법률 제정을 제안하는 연설을 한다면 설득력이 크게 떨어질 것이다. "메시지를 공격하지 못한다면 메신저를 공격하라"는 말이 있듯이 훌륭한 '품성'을 갖추지 못하면 내레이션에 신뢰를 얻기 힘들다.

◀» 메라비언의 법칙

내레이터는 '몸'이라는 '악기'를 최대한 이용할 것을 요구받는다. 대표적인 내레이터인 성우의 경우 활동 영역이 매우 광범위하기 때문에 다양한 메시지 전달을 소화하기 위해서는 신체적 요소, 즉 발성 및 조음 기관을 자유자재로 이용할 수 있어야 한다.

이를 위해 성우는 몸의 각 부분에 있는 공명 기관을 전체적으로 활용하기도 하고 특정 공명점을 집중적으로 사용해 개성 있는 캐릭터를 창출하기도 하며, 발성의 방향을 세밀히 조절함으로써 원고에 있는 여러 요소를 극대화시켜 표현하기도 한다.

그래서 성우는 자신의 몸 악기는 물론 상대방의 몸 악기를 분석해 발성적 취약점을 수정·보완해줄 수 있는 자질을 갖추고 있다. 스피치에 대한 관심이 커지는 가운데 주목받고 있는 커뮤니케이션 이론이 있는데 바로 '메라비언의 법칙(The Law of Mehrabian)'이다.

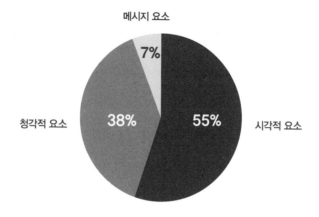

메시지 요소

7%

청각적 요소   38%   55%   시각적 요소

미국 캘리포니아대학교 로스앤젤레스 캠퍼스(UCLA) 심리학과 앨버트 메라비언(Albert Mehrabian) 교수가 1971년에 발표한 이론이며 "행동의 소리가 말의 소리보다 크다"는 한 문장으로 요약할 수 있다. 그는 커뮤니케이션의 요소를 청각적(목소리 표현), 시각적(행동 표현), 메시지(말의 내용)로 나누고 각각의 요소가 차지하는 비중을 연구했다. 그 결과 화자의 용모(의상)나 제스처 등의 시각적 요소는 55퍼센트, 목소리의 톤이나 발음 등의 청각적 요소는 38퍼센트, 말하는 내용의 완성도 등 메시지 요소는 7퍼센트를 차지했다.

상대방이 하는 말을 들을 때 말하는 이가 어떤 내용을 이야기하는가에 집중한다고 생각하기 쉽지만, 실제로 우리를 움직이는 것은 목소리 표현과 행동 표현인데, 그 중에서도 준언어 및 비언어에 속하는 행동 표현이 더 큰 비중을 차지하고 있다는 것이다.

◀》 말 비슷한 말: 준언어

'메라비언의 법칙'을 통해 알 수 있듯이 내레이터가 다룰 것은 말뿐만이 아니다. '말 비슷한 것'도 잘 다뤄야 한다. 다름 아닌 '준언어'다. 언어에 준(準)하는 영역이다. 준언어는 부차 언어, 유사 언어, 주변 언어라고도 부른다. 말 자체는 아니지만 말할 때 그 내용을 보완하기도 하며, 본래의 뜻을 바꾸기도 하는, 좋은 내레이션을 하는 데 없어서는 안 될 음성적 토대다.

목소리의 고저, 크기, 속도, 포즈(pause), 양념이 되는 발성음(아·에·음·우 등), 정해진 시간 안에 말할 수 있는 단어의 개수 등이 준언어에 포함되며, 본래의 언어와 병행해 나타나는 일련의 음성적 현상을 총칭하는 용어로도 정의한다. 이와 관련해 여러 언어학자들이 준언어의 구성 요소들을 제시하기도 했다.

위스콘신대학교 커뮤니케이션학과 임태섭 교수는 준언어를 '음조절(vocal qualifiers)', '음색(vocal characterizers)', '음단절(vocal segregates)'이라는 세 가지 요소로 구분했다. 음조절은 목소리의 범위, 입술의 조절, 리듬의 조정, 말의 속도 등 말하는 방법이나 말씨에 의해 나타나며 말의 내용에 영향을 미친다. 음색은 낄낄거리는 웃음소리, 키득키득 숨죽여 웃는 소리, 훌쩍훌쩍 흐느끼는 소리와 같은 소리의 연속체와 한숨, 하품, 고함, 투덜거림, 트림 등을 포함해 연구한다. 음단절은 공감이나 만족감을 나타내는 '응'이나 '아하', 경멸이나 불신을 나타내는 '흥', 말하는 중간의 짧은 침묵, 다음 말로 넘어갈 때의 '음…', '아…' 등으로 구분된다.

준언어는 듣는 이에게 말하도록 격려하거나 서로 어떤 대화가 오고갔는지를 가늠하게 하는 근거가 되기도 하고, 내용의 강도나 감정 상태를 파악하는 근거가 되며, 노여움이나 무관심, 동의, 도전의 의미를 전달할 수 있다.

준언어의 역할과 기능은 무엇보다도 '성(gender)'을 제시한다는 것이다. 여성의 경우 음높이가 더 높고 변화가 많은 반면, 남자의 경우 더 크고 더 단호한 목소리를 낸다. 평균적으로 남성이 대중 앞에서 이야기할 때의 목소리는 크고 적극적인 편이지만, 여성은 친절하고 공손하며 보편적인 소리를 낸다고 한다. 따라서 준언어는 인물의 사회적 성과 나이, 성격, 직업, 출신 지역 등을 파악하게 하는 역할과 더불어 감정 상태를 나타내는 역할을 하며, 듣는 사람의 이해 정도에 따라 설득에도 영향을 미친다.

준언어의 하나인 음색을 살펴보면 좋은 목소리를 가진 화자는 매체와 상관없이 정보를 전달하는 데 더욱 효과적이라는 연구 결과도 있다. 이 밖에도 큰 목소리와 작은 목소리, 감탄사도 언어적 메시지에 영향을 미친다. 사람들은 좋은 목소리가 더 영향력 있고 실력도 있고 정직하다고 느끼는 경향이 있다. 그렇다면 화자의 호감도와 신뢰도에 영향을 미치는 요인으로 음색과 더불어 억양, 목소리 크기, 포즈, 말의 속도 등의 준언어 측면도 고려해서 내레이션하는 게 바람직하다는 결론에 이른다.

준언어로 분류할 수 있는 호흡, 억양, 포즈, 크기, 속도에 관해 조금 더 살펴보기로 하자.

● 호흡

호흡은 화자의 신체 조건이나 환경 또는 습관 등에 의해 결정되므로 개인에 따라 차이가 있고 그 종류도 다양하다. 흉식 호흡은 주로 가슴의 흉곽만을 사용하여 숨을 쉬는 호흡법으로, 숨의 저장을 폐에 국한하기 때문에 숨이 깊지 않아 '잔숨'을 쉬어야 한다. 흉식 호흡에 의해 나오는 발성음은 복식 호흡에 의한 길고 낮은 소리에 비해 높고 얇은 소리를 야기하므로 발랄하고 생동감 있는 목소리를 낼 수 있지만, 흉곽만 사용함으로써 횡격막이 올라와 폐를 압박하게 되기 때문에 호흡이 짧아지고 긴장을 초래할 수 있다.

이에 반해 복식 호흡은 주로 배(복부)로 호흡함으로써, 폐를 받치고 있는 횡격막을 배로 끌어당겨주는 복부 근육에 의해 폐의 흡기 공간을 크게 확장시켜 낮고 깊은 소리를 낼 수 있게 한다.

따라서 가장 합리적인 호흡은 흉식과 복식을 유기적으로 연관성 있게 하는 호흡이라고 할 수 있다. 내레이션의 특성상 똑같은 발성으로만 말하면 목소리가 단조로워지므로 두 호흡을 조화롭게 이어가야 한다. 올바른 호흡은 목소리를 윤택하고 매력적으로 만들어주며, 나아가 자신의 음성적 능력을 향상시켜 보다 나은 내레이션을 할 수 있게 해준다.

• 억양

목소리의 높낮이는 억양을 만들어낸다. 음을 고정시켜 말하는 것보다 고저의 변화를 주면서 말할 때 듣는 이로 하여금 더 영향력 있는 사람으로 인식된다. 좋은 내레이션을 하려면 청자에게 가장 편안하게 들리는 음높이를 기본으로 적절한 조절을 해야 한다. 목소리를 낼 때 최적의 음높이는 비교적 낮은 수준의 음정을 유지하면서 부드럽게 말하는 상태다.

그런데 높은 음높이와 빠른 음조절은 즐거움, 젊음, 취약성 등을 암시하며, 낮은 음높이와 더딘 음조절은 안정감, 자신감, 확신, 무기력, 권태감 등을 느끼게 한다. 어느 나라의 언어도 높낮이 변화 없이는 발음되지 않는다. 전혀 모르는 언어를 들을 때 여러분이 감지할 수 있는 것은 오직 계속해서 변화하는 높낮이뿐이다.

이처럼 계속 변화하는 말소리에 수반되는 높낮이를 억양이라고 하는데 다음과 같은 특성을 갖고 있다. 첫째, 억양은 '의미'를 갖고 있다. 같은 문장이라도 억양의 변화에 따라 다른 뜻을 표현하게 된다. 둘째, 억양은 '체계'를 갖고 있다. 문장의 의미에 차이를 주는 억양의 종류는 한정돼 있고 유형은 각기 독특한 기능과 관련을 맺고 있다. 셋째, 억양은 각기 '고유한 기능'을 갖고 있다. 각국의 언어는 고유한 유형과 그에 따른 기능을 갖고 있어서, 외국인이 현지 언어를 배울 때 자신의 모국어 억양으로 발음하므로 그 사람이 외국인임을 느끼게 하는 주된 요인이 된다. 이렇게 동일한 문장이라도 억양을 상승조로 하느냐 하강조로 하느냐에 따라 의문문도 되고 평서문도 된다. 이 경우 억양은 문자의 유형을 결정하는 문법적 기능도 담당한다.

● 포즈

말하는 사이의 공백, 잠깐 쉬는 그 순간을 '포즈(pause)'라고 하는데, 내레이션은 포즈의 예술이라고도 할 수 있다. 포즈는 대부분의 사람들이 말을 할 때 30~40퍼센트를 차지할 정도로 빈번히 나타난다. 포즈에는 두 가지 종류가 있다. 아무 소리도 나지 않는 '침묵의 포즈'가 있고, '음…', '아…', '어…'와 같은 '소리를 내는 포즈'가 있다. 소리를 내는 포즈는 길고 복잡한 문장 말할 때 더 길며, 침묵의 포즈는 다음에 이을 단어나 문장을 계획하는 '생각하는 시간'으로 활용된다.

포즈는 어떻게 쓰느냐에 따라 긍정적인 효과도 내고 부정적인 효과도 낸다. 포즈를 적절히 살리면 내레이션을 보다 풍성하게 해준다. 포즈 없이 계속해서 말하면(읽으면) 청자가 부담을 느끼며 피로해진다. 한 단어는 붙여서 읽는 것이 정상이지만 단어와 단어 사이, 구와 구 사이, 절과 절 사이, 문장과 문장 사이에는 어느 정도 쉬어야 한다.

또한 예상치 못한 말을 할 경우 포즈는 더 길다. TV 토론에서 흔히 볼 수 있는 모습인데, 가령 토론 진행자나 상대편 토론자가 미처 예상하지 못한 질문을 할 경우 상대방은 말을 이어가는 중간 중간에 포즈의 빈도가 많아지며 그 시간도 길어진다. 하지만 연설과 같은 내레이션의 경우에는 사전에 준비한 원고를 보거나 외워서 읽기 때문에, 화자가 의도하지 않으면 포즈는 거의 나오지 않는다.

• 크기

영국 에든버러대학교 언어학 교수 존 레이버(John Laver)에 따르면 목소리는 말하는 사람의 신체 조건, 연령, 건강 상태, 출신 지역, 사회적 지위, 가치와 태도, 직업 등을 나타낸다. 그만큼 목소리는 의사소통에서 중요한 요소다.

목소리의 크기는 듣는 이가 알아듣게 하는 역량과 관계가 있다. 소리의 크기에 따라서 소음이 될 수도 있고, 크기가 적절하면 전달하고자 하는 내용이 더 잘 이해되기도 한다.

또한 목소리의 크기는 얼마나 멀리까지 울려 퍼지는지를 결정한다. 크기의 결정은 청자의 수와 화자의 마이크 사용 등에 따라 달라진다. 준언어의 요소 중 가장 많은 변화를 추구해야 할 것이 목소리의 크기다. 좋은 내레이션을 위해서는 순간순간 목소리 크기를 변화시켜야 한다. 작은 목소리와 큰 목소리를 적절히 섞어서 사용해야 큰 것은 크다고 느끼고 작은 것은 작다고 느낄 수 있다. 작은 목소리와 큰 목소리를 조화시켜야 단조로움을 피할 수 있다. 무조건 큰 목소리를 내는 것만이 능사도 아니고, 계속 같은 크기로 말하는 것도 듣는 사람을 피곤하게 만든다.

• 속도

우리말은 말할 때 글자와 글자, 단어와 단어가 똑같은 속도로 나오지 않는다. 문장의 내용에 따라 감정이 달라지고 거기에 따른 속도도 변한다. 예컨대 감정이 격해져서 말싸움이 벌어지면 자기도 모르게 말이 빨라지며, 어떤 사람은 오히려 말이 느려지기도 한다.

연령에 따라 말의 속도도 다르다. 아이들은 대부분 말을 빨리하지만 노년층으로 갈수록 속도가 떨어진다. 성격이 느긋한 사람은 속도가 느린 반면, 성격이 급한 사람은 말을 빨리하기도 한다. 이처럼 연령이나 성격 등에 따라 말하는 속도가 다르다. 감정도 다르게 전달되는 것을 말의 속도를 통해 느낄 수 있다. 대개는 1분에 200자 원고지 2장 정도를 읽는 것을 정상적인 속도로 보고 있지만, 최근의 뉴스 전달은 그보다 조금 느려졌다.

말하기 속도는 발음의 길이, 포즈, 감탄사 등의 사용 여부에 의해 결정되지만, 말할 때의 상황, 메시지의 난도, 청자의 이해 수준, 화자의 감정 상태에 따라서 얼마든지 달라질 수 있다. 말의 속도에 대한 효과 측정 연구들은 대부분 느리게 말하는 것보다 빠르게 말하는 것이 설득하는 데 효과가 있다고 전한다. '메라비언의 법칙'의 앨버트 메라비언 교수는 대중을 상대로 하는 연설에서 평소보다 50퍼센트 빠르게 말하는 것이 효과적이라고 말했다.

위스콘신대학교 메디슨 캠퍼스 음성학 교수 레이먼드 켄트(Raymond Kent)는 말 속도가 빠른 사람이 느린 사람보다 더 설득력 있게 받아들여지며 사회적 능력과 매력 측면에서도 보다 호의적인 인상을 준다고 주장했다. 말하는 속도가 그 사람의 생기와 관련이 있다는 뜻이다. 말 속도가 느리면 게으른 인상을 줄 수 있다. 하지만 내레이션에서 말을 너무 빨리 하면 듣는 사람의 긴장감을 높이기도 한다.

◀» 말이 아닌 말: 비언어

내레이션에서 비언어적 요소는 훌륭한 내레이터가 되기 위해 주의 깊게 바라봐야 할 부분이다. 비언어적 요소를 제대로 활용하면 내레이션의 수준을 예술적 단계로 끌어올릴 수 있다. 나아가 내레이터의 역할을 확장하는 데 필수적인 요소로 작용한다. 비언어는 얼굴 표정을 비롯한 제스처, 동작, 자세, 용모 등을 통해 화자의 감정 및 의사를 나타낸다.

음성 언어가 주로 청각에 의지하는 데 반해 비언어적 요소는 시각, 후각 등의 감각에 영향을 미친다. 인간의 비언어적 의사소통 행위는 인류의 시작부터 이뤄졌다. 언어가 사용되기 이전의 원시사회에서는 표정이나 몸짓의 비언어적 전달을 통해 의사소통했다. 하지만 비언어적 요소에 관한 연구가 활발해진 것은 얼마 되지 않았다. 본격적인 연구는 1950년대부터 시작됐는데 뉴욕대학교 문화인류학자 레이 버드위스텔(Ray Birdwhistell) 교수가 신체 언어를 음성 언어처럼 체계화하려고 시도했고, 인류학자 에드워드 홀(Edward Hall)은 인간의 공간 사용에 관한 연구로 비언어적 분야에 공헌했다. 이후 1970년대에 사회심리학자 마이클 아가일(Michael Argyle)과 같은 학자들이 비언어적 요소의 기원, 사용, 부호화에 관한 이론적 토대를 마련했다. 앨버트 메라비언 교수는 '메라비언의 법칙'을 통해 화자의 용모나 제스처 등의 비언어적 요소가 의사소통의 55퍼센트를 차지한다고 밝힌 바 있다.

내레이션에서 비언어적 요소는 네 가지 기능을 수행한다. 첫째, 감정을 전달한다. 둘째, 태도를 전달한다. 셋째, 성격을 나타낸다.

넷째, 말과 동반해 청자의 반응이나 주목을 이끌어낸다. 결국 비언어적 요소는 의미 전달을 돕고, 상황적 제약을 받으며, 내레이션을 보완하는 역할을 한다고 볼 수 있다. 내레이션의 비언어적인 요소로는 준언어와 마찬가지로 다섯 가지가 있는데 '눈 맞춤', '제스처', '표정', '자세', '용모'가 그것이다.

● 눈 맞춤

눈 맞춤은 화자와 청자의 상호작용과 교감을 가능케 한다. 모든 의사소통은 상대방에게 시선을 주는 것에서부터 시작된다고 할 수 있을 만큼 내레이션에서도 시선은 몸짓 언어의 기본 요소다. 눈 맞춤의 핵심은 교감이다. 화자는 청자의 눈을 자연스럽고 따뜻하게 쳐다보면서 내레이션하는 것이 좋다. 따뜻한 응시는 서로 간에 교감을 형성해주므로 내레이션 효과도 높일 수 있다. 또한 눈은 의사소통의 심리 상태인 만족, 놀람, 진실, 거절 등을 드러내기 때문에 화자의 태도를 전달하는 역할을 한다.

사람은 모름지기 자신이 특별한 존재로 인정받고 선택받기를 원하므로 눈 맞춤을 통한 비언어적 의사소통은 언어적 메시지보다 강력한 설득력을 가진다. 눈 맞춤이 제대로 되지 않으면 신뢰감이 떨어진다. 눈 맞춤을 하는 이유는 다음과 같다.

첫째, 듣는 이에게 시선을 향해야 유대감이 형성된다.

둘째, 청자를 바라봄으로써 화자는 그 사람의 반응에 적절히 대응할 수 있다. 그리고 내레이션 내용을 잘 이해하지 못했을 경우 청자의 표정을 봄으로써 다시 설명할 타이밍을 잡을 수 있다.

셋째, 눈 맞춤은 자신감과 진실함을 느끼게 해준다. 시선을 천천히 배분해 적절히 눈을 맞추는 게 필요하다.

시선 접촉은 감정 이입과 진실을 말하고자 하는 욕구에서 나온다. 듣는 이의 집중과 반응을 얻는 데 적절한 눈 맞춤은 어떤 비언어적 요소를 이용하는 것보다 큰 도움이 된다.

● 제스처

제스처는 손짓과 몸짓 등 신체의 움직임에 의한 비언어적 의사소통 행위다. 언어심리학자 바버라 도드(Barbara Dodd)는 제스처를 적응 행위, 상징 행위, 설명 행위로 구분했다. 적응 행위란 환경이나 생활에 적응하기 위해 어려서부터 자연스럽게 학습된 행위를 말하고, 상징 행위는 언어를 대신해 사용하는 제스처를, 설명 행위는 언어와 함께 사용해 언어를 반복하거나 강조하는 제스처를 의미한다. 커뮤니케이션학자 에이브 아이젠버그(Abne Eisenberg)는 감정을 내레이션하거나 의미를 전달할 때 사용하는 손이나 팔의 움직임을 제스처라고 했으며, 애덤 켄던(Adam Kendon)은 의사소통을 하고 감정을 표현하기 위해 손이나 머리 또는 다른 신체 부위를 움직이는 것이라고 정의했다.

　제스처는 말을 통해 전달되는 메시지의 의미를 명확하게 해주며, 특정 단어나 구절을 강조하는 기능을 하고, 청자의 시선을 모으는 역할을 한다. 제스처는 다른 몸짓 언어처럼 자연스러움이 생명인데, 제스처가 말과 동떨어져 따로 놀거나 별개의 동작처럼 느끼게 해서는 안 된다.

　임태섭 교수에 따르면 제스처 기법에는 일곱 가지가 있다. 첫째, 팔 전체로 해야 한다. 둘째, 크고 분명하게 해야 한다. 셋째, 완성된 동작이어야 한다. 넷째, 크기와 빈도가 상황에 따라 달라져야 한다. 다섯째, 말과 타이밍을 맞춰야 한다. 여섯째, 내용에 흐름에 맞게 변화를 줘야 한다. 일곱째, 다양한 각도로 움직여야 한다.

　제스처가 내레이션에서 여러 가지 역할을 수행한다는 것은 틀림없다. 말하는 도중이거나 말이 사용되지 않을 때 말을 대신할 수 있으며, 상호작용의 진행과 리듬을 조절하고 주의력을 유지하며 말에 명확성을 더해준다. 또한 말의 내용을 잊지 않게 해주며, 화자가 다음에 할 말을 예측할 수 있게 도와준다.

● 표정

　사람의 얼굴 표정은 강력한 그 자체로 언어다. 아무 말을 하지 않아도 표정을 보고 알 수 있다. 표정은 다른 사람의 행동에 대한 비언어적 피드백을 유발하며 사람들과의 관계에서 태도를 반영한다. 말 다음으로 중요한 정보 전달 도구라고 할 수 있다. 얼굴은 의사소통의 잠재력이 가장 많은 부분이며, 감정을 가장 많이 나타내는 신체 부위이기도 하다.

표정은 화자의 감정 상태나 메시지의 거짓 여부를 판단하는 데 주요한 고려 대상이다. 무표정한 얼굴보다 풍부한 표정의 얼굴이 상대방으로 하여금 긍정적인 인상을 갖게 해준다. 풍부한 표정이란 의사소통의 상황과 맥락에 맞게 표정을 관리하는 것이다. 화자가 어떤 표정을 짓느냐는 청자에게 상당한 심리적 영향을 미친다.

내레이터는 얼굴 표정을 통해 열정, 기쁨, 분노, 두려움과 같은 감정을 내레이션할 수 있다. 심리학자 폴 에크먼(Paul Ekman)에 따르면 표정은 감성의 질과 성격을 전달하고, 제스처는 감성의 강도를 알려준다. 마이클 아가일은 비언어적 행위 중에서 표정이 가장 많은 정보를 나타내기 때문에 주의해야 한다면서 표정을 성격, 관심, 반응에 대한 정보와 감정 상태를 전달해주는 '다면적 메시지 체계(multi-message system)'라고 정의했다.

표정의 근본적인 기능은 감정 전달이다. 부차적 기능으로는 언어적 메시지 전달, 식별, 관계 형성이 있다. 얼굴 표정은 감정을 내레이션하는 것 외에 언어적 메시지를 대신하거나 보완하기 위하여 동반 사용된다.

● 자세

자세는 다른 몸짓 언어와 마찬가지로 화자의 신상과 마음가짐에 대한 정보를 전달한다. 자세는 화자의 지위, 건강 및 심리 상태 등에 관한 많은 것들을 알 수 있게 해줄 뿐 아니라 그 자체로도 상대방에게 많은 메시지를 전달한다. 자세는 표정이나 제스처보다는 화자의 전반적인 상태를 느끼게 해주는 단서로 작용한다. 구부정한 자세는 침울함, 피곤함, 열등감, 주목받고 싶지 않다는 기분의 표시이며, 꼿꼿한 자세는 고고한 정신, 자신감, 개방성을 나타낸다. 앨버트 메라비언은 일반적으로 사회적 지위가 높은 사람일수록 느슨한 자세를 취하는 반면 지위가 낮은 사람은 좀 더 꼿꼿하고 긴장된 자세를 취한다고 말했다.

내레이션할 때의 자세는 편안한 것이 좋다. 두 발을 어깨 넓이만큼 벌리고 균형을 준 상태에서 어깨와 가슴을 펴고 머리를 곧게 든 자세가 좋다. 불편함을 해소하고자 자세를 바꾸더라도 곧 다시 기본 자세로 돌아와야 한다. 몸을 가만히 고정시켜둔 상태에서 내레이션하는 것은 불가능하다. 움직임은 청자의 시선을 모아주므로 의도적으로 움직일 필요도 있다. 청중을 상대로 내레이션을 할 때 몸의 움직임은 편안하면서도 절도가 있어야 한다. 작고 부단한 움직임은 청중을 정신 사납게 하거나 위축된 움직임은 자신 없음을 나타낸다.

• 용모

용모는 내레이터의 이미지를 결정하는 단서다. 사람은 시각의 영향을 많이 받기 때문에 용모가 단정하지 못하거나 지저분하면 부정적인 선입견을 주게 된다. 첫인상을 좌우하는 중요한 요소도 용모다. 잘생긴 얼굴을 말하는 것이 아니다. 전체적인 인상을 얘기하는 것이다. 깨끗한 외모와 상황에 맞는 복장을 적절히 갖춰야 좋다. 용모의 기본은 깔끔함과 단정함이다. 너무 화려한 화장이나 옷차림, 액세서리는 반감을 준다. 지저분한 구두, 손질 안 된 수염과 머리카락도 좋은 인상을 주지 못한다.

물론 용모는 어떤 상황에서도 한결같이 깨끗해야 하지만, 복장은 내레이션을 하는 상황에 따라 적절히 다르게 입어야 한다. 정중한 자리와 소탈함을 보여야 하는 자리에서의 옷차림은 달라야 한다. 하지만 단정해야 한다는 원칙은 어떤 경우에라도 지켜야 한다. 대부분의 사람은 본능적으로 상대의 용모를 보고 그 사람을 평가하려는 경향이 있다.

소품 코디도 영향을 준다. 액세서리나 잡화의 색깔, 모양, 가격 등이 화자가 어떤 사람이고 어떤 상태인지를 나타낸다. 화장을 통해 의도한 이미지를 전달할 수도 있다. 헤어스타일은 화자의 성향이나 세련됨을 나타내는 구실을 한다. 내레이터의 깔끔한 용모와 상황에 맞는 옷차림은 청자의 평가를 높일 수 있다.

소리 내어
읽는다는 것

내레이션으로 가기 전, 반드시 낭독을 짚고 넘어가야 한다. 내레이션은 단단한 낭독 위에 짓는 표현의 집이기 때문이다. 둘 다 '읽기'라는 것에서는 같지만 엄청난 차이가 있다. 단순히 낭독할 때보다 감정을 더 넣어서 읽는 것이 내레이션이라면 굳이 책으로까지 펴내면서 이처럼 많은 이야기를 할 필요가 없을 것이다. 더구나 그렇게 쉬운 일이라면 전문가도 존재하지 않았을 것이다.

내레이션을 하기 위해서는 어떤 연습과 무슨 소양이 필요하다는 식의 교육도 쓸모없을 테고, 무엇보다 여러분이 애써 이 책을 읽을 까닭도 없을 것이다. 그러므로 어찌 보면 다행이다. 내레이션은 배울 만한 충분한 가치가 무궁무진하니까 말이다.

영상 및 음성 정보의 시각 정보화인 문자, 시각 정보의 음성 정보화인 낭독, 시각 정보를 청자의 마음속에서 재시각화해 마음을 움직이는 내레이션, 일단 이렇게 구분해보기로 하자. 정보를 전달하면서 청자의 마음을 움직인다는 것은 한편으로는 예술적인 행위다. 그래서 내레이션은 단순히 기술을 넘어 설득의 예술이라고까지 할 수 있다.

앞에서 여러분은 읽는 행위가 예로부터 경건한 의식이었음을 살폈다. 그것을 깨닫는 일이 내레이션을 하는 사람에게 매우 중요하다. 여러분 스스로 소중한 정보를 전달하는 메신저라고 생각한 뒤 훌륭한 정보 전달자로서 가장 기본적인 '읽는' 행위에 대해 깊이 생각해봐야 한다.

문자가 탄생한 이래 그것을 다루는 일이 권력으로 작용했다고 설명했는데, 이제는 다른 방향을 살펴보자. 무엇인가를 담아내거나 전달하는 행위라고 했을 때 그 무엇인가인 '정보'다. 기호와 문자가 생기기 이전에 정보 전달은 말, 표정, 손짓, 몸짓 등의 수단을 이용해야 했을 것이다.

여러분에게 온갖 손짓과 몸짓으로 무엇인가를 전달하고 있는 누군가를 상상해보자. 그가 전달하려는 내용은 자신이 눈으로 보거나 들은 영상·음성 정보다. 그 옛날에는 정보를 실감나게 전달하는 사람이 훌륭한 메신저였을 텐데, 이후 문자가 발명되고 나서는 정보를 문자, 즉 글로써 잘 담아내는 사람이 훌륭한 메신저였을 것이다. 읽는 사람에게 영상·음성 정보를 생생히 떠올리게 하는 글을 쓸 줄 아는 사람이었을 것이다.

읽어서 전달하는 것은 읽는 행위를 대신해서 수행하는 것이므로 듣는 사람에게 문자로 된 시각 정보를 영상·음성 정보로 바꿔줘야 한다. 문자를 읽을 수 있는 능력에 더한 능력이 필요한 일이다. 이 단계가 바로 '낭독'이다.

낭독과 내레이션, 비슷해 보이는 행위가 본질적으로는 어떻게 다를까? 예를 들어 걷기와 춤추기를 생각해보자. 걷는 능력은 다리가 불편한 경우가 아니라면 누구나 갖고 있다.

그런데 걸을 수 있다고 모두 춤을 잘 출 수 있는 건 아니다. 소리 지르기와 노래 부르기도 떠올려보자. 소리를 지를 줄 알면 노래도 잘 부를까? 그렇지 않다. 걷기와 소리 지르기는 능력은 춤추기와 노래 부르기의 필요조건에 해당될 뿐 충분조건은 아니다. 그런 능력을 갖고 있다고 해서 아무런 노력도 없이 훌륭한 춤과 노래가 가능한 것은 아니라는 얘기다.

이제 낭독과 내레이션은 어떤 관계일지 생각해보자. 낭독은 내레이션의 필요조건이지만 충분조건은 아니다. 그러나 필요조건이기 때문에 내레이션을 하기 위해서는 낭독을 잘할 수 있어야 한다.

◀» 김광석의 입술

세대를 막론하고 김광석이라는 가수는 대부분 알고 있을 것이다. 고인이 된 지 오래지만 지금도 그 절절한 목소리를 들으면 가슴이 뭉클해진다. 그가 부른 각각의 노래가 각각의 감동으로 다가와 마음을 울린다. 그의 목소리는 시간과 공간을 초월하는 힘을 갖고 있는 것 같다.

그런데 그의 노래는 많이 듣고 좋아하는 사람들도 많겠지만, 그의 발음을 유심히 들어본 사람은 그리 많지 않을 것이다. 가사를 읊으며 노래하는 그의 발음은 내레이터 관점에서 보면 그 자체로 매우 훌륭하다. 모창 가수들과 원곡 가수가 베일 뒤에 숨어 노래만으로 누가 진짜 가수인지를 맞히는 프로그램이 있었다. JTBC에서 방영한 〈히든 싱어〉인데, 보통은 현재 활동하거나 생존해 있는 가수와 그 모창 가수들이 출연하기 마련이지만 한번은 김광석이 원곡 가수인 적이 있었다.

세상을 떠난 사람이니 원곡 가수 몫의 노래 파트는 이미 발매된 그의 음반이 대신했다. 나는(석환) 시작부터 흥미로웠다. 남들은 잘 알지 못하는 그를 찾아낼 방법을 알고 있었으니까. 아니나 다를까 프로그램이 끝날 때까지 방송에 출연한 패널들과 방청객들은 놀라움을 금치 못하며 우왕좌왕 틀린 선택을 했지만, 나는 큰 고민도 없이 단 한 번도 틀리지 않고 김광석의 목소리를 정확하게 가려냈다.

내가 맞힐 수 있던 비결은 다름 아닌 그의 '발음'이었다. 방송에 출연한 김광석의 모창 가수들은 그의 음색이나 톤은 거의 똑같이 흉내 냈지만, 김광석이 자신의 노래 가사 한 글자 한 글자에 들이는 정성은 따라하지 못했다. 내레이션 전문가로서 보면 그가 가사를 읊어가면서 단어 하나하나를 발음할 때 커다란 감동을 느낀다.

집 떠나와 열차 타고 훈련소로 가던 날

부모님께 큰절하고 대문 밖을 나설 때

가슴 속에 무엇인가 아쉬움이 남지만

풀 한 포기 친구 얼굴 모든 것이 새롭다

눈을 감고 듣고 있자면 한 글자 한 글자 정확히 발음하려고 애쓰는 정성스러운 그의 입술이 눈앞에 그려지기까지 한다. 물론 그가 부른 모든 노래에서도 마찬가지지만, 위에서 인용한 가사를 사례로 이야기해보자. 이 가사를 발음할 때는 일반적으로, 설사 자신이 평소 정확히 발음한다고 여기는 사람들도 대부분 다음과 같이 발음한다. 여러분도 한번 따라해보자.

집 떠나와 열차 타고 훈련소로 가던 날

→ 집 떠나와 여얼차 타구 훌련소로 가든 날

부모님께 큰절하고 대문 밖을 나설 때

→ 부못님께 큰저라고 대문 바끌 나설 때

가슴 속에 무엇인가 아쉬움이 남지만

→ 가슴 소게 무어싱가 아시움이 남찌만

풀 한 포기 친구 얼굴 모든 것이 새롭다

→ 푸 란 포기 칭구 얼굴 모등 거시 새롭따

아니라고 할지 모르지만 들어보면 이렇게 발음하는 경우가 일반적이다. 그렇다고 해서 발음이 이상하다고 지적하는 사람들도 거의 없다. 실제로도 몇 개를 제외하고는 소리 나는 대로 표기하면 저런 식이다. 하지만 김광석은 완전히 다르다. 어떤 발음도 허투루 넘어가는 게 없다. 정확하게 꼭꼭 씹어가며 크고 정확한 입술 모양으로 발음하면서 노래에 감정을 담는다.

김광석 노래를 들을 때 눈으로는 가사를 보면서 귀로는 그가 노래 부를 때의 발음을 들으며 한 소절 한 소절 따라가면 놀라운 면을 발견하게 될 것이다. 우선 김광석의 발음은 같은 발음도 그 명료함에서 큰 차이가 있다. 발음의 명료함은 김광석뿐 아니라 조용필이나 양희은 등 훌륭하다고 일컫는 가수들의 공통점이며, 성우나 아나운서와 같은 스피치 전문가들이 갖고 있는 요소이기도 하다.

일반적인 사람들은 자신의 발음이 들리는 음가와 비슷한지에는 관심이 있어도 그 발음이 정확히 어떤 입술 모양에 대응하는지, 어떤 느낌으로 발화되는지에는 크게 관심을 두지 않는다. 혹시 여러분은 발음할 때 또는 발음 연습을 할 때 자신의 입술 모양이 어떤지 유심히 본 적이 있는가? 보통은 없을 것이다. 말하는 데 큰 상관은 없다. 입을 좀 우물거려도 "집 떠나와"라는 발음은 틀리지 않고 할 수 있으니까. 더욱이 사람은 들을 때 단어 하나하나를 따로 들어서 이해하는 게 아니라 문장의 맥락을 받아들이기 때문에 발음이 좀 샌다고 해도 의사소통은 가능하다.

그런데 여러분이 말을 제대로 하려면 발음은 매우 중요해진다. 평소 생활하면서 누군가와 일상적인 대화를 하거나 가벼운 의사소통을 할 때에는 편하게 말하면 되지만, 프레젠테이션을 하거나 청중 앞에서 설득력 있는 메시지를 전달해야 하는 자리에서는 다르게 말해야 한다. 만약 여러분이 무대에 올라 노래를 불러야 하는 상황이 온다면 연습하면서 어떤 부분이 부족한지 채우려고 할 것이다. 특별한 말하기 자리에서도 마찬가지다. 글자만 틀리지 않고 읽으면 되겠다고 생각하지는 않을 것이다. 몸이라는 악기가 연주할 준비를 갖춰야 한다. 낭독 연습이 그래서 중요하다. 연습은 여러분의 '입술'을 바꾸는 것에서부터 시작된다.

◀» 내 입술 바꾸기

말하기 전문가들의 입술 모양은 대체로 다음과 같다. 보통 사람들이 말할 때보다 입술을 크고 역동적으로 움직인다. 발음 기관인 입술과 혀 그리고 턱을 고르게 사용해 각각의 음가에 따라 어떤 입 모양이 나와야 하는지 정확히 숙지하고 있다.

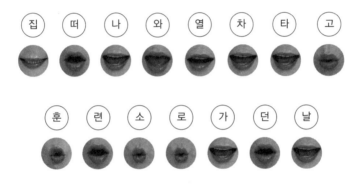

정확한 입술 모양

일반적인 사람들이 발음할 때의 입술 모양은 다음과 같다. 입술 모양에는 변화가 별로 없고 혀와 턱만 이용해 발음한다. 어떤 사람들은 이마저도 소극적으로 움직인다. 여기서 복화술 전문가는 예외로 하자.

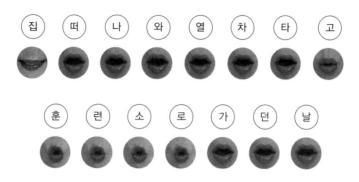

부정확한 입술 모양

　물론 입술 모양에 큰 신경을 쓰지 않아도 듣는 사람의 귀에서 소리가 뭉개지지만 않으면 메시지는 전달된다. 문제는 발음 기관의 움직임이 역동적이지 못하면 듣는 사람으로 하여금 화자가 의도하지 않은 느낌을 받게 한다는 점이다. 프레젠테이션과 같은 공식적인 말하기를 할 때 발음을 제대로 하지 않으면 다음과 같은 결과로 이어진다.

- 메시지 내용이 산만하고 지루하다는 느낌을 준다.
- 청자의 집중력이 저하된다.
- 화자에 대한 신뢰감이 떨어진다.

　입술 모양은 굉장히 중요한데, 비록 말하기의 다른 요소들이 부족하더라도 입술을 활발히 움직여서 정확한 발음으로 읽으면(말하면) 밝고 활기찬 느낌을 주게 되고 청자가 메시지에 집중할 수 있도록 이끌어서 화자에 대한 신뢰감으로 이어진다. 청중 앞에서 말을 한다는 것은 공연을 하는 것과 마찬가지다. 입술 모양을 바로잡고 연습해보는 것이 우선이다. 어려운 일이 아니다. 실마리는 생각보다 쉬운 곳에서 찾을 수 있는 법이다.

입술 모양을 바로잡는 데 도움을 받을 만한 것들은 주변에 많이 있다. TV에서 뉴스를 시청할 때부터 앵커의 입술을 유심히 보는 습관을 들여보자. 유튜브에 접속해 유명 연설 영상을 확인하는 것도 좋다. 단, 그들이 하는 말의 내용보다는 입술을 관찰해보는 것이다. 그리고 평소에 생활하면서 누가 프레젠테이션 등을 잘하거나 또는 반대로 무슨 말을 저리 재미없게 하나 싶은 사람을 보면 그 사람의 입술을 열심히 보자. 크게 힘들이지 않고도 그들이 입술을 움직이는 모습을 보면서 배우는 점이 많을 것이다.

메시지가 소리가 되어 밖으로 나오는 입술부터 제대로 움직이면 훌륭한 말하기는 시작된다. 물론 여러분의 입술과 다른 사람들의 입술을 분별해낼 줄 알아야 한다. 그 분별력이 여러분으로 하여금 결국 좋은 내레이션을 할 수 있도록 이끌 것이다. 이렇게 시원시원하게 움직이는 입술과 그렇지 않은 입술의 차이점을 확실히 알게 되면 실제로 여러분이 말을 할 때 입술을 어떻게 움직이는지 분석하는 것으로 넘어간다.

프레젠테이션과 같은 발표를 할 때 연습하면서 원고 구성이나 자신의 표정, 제스처, 옷차림 등을 점검하는 경우가 많다. 물론 좋은 자세다. 이제는 그 전에 먼저 자기 입술 모양을 점검해보자. 생각보다 흥미롭고 개선할 부분이 무엇인지 직접적으로 알 수 있는 기회가 된다.

방법은 이렇게 해보자. 책이나 다른 읽을거리, 아니면 실제 프레젠테이션 자료를 들고 낭독을 해보되, 그 모습을 스마트폰으로 촬영하는 것이다. 조금 민망하더라도 어차피 혼자만 볼 테니 가까이에서 입술이 크게 나오도록 찍는다. 이렇게 입술을 클로즈업해서 파악해본 다음에는 얼굴 전체를 찍어서 낭독하고 있는 얼굴 모습 전체에서 입술이 어떻게 움직이고 있는지 체크한다.

이를 확인하는 것만으로도 특별한 외부 도움 없이 스스로 무엇이 잘못됐는지 감을 잡을 수 있다. 클로즈업한 입술 움직임만 볼 때도 소극적이며 얼굴 전체로 볼 때도 입술이 시원시원하게 움직이지 않고 우물거린다면, 그동안 여러분의 말하기가 썩 성공적이지 못한 원인이다. 하지만 대다수가 그러니 너무 실망할 필요는 없다. 일반인은 물론 심지어 아나운서나 성우를 꿈꾸는 지망생들을 대상으로 내레이션을 강의할 때 실습을 해보면 대체로 비슷하다.

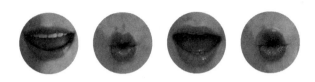

대개의 경우 입술이 상하좌우 큰 변화 없이 약간씩만 움직여 말하는 사람들이 가장 많고, 상하 방향으로는 잘 움직이는데 좌우로는 변화가 없는 쪽도 많다. 위 이미지와 같이 상하든 좌우든 입술이 활기차게 움직이는 경우는 많지 않다. 이게 모범 답안인데 말이다. 만약 여러분이 이런 경우라면 칭찬해주고 싶다. 다음 단계로 바로 넘어가도 되니까.

◀》 뿌리 깊은 낭독, 샘이 깊은 내레이션

입술이 준비됐다면 이제 그 입술에 훌륭한 말을 담아야 할 차례다. 새 술은 새 부대에 담듯이 여러분의 새 입술에는 개념 있는 새 말을 담아야 한다. 낭독과 내레이션을 잘하기 위해서는 두 가지를 담으면 된다. 어느 분야에 있든 그 분야 특유의 재료들을 다루기 마련이다. 예컨대 무용가는 자신의 몸과 영감이라는 재료를 다루고, 화가는 붓과 캔버스 그리고 물감을 다룬다. 목수에게는 나무와 연장이며, 야구 선수에게는 배트, 글러브, 공이다.

여러분이 다뤄야 할 것들도 있을 것이다. 여러분이 하는 일에 따라, 속해 있는 조직에 따라 주요하게 다뤄야 할 무엇이 특정돼 있다. 이처럼 분야마다 특유의 재료들을 다루도록 미션이 주어진다. 또한 어느 분야건 전문가란 자기 분야의 재료들을 비전문가들보다 더 정교하고 섬세하게 다루는 사람이다.

그렇다면 '읽어서 표현하는' 내레이션의 재료는 무엇일까? 그 재료는 풍부한 우리말 지식과 세심한 표현 감각이다. '한글 상식'과 '감정 다루기'라는 두 가지 소양이 만나 하모니를 이루면 훌륭한 내레이션이 완성된다. 바꿔 말하면 이런 소양이 부족하면 아무리 노력해도 설득력 있고 감동을 주는 내레이션은 좀처럼 하기 어렵다는 얘기다. 이 부분은 뒤에서 좀 더 다루기로 하겠다.

그런데 그 전에 분명히 나눠서 생각해봐야 할 부분이 있다. 다름 아닌 표준어와 사투리에 대한 관점이다. 한글 상식이라고 하면 곧 표준어라고 생각해 "사투리를 쓰는 지방 출신은 애초에 좋은 내레이션을 할 수 없는 것 아니냐" 하고 오해할 수 있는데 그렇지는 않다. 내레이션의 목적이 사적이냐 공적이냐에 따라 다르며, 그래서 구분해 생각해봐야 한다.

앞서 설명했듯이 내레이션의 활용 역역은 매우 넓은데, 방송이나 교육 등의 공적 내레이션과 강의나 비즈니스 등의 사적 내레이션 영역으로 나뉜다. 이 중 공적 내레이션은 표준어를 포함한 국어 원

사적 내레이션	공적 내레이션
원고에 의한 전달이 주를 이룬다	
대화체와 낭독에 의한 경우가 많다	
내레이터와 청자의 직접 대면 확률이 크다	전달자와 청자의 간접 대면 확률이 크다
음성 언어가 주된 표현 수단이다	음성 언어, 음악, 효과음과 함께 전달한다
전달 대상이 제한적이다	전달 대상이 포괄적이다
전달 과정이 단순하다	전달의 과정이 복잡하다
주로 오프라인에서 이뤄진다	TV·라디오 전파 및 온라인 네트워크를 통해 이뤄진다
메시지 생산자와 전달자가 같다	메시지 생산자와 전달자가 각각 존재한다
법적 제약이 없거나 약하다	언어 사용에 법적·제도적 기준이 엄격하다
자유로운 의사 표시가 이뤄진다	심의를 통해 통제를 받는다

칙을 지켜서 해야 한다. 방송이나 교육 콘텐츠는 불특정 다수를 대상으로 전파되는 정보 서비스여서 의사소통을 넘어 국가의 언어문화 및 교육이라는 공적 지위를 가져야 하기 때문이다. 그리고 이런 지식과 원칙은 전문 방송인에게 요구되는 소양이다. 반면 특정 대상으로 한정되지만 활용 범위는 오히려 더 넓은 사적 내레이션은 언어 활용에서 더 폭 넓은 수용성을 갖게 된다.

사적 내레이션과 공적 내레이션은 내레이션이라는 형태만 공유할 뿐 목적과 수단에서 현저히 다르다. 전문 내레이터와 방송인을 목표로 하는 사람들을 위한 내레이션의 고급 소양들은 뒤에서 따로 정리하도록 하고, 여기서는 먼저 국어 소양이란 무엇이며 표준어를 어떻게 이해해야 하는지 알아보자.

내레이션을 하고자 할 때 공통적으로 갖고 있어야 할 것이 '우리말에 대한 태도'다. 성우이자 전문 내레이터로 활동하는 우리는 이른바 학계에서 이야기하는 표준어 규정이나 원칙에 대해 약간은 다른 의견을 갖고 있다. 이 생각들에 대해 여러분은 얼마나 동의할지 궁금하기도 해서, 낭독 이야기를 이어가기 전에 잠깐만 이 부분을 짚고 넘어가고자 한다.

◀)) 아름답고 고운 우리말

먼저 여러분의 우리 국어에 대한 수용 태도를 알아보기 위해 질문을 하나 해보겠다. 여러분 앞에 다음의 세 가지 말이 놓여 있다고 가정해보자.

표준어   사투리   방송어

여러분은 이 셋 중에 어떤 것이 바르고 고운 말이라고 생각하는가? 이 질문을 던지면 대부분의 사람들은 고민할 것도 없이 '표준어'라고 답한다. 간혹 '방송어'를 고르는 경우가 있는데 거의 방송인 지망생들이다. 한 가지 확실한 것은 '사투리'를 선택하는 사람들은 별로 없다는 사실이다.

이는 반드시 바뀌어야 할 고정관념이다. 국어에 대한 잘못 형성된 이미지이기 때문이다. 그런데 안타깝게도 이 그릇된 이미지는 주로 방송인들이 만들었다. 방송 언어는 기본적으로 표준어에 기반을 두고 있다. 일반적으로 표준어는 '옳은 말', '바른 말', '약속된 말' 같이 인식되는데, 이 가운데 '약속된 말'이라는 해석에는 동의하지만 '옳은 말'이나 '바른 말'이라는 데에는 문제가 있다고 생각한다. 이유는 간단하다. 한 나라의 언어 체계는 결국 수많은 사투리의 합이다. 표준어도 본래는 서울 방언이었다.

표준어라는 개념은 바르고 옳은 말이라기보다는 존재하고 있던 여러 지역의 사투리 중에서 사회·교육·문화 등의 공용어로 쓰기에 가장 적절하다고 판단되는 사투리 하나를 강제로 선택한 언어 체계다. 표준어 규정에서도 이 점을 명확히 밝히고 있다. 그러므로 여기에 '옳다', '바르다'라는 의미를 대입하는 것은 매우 위험하다.

이런 개념은 공교롭게도 방송에서 오히려 흔하게 쓰이고 있다. 〈바른 말 고운 말〉〈아름다운 우리말〉과 같은 TV 프로그램은 주로 표준말을 널리 알리려는 목적으로 제작된다. 시청자들로 하여금 표준어가 바르고 고우며 아름다운 말이라는 개념을 심어준다. 그러면서 자연스럽게 사투리로 불리는 '지역 표준어'는 거칠고 틀린 우리말이라는 고정관념이 생긴다. 여기에서 더 나아가 사투리는 예능이나 개그 프로그램에서 웃음 소재로도 쓰인다. 이것이 그대로 현실에 반영된다.

사투리를 사용하는 것에 대해 전혀 선입견이 없다는 사람들은 흔치 않다. 실제로 많은 수의 지방 출신 사람들이 대화할 때 자기가 사투리를 쓰는 것에 대해 부끄러움을 느꼈다는 사례가 많다. 이런 감정은 누가 심어준 것일까? 자신이 태어나고 자란 지역의 사투리를 사용한다는 것은 지극히 당연한 일이다. 사투리의 사용은 그 사람의 학식이나 교양과는 아무런 상관이 없다.

표준어에 대해 과장된 가치 부여를 부여하는 태도는 바로잡아야 한다. 사투리가 아니라 그 지역의 표준어다. 지역 표준어를 쓰는 것은 그 자체로 우리말의 다양성을 지키는 일이다. 부끄러워할 이유가 없다. 우리말을 대하면서 반드시 가져야 할 태도가 있다. 첫째는 표준어가 사회의 '약속된 말'일 뿐 그것만이 옳거나 바르거나 참된 말이라는 가치 판단을 해서는 안 된다는 사실이다. 둘째는 사투리는 표준어와 다른 말이지 틀린 말은 아니라는 사실을 인식해야 한다는 점이다. 앞으로 방송에서 이 부분이 제대로 바로잡아지기를

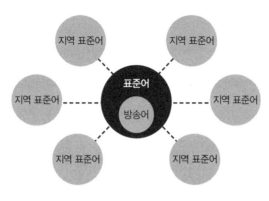

아름답고 바르고 고운 우리말

기대한다.

　머리로만 받아들이는 게 아니라 마음으로도 받아들여야 진정한 지식과 교양이 된다. 표준어가 아니어도 우리말은 소중하고 아름답다. 아름답고 바르고 고운 우리말은 위의 그림과 같다고 기억해 두자.

◀》 우리말 바로 보기

　우리와 같은 전문 방송인에게 공적인 방송 내레이션은 표준어 규정에 따라야 하지만 예외도 많다. 라디오 드라마나 애니메이션 더빙 같은 경우에는 생활 속 구어나 사투리를 써야 할 때도 많다. 그래서 국어에 대한 일반적인 지식과 함께 각각의 상황에 맞는 언어 감각도 갖춰야 한다. 그러나 현장에서 작업을 하면서 국어를 다루는 여러 전문가들의 태도를 보면서 더 신중해야겠다고 느낄 때가 많다. 이를테면 균형감을 잃은 언어 수용 태도 말이다. 예를 들어 다음과 같은 관점이다.

> 방송 언어란 방송에서 쓰이는 모든 말을 뜻하고, 성인 국민 및 청소년의 언어문화에 미치는 역할이 지대하므로, 방송어에 대한 규정이나 표준어를 적정히 구사하지 못하거나 적절한 언어 소양을 갖추지 못한 드라마 출연자, 연예·오락 프로그램 출연자, 사투리를 쓰는 출연자가 있다면 경고 등을 거쳐 엄격한 출연 제한을 두어야 하며, 방송사의 엄정한 노력과 함께 방송위원회의 정책 강화를 통해 바른 방송어가 정착되도록 해야 한다.

이런 식으로 주장하는 논문들도 많다. 그러나 이는 방송 언어에 지나친 가치를 부여한 잘못된 해석이다. 우리말을 지키고자 하는 뜻은 인정하지만, 이런 주장대로라면 방송에 사투리를 쓰는 사람들은 출연해서는 안 된다는 결론에 이르게 된다. 아무리 좋은 메시지를 가진 사람이라도 지방 표준어인 사투리를 쓰면 원천적으로 차단된다는 얘기인데 과연 이것이 합리적인 태도인가? 언어의 다양성이라는 상위의 가치를 방송어라는 하위의 가치로 무시해서는 곤란하다. 많은 방송인들이 지적하듯 방송 언어는 방송이라는 특수성에 기인해 발전한 특수한 형태의 정제된 언어일 뿐 일반 언어에 비해 가치적으로 높은 말이 아니다. 그런데도 이를 가치 판단의 문제로 왜곡하는 오류를 범하고 있는 것이다. 규정되고 정제된 언어로 어떻게 다양한 시대 상황과 감정을 담아서 표현할 수 있다는 것일까? 그런데 이 경우와는 또 다른 태도도 찾아볼 수 있다. 다음과 같은 주장을 하면서 황당한 논리를 펼친다.

'사랑'이라는 말뜻은 남녀 사이의 음란 용어입니다. "어망이 터지니 계집 사내가 사랑 타령으로 빠진다"라는 말들이 그러한 것이었습니다. 떳떳하지 못한 남녀 사이, 남몰래 하는 남녀 사이를 일컫는 것으로 '사랑'이라는 말이 사용되었던 것입니다. '사랑'이라는 말을 사용하면 자기도 모르는 사이에 역적 놈이 되는 것입니다. '사랑'이라는 말을 마구잡이로 사용하는 세상이 되어서, 세상이 마구잡이로 되어서, 짐승 세상이 된 것입니다. "아비를 사랑해요"라는 놈이 우글거리게 되었고, "어미를 사랑해요"라는 놈이 우글거리게 되었습니다. 이것을 두고 '짐승 세상'이라고 말하는 것입니다.

이런 주장 말고도 여러 단어에 대해 유사한 태도를 발견할 수 있다. 위와 같은 태도 역시 표준어에만 방점을 찍고 일방적인 논리를 구사하는 것과 다를 바 없다. 언어는 살아있는 생물처럼 태어나 자라고 활동하다가 쓰임이 줄어들면 소멸하기도 한다. 더욱이 단어가 가진 뜻은 시대 상황에 따라 그 함의도 달라지기 마련이다. 같은 말인데도 남한과 북한이 다른 의미인 단어도 있다. 타임머신을 타고 고려 시대로 거슬러 올라가 누군가와 대화한다고 상상해보자. 원활한 의사소통을 기대하기 어려울 것이다.

말의 시대적·문화적 가변성을 무시한 채 언어 사용을 비난하는 태도는 이해하기 어렵다. 하지만 위 인용문에서 예로 든 두 가지 논리는 서로 반대되는 입장에 서 있으면서도 '흑백 논리'라는 점에서 닮아 있다. "나는 옳고 너는 그르다"면서 결국 "너의 언어는 가치가 없다"로 단정 짓는 관점은 언어를 다루는 올바른 태도가 아니다. 물론 말하고자 하는 맥락을 이해 못하는 것은 아니지만 그 논리가 너무 편협하다. 우리말을 사랑하는 것은 좋은 일이나 그릇된 애정은 상처를 낳는 법이다.

이처럼 극단적인 시각은 아니더라도 누구나 평소 우리말에 대한 태도에 문제는 없는지 돌이켜볼 필요가 있다. 우리말을 바로 보는 것부터가 훌륭한 내레이션을 위한 기본 자세다.

◀)) '짜장면'을 '효꽈적'으로 먹으면 안 되나요

방송 활동을 오랫동안 하다 보면 황당한 경험을 많이 하게 된다. 이 경험은 국민들도 함께 겪고 있는 일인데, 일테면 이런 것이다. 어제까지는 분명히 올바른 발음이었는데 오늘부터는 틀린 발음이란다. 그러니 쓰지 말라면서 사용을 금지한다. 대표적인 경우가 한때 사회적으로도 크게 논란이 된, '짜장면'은 틀렸고 '자장면'이 맞다고 하던 일이나 효과를 '효꽈'로 발음하면 안 되고 반드시 '효과'라고 해야 한다는 식이다. 이것 말고도 많다.

'자장면'을 '효과적'으로 먹으라니. '짜장면'을 '효꽈적'으로 먹으면 안 되는가? 거의 대다수의 사람들이 오래전부터 이렇게 발음했고, 이것이 한국인의 언어 정서다. 그런데 어느 날 갑자기 '자장면', '효과'로 규정을 바꿨다. 하루아침에 써오던 발음 대신 다른 발음을 하라고 하니 당황스러운 게 당연하다. 물론 문법은 중요하다. 그래서 앞서 내레이터의 기본 소양으로 국어 능력도 강조했다. 그리고 바뀐 규정이 주장하는 근거를 찾아보고 다시 책을 뒤적였지만 그 근거라는 것이 도통 납득하기가 쉽지 않은 경우도 많았다.

어찌됐건 그래도 전문 방송인이기 때문에 최대한 지켜야 할 규정과 법칙에 따랐다. 그런데 몇 년이 지나자 이제는 다시 둘 다 괜찮다는 발표를 듣게 됐다. 이유는 저항이 심해서 바뀐 발음법이 사회에 자리를 못 잡았기 때문이다. 그런데 이번에는 둘 다 허용된단다.

짜장면·자장면, 효꽈·효과, 관껀·관건, 둘 다 맞으니 써도 된다고 슬쩍 물러난 것이다. 피식하고 허탈한 웃음이 나왔다. 몇 년 동안 짜장면을 먹지 못하고 자장면을 먹어야 했던 국민들이 이제라도 다시 짜장면을 먹을 수 있게 된 걸 다행이라고 여겨야 하나?

이 같은 행태의 결과는 생각보다 심각하다. 황당하게 느껴지는 감정의 문제를 넘어 우리나라 국어 정책에 대한 신뢰감이 흔들리기도 한다. 나아가 정책적으로 규정하는 국어와 국민들의 입에 담긴 국어 사이에 괴리가 생기는 경우도 많다. 잘못된 우리말을 바로잡는 건 중요하다. 하지만 이미 그렇게 쓰고 있는데 졸지에 모두가 틀린 말을 하는 사람으로 만드는 국어 발음 정책은 한 번 더 생각해 봐야 하지 않을까? 말은 세월이 흐르면서 변한다. 그 흐름을 잘 살펴야 할 것이다. 국어는 전문가들의 전유물이 아니다. 권위를 내세울 대상도 아니다. 국어의 주인은 국민인데 우리나라 국어는 위에서 아래로 규제하는 틀에 갇혀 있는 느낌이다.

우리나라 국어 관련 논문들과 외국의 국어 교육관련 자료를 보면, 우리나라의 권위적인 표준어 정책은 우리 국어학계 내에서도 이미 지적받고 있던 부분이고 표준어와 공용어라는 주제로 많은 논의들이 이뤄지고 있다. 사실 우리나라 국어 정책은 주로 일본의 것과 많이 닮아 있는데, 일본에서조차 이렇게 강경한 표준어 정책은 더 이상 쓰지 않는다.

외국의 경우 우리나라처럼 "이 발음은 맞고 이 발음은 틀리니 당장 바꾸세요" 식이 아니라, "이 단어를 국민의 몇 퍼센트는 이렇게 발음하고 몇 퍼센트는 이렇게 합니다" 하는 통계를 제시하면서 "참고해 사용하라"고 홍보한다. 상식적이지 않은가? 문법보다 말이 먼저 존재했다. 문법이나 발음법이 먼저 생겨서 거기에 맞춰 말이 만들어진 게 아니라는 뜻이다. 규제성 정책을 만들어 국민의 언어 정서를 통제하는 것은 옳지 않다. 하루 빨리 국어 규정에 쓰인 우리말 발음과 대다수의 대중이 쓰는 우리말 발음이 같은 선상에 있는 날이 오기를 바란다.

🔊 유감스러운 용어들

한국 전쟁도 참으로 유감이다. 동족상잔의 비극이라 당연히 유감이 많지만, 그것 말고도 무분별하게 사용되는 '한국 전쟁'이라는 단어에 대한 유감이다. 이제는 방송에서조차 한국 전쟁이라는 표현을 아무렇지도 않게 쓰고 있는데, 이 용어는 우리가 쓸 말이 아니다. 제3자가 사용하는 말이다.

베트남 전쟁을 우리나라를 포함한 외국에서는 베트남 전쟁이라고 부른다. 이상하지 않다. 그러나 베트남 국민들은 그 전쟁을 그렇게 부르지 않는다. '혁명 전쟁'이나 '미국과의 전쟁' 즉 'American

War'라고 부른다. 베트남 전쟁이라고 하면 무척 불쾌해한다. 나는 아버지를 '아버지'라고 부르지만, 다른 사람들은 내 아버지를 아버지라고 부르지 않는 것과 마찬가지 이치다. 남들이 아저씨라고 부른다고 해서 내가 아버지를 아저씨라고 부를 수는 없지 않은가.

이처럼 어떤 사건이나 대상을 자국민들이 부르는 호칭(용어)과 제3자인 다른 나라에서 부르는 호칭은 따로 있다. 세계적으로는 '남북 전쟁'이라고 부르는 미국 전쟁을 미국인들은 '시민 전쟁(Civil War)'이라고 부른다. 한국 전쟁은 다른 나라에서 'Korea War'라고 부르는 것을 직역한 용어다. 우리나라 국방부가 사용하는 공식 명칭은 '6.25 전쟁'이다. 한국 전쟁이라는 용어는 외국의 문헌을 인용할 때나 외국인의 증언을 번역할 때만 제한적으로 써야 한다. "6.25 전쟁에 참전한 톰은 '한국 전쟁은 매우 비극적이었다'고 증언했다" 식으로 말이다. 제3자가 자기들 식대로 부르는 명칭을 별 생각 없이 쓰고 있다. 바로잡아야 한다.

한국 전쟁처럼 나와 남의 입장을 구분하지 않고 잘못 사용하는 용어도 있지만, 우리 스스로를 비하하는 명칭도 많다. 대표적인 것이 '개화기(開化期)'다. 이상하다고 생각한 사람들은 별로 없을 것 같은데, '개화'란 직역하면 "꽃이 피다"라는 뜻이며 국어사전에는 "사람의 지혜가 열려 새로운 사상, 문물, 제도 따위를 가짐"이라고 풀이돼 있다. 개화의 반대말은 '미개(未開)'다. 세상 어느 나라가 자기 나라의 역사를 서술하면서 '개화'라고 할까? 이전의 우리나라는 미개기였던 말인가? 정작 일본은 자신들의 이런 시기를 "항구가 열리다"는 의미의 '개항기(開港期)'라고 부른다. 중국도 마찬가지다. 쓸려면 우리도 개항기라는 명칭을 사용해야 한다.

일제강점기의 잔재가 그대로 남아 있는 것이다. 조선을 강제로 점령한 일본이 그렇게 가르쳤기 때문이다. 그러나 독립을 이룬 이후에도 그대로 사용하는 것은 우리의 잘못이다. 그래서 더 유감이다. 동양에 대한 서양의 사고방식인 '오리엔탈리즘(orientalism)'이란 용어는 어떤가. 뭔가 있어 보인다고 생각해서인지 많은 지식인들이 자신의 글에서 사용한다. 이렇게 잘못된 명칭을 모두 끄집어내서 속히 바로잡아야 한다.

◀》 말 공장에는 말 장인이 필요하다

이런 이야기도 있다. 어느 중학교에서 있었던 일이다. 영어 수업을 앞둔 쉬는 시간에 평소 잘 까불던 한 아이가 공부한 걸 자랑하고 싶었는지 친구들에게 잘난 척을 하면서 이렇게 말했다.

"야, 너희들 해브 플러스 퓌퓌(have+pp) 아냐?"

그러자 주변에 있던 아이들이 "해브 플러스 퓌퓌?" 하고 깔깔거리면서 그 아이를 비웃었다. 입술을 한껏 꼬면서 P를 F로 발음한 것이다.

어느 모임에서 들은 이야기다. 자리에 사람들 모두 재미있다며 웃었고 나(석환)도 웃었지만 이내 서글퍼졌다. '웃프다'는 것이 이런 걸 두고 하는 말인 줄 그때 알았다. 다른 나라 말은 P와 F, B와 V, R과 L 등을 구별해 발음하는 것을 자랑스러워하면서, 정작 우리나라 말은 제대로 발음하자고 하면 웃는 분위기가 떠올라서다.

이런 현상에 방송인들의 책임도 크다. 현업에서는 방송국을 이른바 '말 공장'이라고도 부르는데, 그렇기 때문에 말 공장에서 말을 생산하는 전문가들은 기본적으로 말에 관한 한 '장인(匠人)'이어야 한다.

그런데 말 공장에 말 장인의 자격을 갖추지 못한 사람들이 나타난 지는 다소 오래됐다. 이들에게는 우리말의 아름다움을 지키고 발전시키겠다는 약간의 책임감도 읽히지 않는다. 말이야 편하면 그만이고, 방송법에 저촉만 안 되면 된다 식의 태도도 보인다.

말하기 교육이 빠진 우리나라 국어 교육이 만들어낸 후유증이기도 하다. 방송국에서 말을 다루는 사람들의 국어 지식도 일반적 수준과 별반 다르지 않다. 이렇다 보니 듣는 귀가 없는 게 당연한 일이어서 훌륭한 말이 무엇인지 아무 개념도 없다. 어떻게 읽어서 표현해야 하는지, 정확한 발음이 뭔지, 어디가 주부고 어디가 술부인지, 어느 부분을 흘리고 잡아야 하는지 전혀 모르거나 알 생각도 없이 녹음 현장을 지휘하는 연출가도 종종 보인다.

연출가, 작가, 내레이터 모두 메시지의 생산과 전달을 하는 주체로서 적어도 장인까지는 아니더라도 우리말을 해석하고 가려 쓰는 부분에서 최소한 어느 정도 소양은 있어야 한다. 그래야 방송도 제대로 할 수 있다.

영어에서 'Passion'과 'Fashion'을 구분해야 하느냐고 물으면 거의 모든 사람이 그렇다고 대답한다. 악센트를 제대로 줘야 하느냐고 물어도 당연하다고, 반드시 그래야 한다고 생각할 것이다. 하지만 우리말에서 재주의 'ㅐ'는 양성모음이고 제주의 'ㅔ'는 음성모음이니 구분해서 장단음을 지켜 발음을 똑바로 해야 한다고 말하면 소위 꼰대 취급을 받는다.

우리말 장인들이 주변에 많아졌으면 좋겠다. 좋은 말이 무엇인지 모르는 귀 닫힌 연출가들이 더 많아지지 않기를 바란다. 이런 사람들이 많아지면 방송에서 잘못된 우리말 사용이 잦아지고, 그렇게 계속 전파를 타게 되면 우리말의 근간이 파괴되는 일까지 벌어질 수 있다. 방송의 힘은 강력한 만큼 잘못됐을 때의 악영향도 크기 때문이다. 세대가 달라진 모습일 수도 있겠지만 양성모음과 음성모음, 장단음, 자고저를 구분할 줄 모르는 작가와 연출가가 계속 늘어나고 있다고 느낀다.

이는 매우 심각한 현상이다. 그럴 일은 없겠지만, 예컨대 화학을 잘 모르는 사람이 약을 만들었을 때 실수로 인체에 유해한 성분을 배합할 수 있음은 충분히 예상할 수 있는 일이다. 작가와 연출가는 콘텐츠를 생산하고 연출하는 사람들이다. 잘못된 우리말 정보가 원고에 들어가고 연출돼 방송을 탈 수 있다는 얘기다. 우리 사회 전체의 언어문화에 절대적 영향을 미치는 방송국에서, 아직은 일부이긴 하지만 우리말 장인이 아닌 사람들이 말을 생산하고 있다.

방송 전반에 퍼지고 있는 우리말 사용에 대한 지각없는 태도는 아주 진지하게 논의돼야 할 문제다. 더불어 내레이터는 국어 소양을 더욱 가다듬고 우리말의 아름다움에 지켜낸다는 자세로 더욱 노력해나가야 할 것이다. 바르고 훌륭한 우리말 표현의 지킴이로서의 위치를 공고히 해야 할 것이다.

> 내가 그의 이름을 불러주기 전에는 그는 다만 하나의 몸짓에 지나지 않았다. 내가 그의 이름을 불러주었을 때 그는 나에게로 와서 꽃이 되었다.

김춘수 시인의 시 〈꽃〉의 처음 구절이다. 어렴풋한 몸짓에 불과했던 것에 이름을 불러주니 비로소 꽃이라는 의미가 부여되는 것처럼, 우리말도 따뜻한 시선으로 바라보면 여러분에게 큰 의미가 되고, 특히 내레이션 역량에 큰 힘이 된다. 국어에 대해 관심을 일부러 갑자기 갖기란 쉽지 않겠지만 동기부여는 되었으면 좋겠다.

지면을 빌려 잘못된 국어 정책과 그릇된 명칭, 방송계의 현실 등에 관한 이야기를 했는데 이유가 있어서다. 이런 고민들을 내레이션을 공부할 때 해야 하기 때문이다. 아름다운 우리말을 알아가는 과정이며 전문 내레이터가 갖고 있는 문제의식을 공유하는 것만으로도 좋은 시작이 될 수 있다고 생각한다.

국어 소양의 핵심은 은근하지만 쉼 없는 우리말에 대한 관심이다. 사실 우리말 지식은 끝이 없다. 우리는 스마트폰 앱으로 국어사전이 개발되기 전까지는 가방에 늘 국어사전과 표준발음사전을 넣고 다니면서 내레이션할 원고를 점검하는 것이 주요 일과였다. 방송 언어라는 것이 일상어와 달라 법과 제도적인 제약도 있고 기본적으로 지켜야 할 법칙들이 엄격하다. 그래서 항상 조심해야 하지만, 이렇게 노력을 하고도 실수하는 일이 벌어진다.

여러분에게까지 이런 노력을 요구할 수는 없겠지만 바라봐주는 것만으로도 우리말은 여러분에게 많은 선물을 줄 것이다. 더욱이 여러분이 늘 쓰는 말이 우리말이기에 그리 멀리 있는 것도 아니다. 조금만 관심을 가져주면 된다. 내레이션은 물론 일상의 언어 구사 능력도 전보다 탁월해질 것이다. 좋은 일이라고 확신한다.

🔊 낭독, 내레이션의 주춧돌

다시 낭독으로 돌아오자. 새 입술과 그곳에 담길 새 말이 준비됐으면 이제 소리 내어 읽어본다. 바른 낭독의 주춧돌 위에 기둥을 세워 짓는 표현의 집이 내레이션이다. 기초가 탄탄한 낭독은 내레이션의 감정 표현을 안정감 있게 해주는 중요한 요소다.

낭독과 내레이션을 굳이 구분하는 이유는 무엇일까? 둘 다 읽는 행위인 것은 같지만 낭독이 메시지 전달에 목적이 있는 반면, 내레이션은 표현에 목적이 있기 때문이다. 그리고 그 두 가지를 수행하는 데 필요한 요소도 다르다. 바로 뒤에서 내레이션을 다룰 때 더 자세히 다루겠지만, 앞에서 비유를 든 것처럼 걷는 것이 낭독이라면 춤추는 것은 내레이션이다. 이를 거꾸로 표현하면 제대로 걷는 것이 훌륭한 춤을 위한 기본이다.

그런데 흔히 우리는 읽는 행위가 눈으로 읽는 묵독부터 시작해 음독으로 이어지고 가장 늦게 낭독으로 발전했다고 생각하기 쉬우나, 이 순서는 오늘날 일반적인 읽기의 형태일 뿐 실제 발전 과정은 전혀 다르다.

내레이션의 탄생에서 설명했지만 애초에 문자는 생각을 담는 기능보다는 소리를 담는 도구로 고안되고 발전했다. 그래서 소리를 담은 성스러운 문자는 그 안에 담긴 소리를 메신저가 표출해야만 그 본래의 기능을 다할 수 있었다. 그래서 신탁을 받은 인물이 읽음

(낭독)으로써 선포한 것이다. 당시 메신저가 가장 염두에 두었던 사항은 무엇이었을까? 메시지의 권위, 성스러움, 신성불가침성, 반박 불가를 나타내는 일이었다.

그 뒤 세월이 흘러 문자는 소리를 담는 기능에서 생각을 담는 기능으로 진화했다. 이 현상은 단순한 청자가 아닌 독서 능력자, 즉 어느 정도 문자를 읽을 수 있는 능력을 갖춘 사람들이 꽤 많이 생겼음을 의미했다.

이제 신의 소리나 메시지를 담는 형태를 넘어 저자 스스로의 생각을 담아 독서 능력자들에게 전파해야 할 필요성이 생겼다. 책도 신의 메시지를 담은 성스러운 경전과 개인의 생각을 담은 일반 서적으로 나뉘게 됐고, 이때부터 읽는 행위는 낭독의 형태에서 중얼중얼 소리 내어 읽는 음독의 형태로 변화하기 시작했다.

이후 인쇄술이 발달하고 책이 대중적으로 보급되면서 전보다 문자를 더 빨리 읽을 수 있는 더 많은 독서 능력자들이 생겨났고 곧이어 상당수의 독자층을 형성하게 됐다. 그러면서 묵독, 소리 내어 읽지 않고 눈으로 읽는 방식의 읽기가 보편화되기 시작했다. 현대에 들어서 묵독이 일상화된 것은 문자 해독 능력과 수용 능력이 보편화됐음을 의미한다고도 볼 수 있다. 그런데 흥미롭게도 낭독까지 가려면 지금 알아본 읽기의 발전사를 역으로 짚어 올라가는 단계를 밟아야 한다.

• 묵독

오늘날 가장 일반화된 형태인 묵독은 글의 기승전결, 메시지 내용, 감동 및 재미 요소 등 전반적인 사항을 파악할 수 있는 읽기 방식이다. 이 방식은 전체적인 구성이나 내용을 살필 뿐 소리 내어 읽는 일에 필요한 작업, 예컨대 구두점이나 끊어 읽을 지점을 표시하는 작업은 불필요하다. 묵독은 문장 단위와 의미 위주의 읽기다. 기원후 약 600년 지나야 묵독에 관한 기록이 발견되는데,《고백록(Confessions)》을 쓴 철학자이자 가톨릭 성인 아우렐리우스 아우구스티누스(Aurelius Augustinus)는 묵독하고 있는 암브로시우스(Ambrosius)를 일러 "눈은 페이지를 쫓고 마음은 의미를 더듬고 있지만, 목소리와 혀는 쉬고 있다"고 기록했다. 이전까지의 읽기는 음독이나 낭독의 형태였다.

내레이션을 준비할 때도 묵독은 필요하다. 문장의 심미적 요소까지 파악할 수 있어서 음성 표현, 즉 내레이션을 하는 기초 공사에 해당하는 중요한 작업이다. 묵독의 단계를 거치지 않고 바로 음독이나 낭독으로 넘어가면 글의 내용을 제대로 이해하지 않은 상태여서 수월하게 진행되지 않는다. 그렇다고 묵독을 하면서 음독이나 낭독을 할 때만큼의 집중력을 갖는 것도 바람직하지 못하다. 편안하게 전체 느낌을 스케치하고 기승전결을 파악한 뒤 원고가 주는 메시지와 감정을 느끼면 된다.

• 음독

음독은 묵독을 통해 파악된 주요 요소들을 처음으로 입 밖에 발화하는 단계다. 눈으로 본 문장을 입으로 읽는 것은 전혀 다른 영역의 작업이다. 이때부터는 특별한 작업을 하는 준비과정에 들어갔음을 느껴야 한다. 묵독에서 음독으로 변환하는 과정은 정보 형식 변화의 첫 단계이기도 하다. 문자 정보를 음성 정보로 바꾸고, 내레이터의 심상 정보를 음성 정보로 바꾸며, 메시지 전달 계획을 실연하는 첫 번째 단계가 음독인 것이다. 그래서 음독 단계부터는 여러분이 전달하고자 하는 메시지와 마음속에 담긴 감정의 밑그림을 그려야 한다. 그런 다음 그 밑그림에 따라 음독하면서 어떻게 읽어야 더 효과적으로 전달될지 점검해봐야 한다.

음독은 문장 구조를 입으로 표현하는 첫 번째 작업이면서 묵독과 낭독 사이의 과도적 단계이므로 실연을 하듯 큰소리로 읽지는 않는다. 중얼거리듯 작은 소리로 원고의 내용을 읽어가면서 어디서 띄우고 연결해서 말할 것인지, 어느 부분에서 강조할지를 표시하고, 장단고저도 표시해둔다. 집을 짓는 것으로 비유하자면 세부 설계를 하는 단계에 해당한다.

• 낭독

묵독을 통해 상상하고 계획한 뒤 음독으로 설계하고 기획했다면,

낭독은 본격적으로 그 상상과 설계를 구현하는 단계다. 음독과 낭독은 모두 소리 내어 읽는 방식인데, 음독이 스스로를 향한 메시지 전달이라면 낭독은 들을 사람이 있음을 전제로 진행된다. 낭독 연습도 마찬가지다. 공허하게 허공에 뿌려대는 낭독은 낭독이라고 할 수 없다. 낭독 연습을 할 때는 대상을 설정하고 그 대상을 향한 지향성을 갖고 해야 한다. 이 단계에서는 원고에 하는 표시도 달라진다. 음독 때처럼 끊어 읽기 표시라든지 강조점과 주의점을 표시하는 기본적인 단계를 넘어 의미 다발 또는 정보 다발 단위의 분류를 한다.

좋은 문장은 짧든 길든 간에 기승전결의 구성을 갖기 마련이다. 그러므로 주어진 원고 안에서 정보의 시작과 전개, 핵심 정보와 끝맺음이 어떻게 배치돼 있는지 파악하고 그 구성을 정확히 표시해두는 것이 낭독을 위한 준비 과정이라고 할 수 있다. 한 문장이라도 정확히 전달하려면 주부와 술부, 강조할 단어와 강조하지 않아도

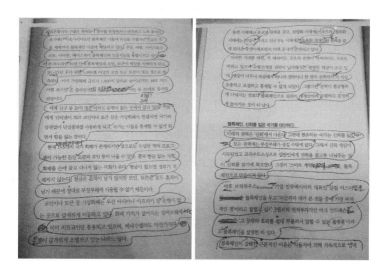

될 단어들을 구분해야 제대로 전달할 수 있다. 넓게 보면 원고 전체에서도 마찬가지이므로, 국어 소양은 기본이고 발성과 발음, 호흡의 배분, 기승전결의 흐름 등을 정확하게 발화할 수 있어야 훌륭한 낭독이 된다. 더불어 이런 관점에서 원고를 파악하는 작업은 낭독은 물론 표현을 심화하는 내레이션에서도 그대로 적용된다.

🔊 드라이 리딩

학교나 회사 또는 여러 행사에서 보면 다양한 형태의 고지(告知) 멘트가 있다. 회사라면 매일 새롭게 생겨나는 여러 업무 고지부터 행사 안내, 사원 교육, 경조사 알림까지 다양한데, 이 경우에는 낭독의 여러 방식 중 '드라이 리딩(dry reading)'만으로도 충분히 메시지 전달을 할 수 있다.

드라이 리딩은 말 그대로 '건조한 읽기'다. 억양이나 감정 등을 모두 배제하고 문장 자체의 정확한 발음에만 유의하면서 낭독하는 것을 말한다. 연극 등의 공연에서는 배우들이 각자 맡은 역할에 익숙해지는 연습으로 활용되고, 무대에서 본격적인 감정 연기에 들어가기 전에 대사를 숙지하는 데 도움을 준다.

물론 낭독이나 내레이션 어느 단계에서나 좋은 입술 모양에 개념 있는 말을 담아야 한다. 이를 기본으로 드라이 리딩을 실시하며 다음의 원칙을 따른다.

● 생각한 것보다 50퍼센트 느린 속도로 낭독한다

소리 내어 읽어서 전달할 때 가장 흔히 범하는 오류는 읽으면 읽을수록 속도가 빨라지는 현상이다. 내가 문장을 읽는 게 아니라 문장이 나를 읽는, 문장을 온전히 통제하지 못하고 문장에 끌려 다니는 나를 발견하는 경우가 많다는 얘기다. 속도가 빨라지면 발음이 뭉개져서 메시지를 제대로 전달하기 어렵다. 고지 멘트를 하는 경우에는 문장 구성이 정보 전달 위주로 되어 있기 마련이다.

감정이 변화하는 지점이나 메시지의 기승전결이 짧고 명료하므로 호흡을 이용할 필요도 거의 없다. 단, 끊어 읽어야 할 부분을 체크하고 중요 키워드를 표시한 다음 스스로 생각한 것보다 훨씬 느리게 읽는다는 느낌으로 천천히 또박또박 낭독하는 것이 중요하다. 평소에 말하는 습관처럼 무성의하게 읽지 않도록 주의하면서 정보 전달 자체에만 목적을 두자.

● 표정은 무미건조하게, 눈빛만 살린다

내용과 메시지 전달이 최우선이다. 정보만을 전달하는 드라이 리딩에서는 호흡, 포즈, 강조와 같은 요소가 개입되면 청자로 하여금 강요받고 있다는 느낌을 주기 쉬우며, 공정하지 못하다는 뉘앙스도 풍길 수 있다. 표정도 중요하다. 드라이 리딩이니 표정 변화도 필요 없다. 어떤 낭독이나 내레이션에서든 간에 사람의 얼굴 표정과 표현되는 말은 분리해서 생각할 수 없는 관계에 있다. 슬픈 말을 하면 슬픈 표정을 짓게 되고 기쁜 말을 하면 기쁜 표정이 된다.

이를 언어학적 측면으로 풀어서 설명하면 비언어는 자연스럽게 준언어를 생산해내고 그것이 최종적인 언어에도 영향을 미치게 된다. 일테면 느긋하게 누워 있다가도 조심스러운 어른이나 직장 상사의 전화를 받으면 나도 모르게 후다닥 공손한 자세가 되지 않는가. 상대방은 내가 보이지 않으니 그냥 그대로 누워서 말투만 공손하게 하면 되는데 저절로 그렇게 된다. 드라이 리딩 때도 마찬가지로 끊어 읽기의 원칙에 맞추어 오직 정보만 전달한다는 기분으로 무미건조한 표정을 유지하고 눈빛만 살리는 것이다. 보는 사람 아무도 없는 마이크 앞이라도 말이다.

● 마이크 너머를 바라보며 전달한다

한 연극배우가 이런 질문을 한 적이 있다.

"성우는 마이크를 쓰니까 발성 연습이 따로 필요하지 않을 것 같은데, 그렇지 않나요?"

전혀 그렇지 않다.

"발성 연습이 안 된 목소리는 아무리 좋은 마이크를 써도 답답하게 들립니다."

문장은 처음과 끝이 있다. 마이크에 대고 읽기를 하면 대부분의 사람들은 두 가지 잘못을 한다. 첫 번째 잘못은 마이크에 대고 말을 정확히 하지 않고 속삭이거나 중얼거리듯이 말하는 것이다. 마이크에 대한 오해 때문인 것 같다. 마이크는 작은 소리를 크게 만들어 주는 기계, 즉 확성기라는 이미지가 있어서일까? 정말로 생각보다 많은 사람들이 마이크에 대고 말하면 마이크가 알아서 목소리를 키워준다고 착각한다.

큰 오해다. 소리를 증폭시키는 것은 앰프(amplifier)다. 스피커도 아니다. 스피커는 앰프가 증폭시킨 소리를 출력하는 장치다. 반대로 마이크는 입력 장치다. 당연하게도 '인풋(input)'이 제대로 돼야 '아웃풋(output)'도 제대로 되는 법이다. 그렇다고 마이크에 대고 큰소리로 말하라는 뜻은 아니다. 발음을 정확히 하라는 얘기다. 마이크 앞에서 중얼거리거나 얼버무리는 습관을 간단하게 극복할 수 있는 방법이 있다. 바로 '시선'이다.

희한하게도 말은 시선이 닿는 곳까지 전달된다. 마이크 앞에서 낭독을 하면서 시선은 마이크 너머에 두는 것이다. 마이크를 사용할 때에만 국한되지만, 발성 훈련을 거치지 않고도 시원한 리딩이 가능해진다. 이때 원고 보기가 불편하다면 원고를 들고 있는 쪽 팔을 마이크 뒤쪽으로 뻗어서 읽으면 많은 부분이 개선되기도 한다.

두 번째 잘못은 말의 끝인 어미를 끝까지 제대로 발음하지 않는 것이다. 특히 우리말은 메시지 전달에 어미의 활용이 중요한데, 어미에서 비로소 의미가 완성되기 때문에 끝까지 명확하게 발음해야 한다.

어미를 흐리면, 다시 말해 말꼬리를 흐리면 정보 전달에 실패하는 것은 물론 듣는 사람으로 하여금 화자가 자신 없거나 소심하거나 성의 없는 사람으로 느끼게 한다. 내레이션뿐 아니라 평소 이미지에도 부정적인 영향을 미칠 수 있다. 문장의 마지막 글자 '…다'를 원고에 확실히 표시해서 꼭꼭 씹어 읽자.

🔊 입체낭독

입체낭독은 교양 도서 낭독이나 소설 낭독 등 매우 다양한 감정과 느낌을 소화해야 하는 비교적 고난도의 낭독에 속한다. 방송에서는 초기에 각본낭독이라고 불리던 분야다.

입체낭독은 오디오북과 유사한 작업인데, 이와 비슷한 영역으로 북텔링(Booktelling) 오디오 콘텐츠가 있다. 분류하자면 오디오북은 전파라는 전달 매체를 벗어나 CD 또는 오디오 파일 저장서비스 형식을 말한다.

최근 팟캐스트(Podcast)를 중심으로 확산되고 있는 북텔링은 콘텐츠 중심이 아닌 전달자 중심의 오디오 콘텐츠다. 클래식 교향악이나 성악의 경우 '어떤 곡이 담겨 있느냐'보다 '어떤 교향악단이 연주하느냐', '누가 부르느냐'에 따라 그 가치가 달라지는 맥락과 같다고 이해하면 된다.

입체낭독은 문자 형태로 이뤄진 소설, 에세이, 역사, 과학, 철학 등의 책이 담고 있는 본래의 메시지를 가능한 한 부차적인 수정이나 보완 없이 청각 정보로 옮겨놓는 작업이다. 여러 문학 작품이나 기타 서지 정보를 청자에게 쉽게 전달하기 위한 도구로 활용되기도 한다. 입체낭독에서의 음성 표현은 원문이 가진 고유한 특성을 최대한 보존해 가감 없이 전달하는 방향으로 진행된다.

● 원작에 대한 이해가 우선

이미 설명했듯이 입체낭독은 저서를 기반에 두고 이뤄진다. 원작자가 따로 존재한다는 의미다. 그러므로 해당 소설, 에세이, 교양서를 쓴 저자가 어떤 마음으로 어떤 목적을 갖고 책을 저술했는지 헤아려보는 것이 우선이다. 내용도 길고 호흡도 긴 작업이기에 책 속 인물이나 에피소드의 성격, 스토리와 플롯, 감정의 배분, 갈등의 형태, 결말의 방식 등을 이해하지 않고서 입체낭독을 제대로 수행하기란 매우 어렵다.

이 과정에서 여러분이 파악한 해석이 적극적으로 작용하기 때문에 원작자의 의도를 간파할 수 있는 통찰력이 필요하다. 방송에서 입체낭독은 처음에는 성우와 아나운서가 병행하면서 진행되다가, 문학 작품의 음성 표현 영역이 확장되면서 다양한 인물 표현과 입체감 있는 연기에 더 능숙한 성우들이 거의 도맡아 하게 됐다.

● 뜨거운 가슴을 품되 담담하게

입체낭독은 듣는 사람에게 강한 호소력을 갖는다. 목소리만으로 모든 표현을 함으로써 듣는 이의 감동을 이끌어낸다는 점에서 내레이션이 내포한 예술성을 공유한다고 말할 수 있다. 하지만 내레이션에서 요구되는 표현방식보다는 덜 친밀하게 접근할 수밖에 없다. 원작자와 청자 사이에서 훌륭한 다리 역할만 하면 된다.

그런데 메신저의 역량이 탁월하면 자연스럽게 자신의 해석을 강하게 투여해 낭독을 하게 된다. 자연스러운 현상이고 그 자체만으로는 잘못됐다고 할 수 없지만, 엄밀히 말하자면 주관이 개입된 낭독은 청자의 해석을 제한하고 흥미나 효과를 미미하게 만드는 의도치 않은 결과를 초래할 수 있다. 그렇기 때문에 입체낭독에서 화자는 아무리 원작 이해도와 표현 역량이 탁월하더라도 청자의 해석에 영향을 주는 표현을 해서는 안 된다. 판단은 듣는 이의 몫으로 남겨놓는 담담함이 요구된다. 그 절제가 입체낭독에서는 커다란 미덕이다.

● 낭독보다는 대화한다는 느낌으로

입체낭독은 화자가 가진 음성 표현의 모든 기법이 동원되는 분야다. 음성 연기, 캐릭터 설정, 성대모사 등 전문적인 훈련도 필요한 영역이다. 그래서 주로 성우가 그 일을 해왔다. 입체낭독의 메시지 전달은 대부분 이성보다는 감성에 호소하는 경우가 더 많기 때문이다.

입체낭독을 할 때 각별히 조심해야 할 낭독 습관이 있다. 일정한 리듬으로 읽는 것을 피해야 한다. 방송계에서 통용되는 '조(調)'라는 용어인데(보통 '쪼'라고 발음한다), 지면으로 설명하기는 애매하지만 일테면 조선 중기의 문인 양사언(楊士彦)이 지은 시조 "태산이↗ 높다 하되↘ 하늘 아래↗ 뫼이로다↘ 오르고↗ 또 오르면↘ 못 오를리 ↗ 없건만은↘ 사람이↗ 제 아니 오르고↘ 뫼만 높다↗ 하더라↘"를 읊을 때의 그 반복되는 리듬을 말한다. 음수율(音數律)이 '삼사(3·4) 조'니 '사사(4·4)조'니 할 때의 그 '조'를 말하며, 초심자들이 낭독을 하면서 흔히 저지르는 실수이기도 하다.

리듬을 넣어서 낭독하는 것은 문장을 비교적 쉽게 외우거나 읽게 해주는 방편은 될 수 있지만, 듣는 사람에게는 천편일률적이고 기계적인 소리로 들리며 문장에 담겨 있는 다양한 감정들을 전달하지 못한다. 입체낭독이 가진 모든 효과를 무용지물로 만드는 나쁜 읽기 방식이다. 조를 피하기 위한 방법으로 평소 말하는 목소리와 낭독할 때의 목소리를 녹음해 비교해보는 것이 일반적이다.

위에서 예로 든 것처럼 "태산이↗ 높다 하되↘ 하늘 아래↗ 뫼이로다↘"와 같은 조를 사용해 상대방과 대화하면 그야말로 우스운 상황이 펼쳐질 것이다. "친구야↗ 안녕한가↘ 언제 한번↗ 만나야지↘", 이런 식일 테니까. 대화한다는 느낌으로 말하는 것과 입체낭독 사이의 간극은 생각보다 멀지 않다. 입체낭독은 편안하게 말할 때와 비슷해야 한다. 녹음 결과를 듣고 비교했는데 입체낭독에서 일정하게 반복되는 리듬(조)으로 읽고 있다면, 평소 대화할 때처럼 읽는 방향으로 방식을 바꿔야 한다.

7

말하기에
생명을 불어넣는 일

이제 읽는 행위로 할 수 있는 최고의 음성 표현 예술인 내레이션으로 들어가보자.

여기 '점'이 하나 있다. 그 점을 찍음과 동시에 그림 속 용(龍)은 생명을 얻어 움직이고, 날아올라 승천한다. 중국 남북조 시대 양(梁)나라의 장승요(張僧繇)라는 화가가 그린 용 그림에 얽힌 고사(故事)로부터 비롯된 '화룡점정(畫龍點睛)'이라는 네 글자야말로, 모든 품어 읽기가 필요한 분야에서 내레이션이 차지하는 위치를 가장 잘 설명하고 있다.

"용을 그린 뒤 눈동자에 점을 찍는다."

화가가 용의 모습을 구상해 밑그림을 그리고 세부적으로 묘사한 뒤 색을 칠해 전체적인 그림을 만들고 나서 가장 마지막으로 눈동자에 점을 찍어 그림에 생명을 불어 넣는 일이 화룡점정이라면, 연설을 기획해 원고를 구성하고 시간과 공을 들여 세밀히 점검한 뒤 음악과 자막 등의 작업을 거쳐 가장 마지막 순간 연설에 생명을 불어넣는 일이 내레이션이다.

진행 과정에서 차지하는 순서에서도 공통점이 있지만, 더욱 중요한 핵심은 그 일이 가진 비중에 있다. 그림에 생명을 불어넣느냐 아니면 그냥 죽은 그림으로 끝나느냐를 결정하는 작업이 화룡 후 점정이듯이, 일단의 메시지를 전달하기 위한 그간의 열정과 노력이 결실을 맺느냐 맺지 못하느냐를 가름하는 작업이 바로 내레이션인 것이다.

◀》 들은 만큼 들리는 내레이션

그런데 내레이션을 이야기하면서 반드시 짚어봐야 할 부분이 내레이션의 주체인 내레이터다. 그림에서도 점을 찍는 역할은 아무에게나 주어지지 않는다. 마찬가지로 내레이션의 주체로서 내레이터, 즉 발표자나 연설자의 자질과 자격 그리고 노력은 매우 중요하다. 내레이터를 결정하는 일은 신중하지 않을 수 없다. 기업의 프레젠테이션이나 기타 발표 행사에서도 가장 고민하는 대목이 바로

"누구를 발표자로 내세울 것인가?" 하는 부분이다.

이 책은 내레이션을 실질적으로 정의하고 설명하는 첫 번째 시도이기에 내레이터와 내레이션에 관해서 각각 독립된 장을 할애해 설명했다. 사실 앞서 살펴본 대로 수많은 분야에서 내레이터와 내레이션이 행사나 기획의 결과에 미치는 영향력은 절대적이다. 하지만 이 중요성에 대해서는 절감하고 있으나 실질적으로 가려듣거나 구분할 수 있는 기준이 없는 것도 현실이다. 그래서 소위 '느낌적인 느낌'이라고밖에 말할 수 없는 감(感)에 의지해서 결정하거나, 내레이터가 갖춰야 할 여러 중요한 자질은 파악하지 못한 채 단지 목소리 좋은 사람만 찾아 내레이션을 맡겼다가 화룡점정에 실패하는 경우가 많았다.

그동안 "누가 내레이터를 해야 하는가?"에 대한 구체적 기준이나 이정표를 제시하는 자료나 교육이 매우 부족해서 벌어진 일이다. 이로 인해 발생하는 부작용은 기획 단계에서 기대한 목적을 달성하지 못하는 경우는 물론, 방송에서 PD가 애써 만든 프로그램의 흥망성쇠와도 깊은 관련이 있다. 열쇠는 내레이터가 쥐고 있다. 프레젠테이션에 성공하지 못하면 수주를 놓칠 수도 있고, 사람을 상대하는 전문직 종사자의 경우에는 직업의 성패를 좌우하기도 하며, 정치인은 선거에서 질 수도 있다. 그렇기 때문에 제대로 읽는 법을 배워야 하는데, 그러려면 먼저 잘 들을 줄 알아야 한다.

최근까지 다양한 오디션 프로그램이 방송계를 휩쓸었다. 처음에는 가수가 되기를 꿈꾸는 사람들을 대상으로 하는 기본적인 방식이 유행이었는데, 어느 순간부터는 오디션 주제도 다양해져서 오페라, 댄스, 마술, 애크러배틱(acrobatic) 등 분야를 가리지 않고 확장되고 있다.

그런데 오디션 프로그램들의 인기는 대중도 변화시켰다. 가려서 듣고 가려서 보는 안목이 생긴 것이다. 가수 지망 오디션 프로그램을 보면 대개 이런 패턴으로 진행된다. 참가자들이 경연을 한다. 그러면 대중적으로 실력을 인정받은 전문가들이 심사위원으로 나와 전문적이고 구체적인 평가와 코멘트를 해준다. 음역 처리나 발성을 지적해주고, 노래를 부르는 태도나 진정성, 몰입과 리듬감, 소울(soul) 등 그야말로 음악과 관련한 전방위적인 조언을 해주는데, 참가자들도 그 말을 듣지만 동시에 시청자들도 듣게 된다.

과거에는 가수가 노래를 부르면 그냥 듣는 것 말고는 달리 할 수 있는 게 없었는데, 이제는 평가를 하면서 보고 듣는 경지에 이르렀다. 이들 전문가들의 코멘트 덕분에 대중도 그 이야기를 듣고 공감하면서 음악을 즐기는 감각이 놀랍도록 진화한 것이다. 오디션 프로그램이 있기 이전과 이후로 나눌 수 있을 만큼 대중의 귀는 매우 예민해졌다. 그저 "잘한다", "못한다", "좋다", "싫다"라는 단순한 감상평에서 '공기 반 소리 반'의 수사를 넘어 "음역 처리에 한계가 보인다", "진성에서 가성으로 넘어갈 때 부드럽지 못하다", "노래는 잘하는데 가슴에 담아 부르지는 못한다", "그루브(groove)가 좋다" 식의 전문가 뺨치는 다양한 평가를 내놓고 서로 공감한다. 듣는 귀와 보는 눈이 트이게 된 덕분이다.

무척이나 반갑고 좋은 현상이라고 생각한다. 부럽기도 하다. 이로써 K팝은 더욱 발전할 것이고, 나아가 가요계뿐 아니라 대중문화 전반에 긍정적인 영향을 미칠 것이다.

그러나 아직도 대중은 내레이션을 수용하는 귀는 열리지 못한 듯보인다. 노래를 감상하면서 내리는 평가와 같은 수준으로 어떤 작품의 내레이션을 두고 "읽기는 잘 읽는데 진심이 느껴지질 않는다", "문장을 체화하지 못한 채 나열만 한다", "중간 중간의 섬세한포즈가 가히 예술적이다" 또는 "그 부분은 강조할 대목이 아닌데"식의 의견이 나오는 것은 아주 드문 일이다. 노래 듣는 귀와 내레이션 듣는 귀가 달라서일까? 그럴 리는 없을 것이다.

오디션 프로그램의 심사위원이 큰 역할을 한 것처럼 내레이션 분야에서는 아직 그런 시도가 없었기 때문이다. 얘기가 나왔으니 이책을 읽는 여러분은 이제부터라도 어디에서든 내레이션을 들을 때지금의 이 대목을 떠올리기 바란다. 음악 서비스 못지않게, 아니 그보다 더 엄청난 양으로 서비스되고 있는 이른바 '말 서비스'에 대해서도 평가해보자. 위의 사례에서처럼 대중의 귀가 '말 서비스'

도 평가할 정도가 되면 우리 사회의 언어 역량이 높아지고 더욱 풍성한 언어생활을 할 수 있을 것이다. 이 부분에 대한 책임감을 느껴 오디션 프로그램 사례를 언급했다. 우리말 다루기를 업으로 삼고 있는 사람들 모두가 반성해봐야 하는 문제다.

말이 갖는 영향력은 음악에 비할 바가 아니다. 더 직접적이고 더 강력하다. 미래에 네트워크와 미디어 환경이 상상을 초월한 수준으로 급변하고 발전해서 메시지를 집단 무의식 형태로 전달할 수 있는 방법이 발명되지 않는 이상, 여전히 어떤 경우에라도 말을 떠난 형태로 메시지와 감정을 전달하는 일은 어렵다. 말도 노래처럼 아는 만큼 보이고 들은 만큼 들린다. 그리고 그런 사람이 내레이터로서 훌륭한 내레이션을 할 수 있다. 비로소 '점'을 찍을 수 있는 것이다.

🔊 낭독을 넘어서

낭독은 인간의 오감 중 청각 하나만을 대상으로 표현한다. 낭독이 '들리는' 읽기라면 내레이션은 '보이는' 읽기다. 듣기만 했는데 침이 꿀꺽 넘어가는 내레이션도 있고, 내레이션만 듣고도 온몸에 소름이 돋는 경험도 흔한 일이다. 하지만 모든 내레이션이 이런 반응을 이끌어내는 것은 아니다. 어떻게 읽어 표현하느냐, 누가 읽어 표현하느냐에 따라 반응이 없기도 하고 있기도 하는 등 천차만별이다.

낭독과 내레이션은 명확한 구분이 필요한 영역이다. 그런데 사전적 정의를 보면 "영화, 방송극, 연극 따위에서 장면에 나타나지 않으면서 장면의 진행에 따라 그 내용이나 줄거리를 장외에 해설하는 일 또는 그런 해설"이라고 되어 있다. 해석의 한계인데, 내레이션을 수박 겉핥기식으로 기능적 설명을 하는 데 그치고 있다.

음성 표현 예술로서의 내레이션을 설명하기에는 모자란 해석이다. 반면 '무용(舞踊)'의 경우에는 사전에서 "음악이나 박자에 맞추어 역동적인 움직임으로 감정과 의지를 표현하는 행위 예술"이라고 정의해놓았다. '역동적인', '감정과 의지를 표현', '행위 예술'이라고 하는 표현은 기능적 설명을 넘어 행위의 핵심을 더 깊이 파악하고자 하는 정의다. 내레이션처럼 정의하면 "음악이나 박자에 맞추어 몸으로 표현하는 손짓, 발짓 및 그 행위" 식으로 해석해야 관점이 평등하다고 할 것이다.

읽고 품어서 표현하는 예술인 내레이션에 대한 대중적 인식이 확장돼 역사를 이어 오늘날 현실에서도 중요한 역할을 해내고 있는 내레이션의 가치가 제대로 해석됐으면 하는 바람이다. 어쨌거나 사전적 정의라는 것도 사회적 이해의 깊이에 따라 달라지기도 하고 보완되기도 하므로 좀 더 지켜볼 일이다.

더불어 내레이션에 대한 정보도 거의 없는 상황인데, 아나운서 지망생들을 위한 교재 성격의 일부 서적에서 가볍게 언급하고 있지만 그 내용을 자세히 살펴보면 내레이션이라기보다 낭독 기법을 열거한 뒤 거기에 감정을 담으면 내레이션이라는 정도로 그치고 있다. 아나운서는 그 일의 특성상 내레이션보다는 낭독에 가까우므로, 아나운서를 위한 교재라는 점을 감안했을 때 이해는 되는 설명이다.

그러나 아나운서와 엔터테이너를 합친 '아나테이너'라는 신조어가 등장하기도 했지만, 아나운서의 정체성은 어디까지나 연기자가 아니라 언론인이다. 연기자와 같은 감정 정보의 입체적 표현보다는 보도 및 지식 정보의 세밀하고 정확한 표현이 강조된다. 세련된 언어와 비언어의 구현이 우선이고 감정을 최대한 덜어내 표현하는 훈련부터 시작하기에 직업적 특성상 내레이션을 연기적 표현이 아닌 감정을 담은 낭독으로 여길 수 있다.

그렇지만 낭독과 내레이션은 걷기와 춤추기만큼이나 다른 영역에 있다. 인간은 오감을 이용해 정보를 받아들인다. 하지만 읽어서 표현할 때는 청각만을 자극해 나머지 감각의 공백을 채워야 한다. 다시 말해 귀로 듣는 것만으로도 시각, 촉각, 후각, 미각 등이 자극되도록 해야 한다. 이것이 진정한 의미의 내레이션이다. 내레이션에는 '서사 전달의 의지', '준언어의 예술적 활용', '상상력과 입체감 부여'라는 세 가지 요소가 있어야 하며, 이것이 낭독과의 차이를 만들어낸다.

실제로 내레이션은 칸타타(cantata) 형식의 무대 예술에서는 작품의 중심에서 중요 메시지를 전달하며, 장면과 장면의 사이 극의 호흡을 운용하는 역할을 수행한다. 더욱이 내레이션의 역할을 사람의 말만 맡는 것도 아니다. 어떨 때는 음악이 그 역할을 대신하기도 한다. 예를 들어 영화 〈그래비티(Gravity)〉(2013)에서는 처음부터 마지막까지 음악적 요소가 극의 상황을 설명하는 것을 넘어서 상황과 상황의 극적 요소들을 증폭시키는 역할을 훌륭히 해내고 있다. 이 영화를 음악 없이 보면 아무런 극적 긴장감도 느껴지지 않는다.

내레이션으로 꽃피운 말도 이와 같아야 한다. 그리고 위에서 말한 세 가지 요소가 내레이션을 메시지를 받아들이는 사람의 오감을 깨우도록 도울 것이다. 이 세 가지 요소에 관해 좀 더 구체적으로 살펴보자.

🔊 서사 전달의 의지

내레이션을 할 때 반드시 이 한 가지 사실을 기억해야 한다. 여러분의 의지를 듣는 이가 느낀다는 사실이다. 주려는 의지가 있다면 상대방은 받는다. 반대로 여러분이 의지가 없다면 상대방은 느끼지 못한다.

문장이 담고 있는 정보를 가감 없이 전달하고 정확한 전달을 통해 듣는 사람이 다양한 해석을 할 수 있게끔 하는 것이 낭독이라면, 서사와 감정을 풍성하고 다채롭게 표현해 듣는 사람을 설득해서 공감과 감동을 이끌어내는 것이 내레이션의 목적이다. 낭독자는 문장에 어떤 정보가 있는지를 파악해야 하지만, 내레이터는 그 속에 어떤 서사와 감정이 흐르고 있는지를 잡아내야 한다. 그래서 내레이션은 표현의 예술이고, 반드시 화자가 서사의 의지를 갖고 있어야 한다.

그런데 '서사 의지'라는 용어가 다소 낯설 것이다. 서사는 내러티브를 말한다. 서사 의지란 내레이터가 최우선적으로 갖고 있어야 할 의지이며 내레이션 전에 갖춰야 할 심상(心想), 즉 '마음속의 생각'이다. 서사 의지가 있으면 청자는 화자의 말에 집중하지만, 없다면 심하게는 불쾌감을 느끼기도 한다. 예를 들면 문자 메시지를 음성으로 바꿔서 전달해주는 TTS(Text to Speech) 서비스가 있다. 문자로 원하는 메시지를 입력하면 그것을 분석한 뒤 음성 조각으로 조합해 소리로 읽어주는 서비스다. 회사, 학교, 공공기관, 캠핑장, 아파트 관리실 등 곳곳에서 쓰인다. 사람이 말하는 것 같으면서도 뭔가 이상한 그런 기계음, 많이 들어봤을 것이다.

그런데 그 소리를 듣기 좋다고 하는 사람들은 거의 없다. 심지어 일정 시간 이상 들으면 짜증이 밀려오면서 불쾌해한단다. 왜 그럴까? 일부러 사람들의 불쾌감을 불러일으키려는 의도는 없을 텐데 말이다. 그 이유는 그 음성 낭독에서 메시지를 전달하려는 의지(성의)가 느껴지지 않기 때문이다. 또한 텔레마케터나 전화 상담원들이 "사랑합니다, 고객님" 하고 말하는 게 유행인 때가 있었다. 하지만 그 말을 듣고 '아, 나를 사랑하는 고객으로 생각하니 고맙다'는 느낌을 가진 사람들은 거의 없었을 것이다. 오히려 '저 영혼 없는 멘트 좀 안 했으면 좋겠다'라고 생각한 사람들이 대부분일 것이다. 마찬가지로 그 메시지에 아무런 의지가 담겨 있지 않기 때문이다.

인간은 누구나 전달하는 사람의 의지가 느껴지는 메시지에 설득된다. 우리의 감각이 참으로 예민하게 그 지점을 파악한다. 그리고 서사 의지는 내레이터의 그 어떤 역량보다 우위에 있다. 이와 관련해 예를 하나 들어보자. 누군가 여러분에게 곧 재미있는 옛날이야기를 들려줄 것이다. 여러분에게 옛날이야기를 들려줄 내레이터는 두 사람이며, 듣는 이가 여러분인 줄은 모르는 사람들이다. 한 사람은 내레이터로서의 모든 조건을 갖춘 전문 방송인이다. 앞에서 살폈듯이 여러분은 내레이터가 갖춰야 할 여러 가지 소양들에 대해서 알고 있다. 발성, 발음, 호흡도 좋고 음색도 매력적이다. 또 한 사람은 내레이터로서의 소양이라고는 찾아볼 수 없는 일반인이다. 여러분의 할머니다. 연세가 있으셔서 발성도 좋지 않고 치아가 성치 못해 발음도 센다. 사투리도 쓰신다. 음색은 말할 것도 없다.

두 사람의 공통점은 자신이 들려줄 옛날이야기를 준비해왔다는 것뿐이다. 이제 여러분은 선택을 해야 한다. 전문 방송인인가 여러 분의 할머니인가? 많은 이들에게 이 질문을 해봤는데 대부분 할머 니를 골랐다. 흥미로웠던 점은 방송인 지망생들을 대상으로 물어 도 마찬가지였다는 것이다. 자신들의 할머니를 선택했다. 왜 내레 이터로서의 소양도 없는 할머니를 고를까? 할머니가 오셨는데 다 른 사람을 선택하면 서운하실까 봐? 어차피 두 사람은 듣는 이가 여러분인 줄 모른다고 했다. 어릴 적 들려주시던 할머니의 옛날이 야기가 생각나서? 질문을 받은 사람들 중 다수는 비교적 어린 세대 라 나이가 있는 사람들처럼 할머니와의 그런 추억은 거의 없는 사 람들이었다.

도대체 왜일까 생각하다가 그 까닭을 알게 됐다. 단순했다. 할머 니 이야기가 더 재미있기 때문이다. 그렇다면 왜 재미있을까? 이야 기 전체를 쥐락펴락할 수 있어서다. 할머니는 옛날이야기를 재미 있게 할 수 있는 포인트가 무엇인지, 어느 부분을 맛있게 살려야 하 는지 정확히 아신다. 이야기의 서사를 지배하는 것이다. 그리고 가 장 중요한 것, 바로 서사 의지다. 손주에게 옛날이야기를 재미있게 들려주겠다는 그 의지. 우리가 할머니의 옛날이야기를 흥미롭게 듣는 이유는 할머니가 전문 내레이터라서가 아니라, 당신의 손자

손녀에게 이야기를 재미있게 해줘야 하겠다는 서사 의지를 강하게 갖고 있어서다. 그것을 알기 때문에 할머니를 선택한 것이다.

반대로 아무리 내레이터 소양이 풍부해도 서사 의지가 없다면 그 이야기에 귀 기울일 사람은 아무도 없을 것이다. 그래서 서사 의지야말로 그 모든 소양보다 우위에 있는 것이다. 청자에게 메시지를 흥미롭게 유익하게 들려줘야겠다는 의지가 가득한가, 아니면 형식과 내용에 충실하게 짜 맞춘 메시지를 전달하는가. 서사 의지는 마음을 움직이는 내레이션의 핵심이다. 여러분의 의지만큼 듣는 이는 받아들인다는 사실을 잊지 말아야 한다. 이제 서사 의지가 무엇을 말하는지 확실히 이해했을 것이다. 또한 서사 의지는 듣는 이의 오감을 일깨우는 밑바탕이 된다.

◀》 준언어의 예술적 활용

준언어란 내레이터가 갖춰야 할 소양을 살필 때 설명한 '말 비슷한 것'을 말한다. 사실 내레이션은 준언어의 예술이라고 할 정도로 준언어의 활용이 중요하다. 청자는 말이 담고 있는 준언어를 듣고 메시지를 받아들일지 말지를 분능적으로 판단하기 때문이다.

누구나 좋은 목소리를 갖고 싶을 것이다. 일반적으로 좋은 목소리는 건강하고 맑고 깨끗한 목소리, 듣기 좋고 편안한 목소리다. 좋은 목소리를 낸다는 것은 발성, 발음, 호흡, 속도, 억양, 크기, 음질, 음색 등이 좋다는 것이며, 바로 이런 것들이 준언어다. 목소리를 낸다는 것은 곧 준언어를 사용한다는 것이지만, 대부분의 사람들은 준언어를 의도적으로 운용해 말을 하지는 않는다. 상황 및 감정에 따라 자연스럽게 발현될 뿐 개별적으로 느끼지는 않는다.

훌륭한 내레이션을 하기 위해서는 자신의 준언어가 어떤 특징을 갖고 있는지 알고 있어야 한다. 그리고 자신에게 부족한 준언어 요소가 무엇인지 파악해 보완해야 한다. 그렇게 적절히 준언어를 구사하면 메시지의 담긴 미묘한 감정을 반영해 전달하고, 의사소통에서 단어가 가진 의미보다 더 큰 의미 전달을 할 수 있게 된다.

준언어가 부족한 사람들은 평소에 '냉정하다', '믿을 만하다', '건조하다', '인간미가 느껴지지 않는다' 등의 평가를 받기 쉽고, 준언어가 과한 사람은 '호들갑스럽다', '신뢰감이 없다', '감정적이다', '재미있다' 등의 인상을 준다. 메시지 전달은 물론 화자를 향한 인식에도 영향을 주는 요소다. 메시지를 전달하는 목적은 긍정적이든 부정적이든 간에 설득을 하기 위해서다. 설득의 대상인 청자가 갖는 감정의 대부분은 여러분의 준언어가 결정하게 된다. 이 부분을 간과하는 사람들이 많다. "옳은 말을 했으니 그것으로 충분하다"는 태도를 흔히 볼 수 있다. 그래놓고 생각만큼 상대가 움직여주지 않는다고 실망한다.

그런데 내레이션을 하면서 준언어를 활용한다는 것은 무슨 의미일까? 물론 내레이션을 하면서는 연기를 할 때처럼 역동적으로 준언어를 쓸 수 없다. 오히려 내레이션에서는 준언어를 절제하는 것이 설득력을 배가시킨다. 이 준언어 절제미가 내레이션에서 크게 중요하다. 하지만 몰라서 못 쓰는 것과 아는데 절제하는 것은 다른 문제다. 준언어를 잘 다룰 줄 알아야 절제도 잘할 수 있다.

내레이션에서 메시지를 전달한다고 했을 때 '전달'은 내레이터의 해석, 태도, 감성, 표정, 시선 등을 뜻하는 것이지 정확한 읽기에 따른 메시지의 내용을 지칭하는 것은 아니다. 준언어가 완전히 배제된 읽기의 가장 좋은 예는 위에서 예로 든 TTS다. 기술이 많이 발전해 사람이 하는 말과 닮기는 했다. 끊어 읽기 등도 나쁘지 않다. 하지만 10초를 듣고 있기 힘들 만큼 불쾌감을 줄 때가 많다. 준언어가 없기 때문이다. 준언어가 없는 말은 듣는 이에게 화자가 메시지를 제대로 전달할 의지가 없는 것으로 느끼게 하며, 바로 이 부분에서 감동을 주지 못함은 물론이고 메시지 전달이라는 목적조차 근본적으로 실패하는 것이다.

심상(마음속의 생각)이 투영되지 않는데 진정성이니 설득력이니 하는 것을 기대할 수가 있겠는가. 내레이션을 듣는 사람의 심리에는 내레이터의 심상이 투영된다. 이 투영된 심상이 메시지 해석의 방향성을 결정짓고 그 방향성이 결국 감동을 이끌어내는 것이다. 심상의 투영은 결국 다양한 준언어를 통해 표현되며, 준언어의 표현은 내레이터의 준언어 활용에 따라 좌우된다. 조금 더 자세히 들어가 준언어가 어떻게 활용되는지 살펴보자.

• 순이가 간다

언젠가 나는(석환) 평소 좋아하던 선배 성우 한 분과 내레이션과 연기에 관해 이야기해볼 기회가 있었다. 사실 내레이션과 음성 표현에 대한 대화는 성우 사이에서는 흔히 있는 일이기도 해서 기회라고까지 표현하기엔 적합하지 않을지도 모른다. 하지만 선배의 경험과 그 선배의 선배들이 했던 경험들을 듣고 공감할 수 있는 일은 흔히 있는 일이 아니어서, '때는 이때다' 싶어 고민도 털어놓고 질문도 하면서 이런저런 대화를 하던 중에 내레이션 이야기를 본격적으로 하게 됐다.

준언어, 표현력 등의 이야기가 오가고 있던 어느 순간 선배가 이렇게 물었다.

"너 혹시 '순이가 간다' 얘기 아니?"

순이가 간다? 아무리 생각해봐도 우리 선배 중에 순이라는 이름은 없기에 혹시 '순이가 간다'라는 다큐멘터리가 있었는지 되물었다. 그러자 선배가 이런 이야기를 해주었다. 오래전 이야기였다.

입사 후 성우라는 직업과 정체성에 대해서 여러 고민을 하던 선배가 어느 날 어떤 라디오 드라마에 캐스팅돼서 내레이션을 하게 됐다. 그 라디오 드라마 주인공 이름이 '순이'였다. 유난히 내레이션이 많은 작품이었는데, 마지막 내레이션이 "순이가 간다"였다. 첫 녹음이 진행되고 마지막으로 "순이가 간다"를 했는데, 담당 연출자가 NG를 외치더니 이렇게 말했다.

"순이가 가는 것 같지 않아요. 순이가 가는 것처럼 해주세요."

선배 스스로가 생각해도 순이가 가는 것 같지 않아서 모든 마음과 상상력과 표현법을 동원해 다시 "순이가 간다" 하고 내레이션했다. 그런데 다시 NG가 났다.

"아, 순이가 가는 것 같지가 않아요. 좀 순이가 진짜 가는 것처럼 할 수 없습니까?"

짜증 섞인 말투로 요구하는 연출자에게 다시 한 번 해보겠다고 말하고는 정말 신경 써서 "순이가 간다"고 내레이션했다. 하지만 또 NG. 그렇게 하고 또 하고 수십 번 순이를 보내고 나서야 연출자의 OK 사인이 떨어져져 작업을 마쳤다는 것이었다.

그러나 문제는 그 다음이었다. 선배가 작업을 마치고 나와서 가만히 생각해보니, 정말 순이가 가는 것처럼 내레이션을 못했다는 생각이 들면서 너무 속상하더란다. 순이를 제대로 보내지 못한 선배는 그날 저녁 술을 진탕 마시고는 얼큰히 취해 눈물을 흘리면서 "순이가 간다", "순이가 간다", "순이가 간다", 이렇게 계속 중얼거렸다. 그 모습을 본 단골 술집 아주머니가 그 일이 있고 한참 후에 물어보더란다. 순이 씨랑 대체 어떤 사이기에 그렇게 슬퍼했냐고 말이다.

웃기긴 하지만 단순히 웃긴 이야기가 아니었다. 성우들에게 읽고 품어서 표현하는 일은 늘 커다란 숙제였고 앞으로도 계속될 숙제다. 그런데 여기서 눈여겨봐야 할 곳이 바로 "순이가 가는 것처럼 내레이션을 못했다"는 대목이다. 순이가 가는 것처럼 내레이션하지 못했다는 것은 어떻게 내레이션했다는 것이고, 순이가 가는 것처럼 내레이션한다는 것은 어떻게 내레이션하는 것일까?

선배의 이야기가 있은 후 오랫동안 "순이가 간다"가 녹음된 그 작품을 찾았다. 테이프 같은 게 남아 있지 않을까 궁금해서 견딜 수가 없었다. "순이가 간다", 그 두 마디가 너무 듣고 싶어서 미칠 지경이었다.

안타깝게도 찾지 못했지만 지금도 그때 순이가 과연 어떻게 갔는지 궁금하다. 순이는 수십 년 전에 보내진 자신을 알까? 그리고 수십 년 후에 이렇게 보고 싶어 하는 사람이 있다는 것은 알까?

사실 이런 경험과 고민, 기쁨과 좌절은 내레이션을 하는 사람에게는 항상 있는 일이기도 하다. 듣는 이의 마음속에 떠나가는 순이를 그려내는 일이 내레이션이다. 내레이터에게는 듣는 사람의 마음속이 자신의 무대다.

• 순이가 준언어를 갖고 노는 법

여러분은 순이를 제대로 보낼 수 있을까? 순이를 제대로 보내려면 어떻게 내레이션해야 할까? 이제부터는 순이를 잘 보낼 수 있는 방법을 궁리해보자. 순이를 보내는 방법은 사실 간단하다. 준언어를 아주 잘 쓰면 순이는 무리 없이 떠나갈 수 있다.

그런데 문제는 일반적으로 문장을 접하면 과연 준언어가 어디에 들어가야 할지 확실히 파악하지 못하는 경우가 많다는 데 있다. 준언어를 정복하지 못하기 때문에 그토록 순이가 마음 편히 떠나질 못하는 것이다. 준언어에 대한 이해와 발전은 3단계를 거친다. 다음과 같은 문장을 내레이션해야 한다고 생각해보자.

그는 "저, 순이 씨, 나 정말 당신을 사랑해요"라고 말했다.

여러분에게 위와 같은 문장이 주어졌다. 내용은 간단하다. 기승전결을 파악할 필요도 없다. 그렇다면 저 문장에서 여러분의 시선은 어느 곳에 닿아 있는가? 혹시 단어와 단어의 조합인 저 문장을 계속 바라보고 있지는 않은가?

보통은 위와 같은 문장을 내레이션할 때 대개는 거의 비슷한 방식으로 읽는다. 우선은 '음, 흠' 하면서 목소리를 가다듬은 다음 문장을 또박또박 읽는 것이다. 그러고는 자신 없다는 눈빛으로 나를 쳐다본다. 내가 말한다.

"그건 낭독이고요, 내레이션을 해보세요. 표현을 하는 겁니다. 다시 한 번 해보세요."

그러면 좀 더 신중하게 예전의 그 또박또박 낭독을 다시 한다. 별다른 변화가 없다는 것을 자신도 알기 때문에 더욱 자신 없는 눈빛으로 입가에 어색한 미소를 띠고는 나를 또 다시 쳐다본다. 내가 또 말한다.

"제가 보기에 지금 글자만 보고 있는데, 글자만 보면 안 됩니다."

"네? 아니, 글자를 안 보면 대체 어디를 보라는 거죠?"

과연 어디를 봐야 하는 걸까? 다시 문장으로 돌아가보자. 이 문장은 아래와 같이 구성돼 있다. 그런데 여러분은 글자보다 '빈 공간'을 먼저 봐야 한다.

그는	저	순이씨	나	정말	당신을	사랑해요	라고	말했다

통상적으로는 내레이션의 대상이 되는 문장을 받으면 앞서 낭독장에서 세세히 언급한 대로 '묵독-음독-낭독'의 과정을 거친다. 그런 뒤 본격적으로 내레이션을 하게 되는데, 처음 하는 사람은 주어진 문장을 잘 소화하는 것에만 집중하기 마련이다. 그래서 주어진 문장을 또박또박 읽는다.

하지만 낭독과 달리 내레이션에서는 내레이터의 시선이 단어와 단어 사이의 빈 공간을 향해야 한다. 저 빈 공간을 과연 어떤 '준언어'로 채울 것인가를 두고 고민해야 한다. 저 사이사이가 바로 내레이터의 몫인 것이다. 이제 다시 한 번 단어와 단어 사이를 보자. 저 공간에는 호흡이 들어갈 수도 있고 포즈가 들어갈 수도 있다. 여러분의 시선이나 불안한 마음, 설레는 마음도 들어갈 수도 있다. 저 사이에서 침이 꼴딱 넘어갈 수도 있고, 숨죽여 울 수도 있으며, 숨이 차서 헐떡일 수도 있다.

저 공간은 너무나 좁지만 실제로는 바다만큼이나 넓다. 그 사이사이를 어떻게 채우느냐에 따라 듣는 이를 울릴 수도, 웃길 수도, 감동하게도 할 수 있다. 저 사이가 눈에 들어왔다면 그 공간이 여러분의 몫이라고 생각하자. 그때부터 여러분은 전과 다르게 내레이션할 수 있다. 물론 이것이 전부는 아니다. 지금 여러분이 저 공간을 볼 수 있게 된 것은 내레이션의 첫 번째 발걸음에 불과하다. 그러면 단어와 단어 사이의 공간을 발견한 여러분은 이제 또 어디에 눈을 향해야 할까? 잠시 생각해보고 다음 단계인 두 번째 발걸음을 디뎌보자.

주어진 문장을 또박또박 읽는 일은 글자를 배운 사람이라면 조금 노력해서 누구나 할 수 있는 일이다. 그렇지만 단어와 단어 사이의 저 빈 공간을 발견하고 운용하는 일은 쉽지는 않다. 말해주기 전까지는 잘 모른다. 여러분은 이제 보게 됐으니 다음으로 넘어가자. 두 번째로 눈여겨봐야 할 곳은 다름 아닌 문장이 시작되기 직전의 공간이다.

그는	저	순이씨	나	정말	당신을	사랑해요	라고	말했다

바로 저 지점이다. 첫 마디가 시작되기 바로 직전의 공간. 이 공간은 실로 마법의 공간이다. 여러분이 어떤 문장을 접하든 간에 그 내용을 파악하고 내레이션을 하기 직전 이 공간을 인식해 그곳을 디자인할 줄 알면, 어떤 유의 내레이션을 하든지 듣는 이의 마음을 움직일 수 있다.

그렇다면 이 공간을 과연 무엇으로 채워야 하며, 그렇게 채워진 공간은 어떤 효과가 있을까? 이 공간도 여러 가지 방식으로 운용하는 것이 가능하다.

첫 마디를 말하기 전에 좀 더 긴 포즈를 가짐으로써 듣는 사람의 귀를 바짝 긴장시킬 수도 있으며, 이 공간에서 큰 호흡을 들이마심으로써 여러분이 전하려는 메시지에 대한 스스로의 확신을 전할 수도 있다.

또한 이 공간에서 숨을 가볍게 '후' 하고 내쉬면 듣는 이도 여러분과 함께 긴장을 풀면서 편하게 들을 수 있는 호흡 상태가 된다.

활짝 미소를 짓는 것도 좋다. 그 이후로 여러분이 전하는 메시지는 희망차고 활기찬 느낌을 줄 것이다. 이처럼 첫 입술을 떼기 전 저 마법과 같은 공간을 어떻게 디자인하느냐에 따라 여러분이 전하는 내레이션은 매우 다른 모습과 색채를 띠게 된다. 더욱 중요한 사실은 이 공간을 운용할 줄 아는 여러분의 내레이션은 그 자체로 신뢰를 얻을 것이다.

이 공간을 디자인할 수 있는 여러분의 내레이션을 듣는 모든 사람은 여러분이 전하는 메시지에 대해 설득 당할 준비를 하게 될 것이다. 그러니 마법의 공간이 아니고 무엇이겠는가?

2단계까지 왔다. 이제 마지막 발걸음이다. 여러분이 발견해야 할 공간이 하나 더 있다는 얘기다. 이쯤이면 눈치 챘을지도 모른다. 그렇다, 바로 이 공간이다.

| 그는 | 저 | 순이씨 | 나 | 정말 | 당신을 | 사랑해요 | 라고 | 말했다 |

주어진 문장이 끝나고 나서 비로소 시작되는 공간이다. 문장의 첫 마디가 시작되기 직전의 공간이 설득과 공감을 결정하는 공간이었다면, 문장이 끝나고 시작되는 저 공간은 여러분이 전하는 메시지가 듣는 사람의 마음속에 깊숙이 자리 잡는 공간이자 메시지의 품격을 결정하고 키워주는 공간이다.

그러면 이 공간은 어떤 준언어로 채울 수 있을까? 우선 이 공간은 큰 강조로 채울 수 있다. 그렇게 채운 공간은 여러분의 확신과 주장을 마무리하는 곳이 될 것이다. 긴 여운으로도 채울 수 있다. 여러분의 메시지가 듣는 이들의 감정을 건드려 감동을 불러일으킬 수 있다. 웃음을 넣으면 어떨까? 물론이다. 뭐든 넣을 수 있다.

여러분에게 주어진 것은 문장뿐만이 아니다 공간도 함께 주어진다. 첫 공간을 지배하는 마법사로 시작해 문장 사이사이를 지배하는 조율사가 되고, 마지막 공간을 지배해 비로소 승리자가 되는 것이다. 다시 처음으로 돌아가, 여러분이 다음의 문장을 내레이션해야 한다고 생각해보자.

그는 "저, 순이 씨, 나 정말 당신을 사랑해요"라고 말했다.

이제 여러분의 눈은 어느 곳을 바라보고 있는가? 저 한 줄의 문장을 어떻게 디자인 할 것인가? 어느 곳에서 어떤 준언어를 사용해 마법을 부릴 것인가? 이제 시선이 바뀐 여러분에게 제대로 질문을 던지고 싶다. 낭독과 내레이션이 얼마나 다른지 알겠는가? 여러분은 드디어 순이를 떠나보낼 수 있게 됐다.

🔊 상상력과 입체감 부여

다시 한 번 강조하지만 내레이션은 청각만으로 듣는 이의 오감을 깨우는 일이다. 그 오감 중을 깨우는 세 가지 요소 중 첫 번째 '서사 전달의 의지'는 메시지를 전달하려는 사람의 성의와 열정 그리고 교감이라고 이야기했다. 두 번째인 '준언어의 예술적 사용'은 시각적 정보를 대신해 내레이션이 갖고 있는 여러 이미지를 떠올리게 함으로써 듣는 이의 감정을 이끌어낸다.

이제부터 설명할 세 번째 요소 '상상력과 입체감 부여'는 인간의 오감이 내레이션이라는 품어 읽기를 통해 발현되는 완성 단계의 일이다. 내레이션이 필요한 장르는 더욱 다양해지고, 메시지의 전달 형태도 다채롭게 변화하고 있다. 이 같은 추세로 내레이션의 표현 기법도 발전하고 있다. 특정 방송국 몇 곳이 방송 환경 전체를 장악하고 있는 시대가 아니다. 어지간한 규모를 가진 기업은 모두 자체 미디어 팀을 운용하고 있으며, 사내 방송 수준을 넘어 그룹 규모의 거대한 미디어 채널을 확보한 기업도 있다.

학교 방송실의 모습도 달라졌다. 공지사항 정도의 소극적인 방송 형태를 벗어난 지 오래다. 과거에는 고가의 카메라와 편집 장비들이 있어야만 가능했던 영상 촬영과 편집이 이제는 스마트폰만 있으면 얼마든지 가능한 시대가 됐기 때문이다. 더욱이 영상을 편집하는 작업도 더 이상 특별한 사람들만의 특별한 일이 아니다.

수많은 사람들이 자기가 직접 만든 영상에 훌륭한 내레이션을 담고 싶은 욕구를 갖게 됐다. 유튜브를 근간으로 하는 1인 미디어 시대가 열린 것도 큰 이유 중 하나다. 청소년들의 장래 희망 직업 중 상위권을 '유투버(Youtuber)'가 차지하고 있다. 누구나 언어의 마법사를 꿈꿀 수 있는 세상이며 이런 현상은 앞으로도 더욱 확산될 전망이다.

이런 콘텐츠의 내레이션 종류는 이름 붙이기 나름이지만 설명형, 증언형, 라이프스타일형, 실연형, 실증형, 비교형, 이미지형, 풍자형, 우화형, 연기형 등으로 나눌 수 있다. 그런데 아무리 유형이 다양해도 공통분모로서 자리 잡고 있는 하나의 요소가 있다. 전문 내레이션 영역도 마찬가지다. 모두 듣는 이의 감성에 소구한다는 것이다. 그래서 내레이션 원고는 대부분 감성 소구형이 주를 이룬다.

감성에 소구하려면 내레이터에게 상상력과 입체감을 부여하려는 의지가 필수적이다. 청자의 감성에 다가가 설득을 이끌어내느냐 못하느냐가 달린 매우 중요한 요소가. 하지만 상상력과 입체감 부여는 서사 전달의 의지와는 다르다. 훈련이 필요하다. 몸 악기, 즉 몸의 조음 기관을 유연하게 만드는 훈련에서부터 표현력 증대를 위한 연습, 감각과 감성을 예민하게 다듬는 훈련, 감정 표현과 발산 훈련, 극적인 진실을 읽어내 호흡과 리듬을 만들어내는 훈련에 이르기까지 다양하다. 그리고 이 모든 훈련이 내레이터가 사용하는 언어에 상상력과 입체감을 부여해 듣는 이의 오감을 깨우는 주요 기제로 작용한다.

여러분은 전문 내레이터나 연기자가 아니니 이런 훈련의 상세한 과정까지 익힐 필요는 없지만 이 책의 맨 마지막 장에서 기본적인 것들은 다룰 것이다. 여기서는 이 훈련들의 기준이 되는 원칙이 무엇인지 살펴보기로 한다. 말하기에 생명을 불어넣는 일, 품어 읽기로 듣는 이로 하여금 이미지를 떠올리게 하는 일, 나아가 설득과 감동을 이끌어내는 내레이션에 상상력과 입체감을 부여하는 원칙을 알아보자. 이번에도 세 가지다. 우선 다음의 이야기를 살펴보자.

옛날에 존경받는 한 스승이 있었다. 어느 날 그는 커다란 항아리를 수레에 싣고 제자들과 함께 들판으로 나갔다. 어떤 장소에 다다르자 스승이 제자들에게 말했다.

"자, 문제를 하나 내볼 테니 맞혀들 보거라."

그러고는 가져온 커다란 항아리 속에 커다란 돌을 하나 집어넣고는 이렇게 물었다.

"이 항아리가 가득 찼느냐?"

제자들이 아니라고 하자 이번에는 아무 말 없이 들판 여기저기에 놓여 있던 돌들을 큰 순서대로 하나씩 항아리에 넣기 시작했다. 이윽고 돌이 가득 차자 스승이 다시 물었다.

"이 항아리가 가득 찼느냐?"

제자들이 그렇다고 대답했다. 그러자 스승은 "정말이냐?" 하고 되묻더니, 다시 주변에서 조그만 자갈을 모아서 항아리에 집어넣고는 자갈들이 돌 사이사이로 들어갈 수 있도록 항아리를 흔들었다. 더 이상 자갈이 들어갈 수 없을 정도로 가득 차자 다시 물었다.

"이 항아리가 가득 찼느냐?"

눈치 빠른 제자들이 이번에는 "글쎄요" 하고 즉답을 피했다. 스승은 씩 웃고는 주변의 흙과 모래를 모아 항아리에 담았다. 이렇게 흙과 모래가 큰 돌과 주먹만 한 돌과 조그만 자갈 사이의 틈을 꽉 채우자 다시 물었다.

"이 항아리가 가득 찼느냐?"

이번에는 제자들이 큰 소리로 아니라고 대답했다. 스승은 "옳지" 하면서 주전자를 꺼내 항아리 속에 물을 부었다.

"이 항아리가 가득 찼느냐?"

제자들이 이구동성으로 그렇다고 대답했다. 그러자 스승이 다시 물었다.

"이것이 무얼 뜻하는지 알겠느냐?"

한 제자가 대답했다.

"큰 돌 사이사이에 그보다 작은 것들을 넣으면 빈 공간 없이 꽉 채울 수 있다는 뜻입니다."

스승이 대답했다.

"아니다. 큰 돌을 먼저 넣지 않으면 영원히 큰 돌을 넣지 못한다는 것이니라."

내레이션도 그렇다. 무엇보다도 먼저 넣어야 할 큰 돌은 무엇일까? 그 큰 돌은 3개다.

첫째, 원고의 내용과 감정을 느끼고 공감하기 전에는 입을 떼지 말 것.

둘째, 원고는 컨닝 페이퍼와 같으니 눈을 뗄 것.

셋째, 듣는 대상을 향해 말할 것.

● 원고의 내용과 감정을 느끼고 공감하기 전에는 입을 떼지 말 것

사람의 귀는 무척 예민하다. 화자의 말을 들으면서 그 말을 전하는 화자가 진심으로 말하는지 거짓으로 말하는지 파악해낸다. 방법을 따로 배운 것도 아니다. 그냥 직관적으로 안다. 그렇기 때문에 듣는 이들의 그 예리함을 피해 내레이션하려면 방법은 딱 한 가지뿐이다. 자신이 전하는 메시지를 명확히 이해하고 완전히 믿은 상태에서 말해야 한다. 이것이 청중을 설득하는 가장 근본적이고 가장 필수적인 자세다.

그러나 실제로 보면 안타깝게도 우리 주변에서 프레젠테이션이나 발표를 위해 내레이션을 할 때 무작정 나서는 경우가 많다. 내레이션해야 할 원고 내용을 파악했다는 것만으로는 부족하다. 이런 정도의 준비로 내레이션이나 발표에 나서는 것은 매우 부적절하고 실패하기 쉽다. 그동안 공들여 준비한 중요한 프레젠테이션 자리인데 내레이션을 그렇게 해서는 안 된다. 자신이 전할 메시지를 완전히 자신의 것으로 만들어야 하며 그대로 믿어야 한다. 그리고 확신 그 자체여야 한다. 그런 다음에야 비로소 첫 입을 떼는 것이다.

● 원고는 컨닝 페이퍼와 같으니 눈을 뗄 것

정말 혹시 몰라서 하는 얘긴데, 원고를 기반으로 진행하는 내레이션이라고 해서 원고에 얼굴을 묻고 읽으라는 뜻은 아니다. 여러분은 당연히 그렇게 받아들이지 않았으리라 믿는다.

방송에서 보면 여러 진행자가 있는데, 이미 수많은 사람들에게 인정받고 있는 전문 MC와 유명세 덕분에 이벤트성으로 갑자기 진행을 맡은 사람들이 이 부분에서 확연한 차이를 보인다. 이들은 진행을 할 때 손에 들고 있는 큐시트에서 눈을 떼지 못한다. 그러다 보니 카메라나 청중에게 눈빛을 전혀 전달하지 못한 채 읽기에 바쁘다. 이와 달리 베테랑 진행자는 원고를 힐끗힐끗 참고만 할 뿐 시선과 표정과 제스처는 시종일관 자신의 이야기를 듣는 사람들을 향해 있다.

정치인이나 기업 CEO의 연설도 마찬가지다. 고개를 숙이고 원고를 읽기만 하는 모습을 상상해보자. 준비된 원고를 가끔 살피면서 청중을 향해 눈길을 보내는 모습도 떠올려보자. 아무리 또박또박 잘 읽어도 전자의 경우에는 메시지 전달이 제대로 이뤄지지 못한다. 게다가 별로 신뢰도 가지 않는다. 한마디로 보기에 썩 좋지도 못하다.

후자의 경우에는 설사 조금 버벅거려도 관용의 마음이 생긴다. 잘하면 더 믿음직스럽고 더 집중이 된다. 존경받는 지도자들은 거의 모두 후자다. 교장 선생님의 훈화 말씀을 우리는 기억한다. 그 답답하고 성의 없고 잘 들리지도 않는 메시지를 한참 동안 들어야 했다(아닌 분들께는 정말 죄송하다). 이들의 공통점도 마찬가지다. 원고는 컨닝 페이퍼일 뿐이다. 눈을 떼야 한다. 계속 보면 걸린다.

● 듣는 대상을 향해 말할 것

원고에서 여러분의 입을 통해 음성으로 변화한 메시지는 둘 중 하나가 된다. 조금 나아가다가 방향성을 잃고 허공에 흩어질 수도 있고, 방향성과 목적성을 그대로 가진 채 청자의 귀에 정확히 도달할 수도 있다.

이 가운데 허공에 흩뿌려지고 마는 경우가 훨씬 많다. 내레이션에 상상력과 입체감을 부여하는 방법은 기술적으로 여러 방법이 있고 훈련 또한 가능하다. 그러나 아무리 훈련을 했더라도 내레이터의 눈과 마음이 다른 곳을 향해 있으면 메시지는 그대로 허공에 흩어지고 만다. 마음이 닿는 곳에 메시지도 닿는다.

한 가지 방법을 알려주자면, 여러분 앞에 있는 마이크가 여러분이 좋아하는 사람의 귀라고 생각하는 것이다. 그 사람이 공감할 만큼 그 사람이 귀를 기울이도록 하는 것이다. 사실 이 부분은 경험이 많아진다고 해서 해결되는 문제가 아니다. 한 번이라도 목적성 없이, 대사 없이 내레이션을 하는 순간 듣는 이의 귀는 떠나가고 내 말은 허공 속으로 사라진다. 잔뼈가 굵은 전문 내레이터도 이런데 일반적인 사람이라면 어떻겠는가.

마이크를 사랑하는 사람의 귀라고 생각할 수도 있고, 내레이션을 하면서 청중 가운데 어떤 사람을 마음속으로 지정해서 그 한 사람에게 이야기해준다고 생각하는 것도 방법이 될 수 있다. 어떤 방식이건 여러분의 메시지가 닿을 곳을 정하고 말해야 한다. 그러면 놀랍게도 그 메시지에 저절로 상상력과 입체감이 부여되는 기적을 경험할 수 있다.

◀)) 무엇을 내레이션하는가

내레이션은 '읽어서 표현하는' 행위다. 그렇다면 '읽기'와 '표현하기'라는 행위를 할 때 무엇을 재료로 다루는가? 앞서 잠깐 언급했듯이 무용가는 자신의 온몸과 영감을 다루고, 피아니스트는 '피아노'와 '악보'를 다룬다. 야구선수는 '배트', '글러브', '공'을 다루고, 화가는 '붓', '캔버스', '물감'을 다룬다. 그리고 모든 사람은 '말', '표정', '몸짓' 등을 다뤄서 자신의 감정을 표현한다.

어떤 것을 다루기 위해서는 다뤄야 할 재료가 무엇인지부터 알아야 한다. 가장 기본이 되는 재료를 제대로 인식하고 관심을 갖는 과정을 거쳐야 '다룬다'고 할 수 있는 것이다. 누구나 처음에는 그 재료를 다루는 데 서툴다. 피아니스트는 불협화음을 내고, 야구선수는 헛스윙을 하거나 잘못 송구하며, 화가는 엉성한 그림을 그린다. 노력을 해서 어느 정도 시간이 지나면 이제는 제법 잘 다루게 되고 계속해서 점점 더 잘 다루게 되면 어느 순간 '예술적'으로 다루게 된다.

다시 돌아와서, 읽어서 표현하는 내레이터의 재료는 무엇일까? 형이상학적인 질문이 아니니 어렵게 생각할 것 없다. 내레이터의 재료는 과연 무엇일까. '목소리'일까? 가장 많이 나왔던 대답이다. 그렇지만 아니다. 그러면 질문을 바꿔보겠다. 내레이터는 무엇을 읽고 무엇을 표현하는가? 한마디로 무엇을 갖고 놀 것인가?

모든 깨달음은 개념의 정립에서부터 시작된다. 그렇게 정립된 개념을 근거로 여러 가지 이론들이 등장하고, 그 이론들 사이에서 토

	읽기	표현하기
재료	한글	감정
필요 소양	국어에 대한 이해	비언어·준언어에 대한 이해
활용 분야	낭독, 안내 공지 등	내레이션 (프레젠테이션, 연설, 담화 등)
보완 요소	비언어	비언어

론과 논쟁이 벌어지면서 더욱 발전하게 되는 것이다. 그래서 개념을 잡는 것이 중요하다. 내레이터의 재료는 무엇일까? 당연히 '한글'과 '감정'이다. 한글을 '읽어서' 감정을 '표현'하는 것이 내레이션이니까. 물론 외국어도 내레이션할 수 있다. 하지만 이 책에서는 계속해서 우리말을 이야기하고 있으니 논외로 하자.

내레이터는 한글을 읽는다. '한글로 이뤄진 문장'을 읽는 것이다. 내레이터는 무엇을 표현하는가? '한글 문장에 담긴 감정'을 표현한다. 이를 표로 나타내면 위와 같다.

이해를 위해 이렇게 비교하기는 했지만 사실 내레이션은 수많은 분야에 조금씩 다 걸쳐 있는 개념이므로 참조만 하자. 낭독만 해도 내레이션처럼 낭독하는 경우도 있고 낭독처럼 내레이션하는 때도 있다. 내레이션이 훨씬 더 상위 개념이며 이 모든 것들을 품는다.

어쨌든 한글 읽기 대한 전문성과 감정 표현에 대한 전문가, 이 두

기둥이 내레이터가 확보해야 할 가장 기본적인 역량이다. 그리고 양쪽 재료 사이에서 균형을 잡아야 한다. '표현하기'에 치중한 나머지 '읽기'를 소홀히 하면 내레이션이 되질 않는다. 청중은 산만하다는 기분과 정돈돼 있지 못하다는 느낌을 받게 된다. 반대로 '읽기'에만 치중하면 성의 없어 보이거나 청중의 마음 깊은 곳까지 메시지를 전달할 수 없게 된다.

궁극적으로 내레이션은 제대로 읽으면서 예술적으로 표현하는 데 최고의 가치를 두는데, 언제나 듣는 이의 마음을 사로잡기 위해 내레이션한다는 목적을 잊어서는 안 된다. 또한 인간의 감성은 메시지의 내용보다는 음성 단서로 더 쉽게 발현된다. 특히 목소리는 어떻게 발성하느냐에 따라 화자의 태도와 감정 상태가 드러나므로 항상 신경 써야 한다. 그래서 이반 포나기(Ivan Fonagy)와 같은 언어학자는 발성을 언어적 메시지와 비언어적 메시지가 동반되는 '이중 코드(double-code)'라고 설명했다. 감정은 감성적인 문장보다 감성적 표현에 의해 발현되고 작동한다는 점도 알아야 한다.

이제부터는 실질적으로 내레이션을 하는 데 필요한 기술적인 노하우와 탁월한 내레이터가 되기 위해 자신의 몸 악기를 어떻게 다뤄야 하는지 자세히 알아보기로 하자.

내 몸을
최고의 악기로

많은 사람들 앞에서 말이나 행동을 해야 하는 상황에서의 심리적 부담을 나타내는 용어로 무대공포증, 불안(anxiety), 각성(arousal) 등이 있다. 이러한 현상이 과도하게 나타나면 어떤 형태로든 표현에 방해가 된다. 사람이라면 누구나 경험할 수 있는 자연스러운 현상이다.

하지만 당연하게 찾아오는 이런 불안감이 분명히 존재하는데도 이를 정면으로 다루는 경우는 흔치 않다. 그저 노력하라거나 경험이 약이라는 등 개인적인 숙제로 미루고 만다. 사실 심리학에서 여러 학자들의 연구를 통해 밝혀진 불안감은 자존심 훼손에 괴로워한 경험이 있는 개인이 또 다시 자존심을 위협할 것 같은 사태를 두

려워해 과잉 반응하는 현상을 뜻한다.

◀》 떨지 않고 말하는 법

프레젠테이션이나 발표와 같은 내레이션을 하는 상황에서 화자는 무대, 조명, 오디오, 카메라, 청중, 다른 발표자들과 같은 환경에 영향을 받게 되며 이는 심리적 긴장감이나 불안감으로 이어진다. 이를 발표자 불안이라고 하는데, 내레이터가 느끼게 되는 불안정한 심리 상태는 개인적 요인과 외부적 요인에 의해 다양한 형태로 나타난다.

● 긴장감은 자연스러운 현상이니 피하지 말 것

누구나 청중 앞에 서게 되면 긴장하기 마련이다. 누구나 말이다. 다른 사람들이 말할 때 보면 평온하고 태연한데 유독 자신만 긴장하고 있다는 생각에 더 긴장된다. 그러나 긴장감은 누구에게나 있는 현상이며, 경험이 많은 사람이나 심지어 전문 내레이터도 늘 친구처럼 느끼는 감정 상태다.

긴장감은 심박 수 증가, 혈압 상승, 아드레날린 분비 등 신체적 변화에 의해 나타난다. 거기에 화자 자신의 심리적 위축이 더해져 증폭된다. 특히 직접 청중 앞에서 말을 해야 할 때 더 커진다. 그런데 사실 내레이션에 직접적인 영향을 미치는 것은 그날의 컨디션이다. 화자가 아무리 자신감에 차 있고 화술이 뛰어나도 컨디션이 좋지 못하면 전하고자 하는 메시지를 제대로 표현하지 못한다.

긴장감이 몰려올 때 그것을 거부하려고 하지 말고 자연스럽게 받아들이는 것이 중요하다. '아, 왜 이러면 안 되는데'가 아니라 '흠, 긴장되는 군', '평소에는 느껴보지 못한 기분이네' 하면서 있는 그대로 받아들이는 것이다. 긴장 상태가 오히려 정신을 바짝 차리게 만들어서 내레이션에 긍정적인 영향을 주기도 한다. 긴장을 너무 안 할 때 실수나 사고가 더 많이 일어난다.

물론 개인의 성향에 따라 다르기는 하다. 어떤 사람은 심리적으로 편안할 때 최고의 결과가 나오지만, 또 어떤 사람은 긴장 상태가 높을 때 만족스러운 내레이션을 하기도 한다. 하지만 어느 쪽이든 긴장 상태를 받아들인 경우다. 내레이션 경험이 많은 사람들도 한결같이 "긴장감을 즐기라"고 조언한다. "피할 수 없다면 즐겨라" 하는 말이 이 경우에도 그대로 적용된다.

● 불안해지면 숨을 크게 쉬고 수다를 떨 것

"나는 방송을 하면서 좋은 기회가 찾아오면 기도를 해. '부디 제가 너무 잘하려고 욕심 내지 않게 해주세요' 하고 말이야."

평소 존경하는 선배 성우의 말이다. 화자의 심리 상태에 변화를 일으키는 가장 큰 요인은 사실 스스로에게 있다. 자기 혼자서 부정적인 생각을 키우면서 점점 더 불안해진다. '잘하지 못해서 좋지 않은 평가를 받으면 어떡하지'라는 생각이 불안감의 촉매가 된다.

내레이터에게 불안감은 자신의 성격, 내레이션의 종류, 청중의 특성 등에 따라 매우 다양하게 나타난다. 스스로 다른 발표자에 비해서 말을 잘하지 못한다고 느끼거나, 내레이션 잘하기로 소문 난 사람이 옆에 있으면 더 큰 불안감을 느낀다. 그런데 반드시 염두에 두고 있어야 할 사항이 있다. 불안감은 곧 사라진다는 사실이다. 시간이 조금 지나면 사라진다.

화자가 내레이션을 할 때 느끼는 불안감은 반드시 '생성-성장-사멸'의 과정을 밟는다. 준비 단계에서 불안감이 생겨나고 내레이션을 막 시작할 무렵 강하게 밀려오지만, 조금 시간이 흐르면 심리적으로 적응이 되면서 불안감은 사라진다. 따라서 불안감은 어차피 사라질 것이라는 자기암시가 필요하다. '어차피 없어질 녀석인데 조금만 있다가 가라지 뭐' 하는 자기암시가 불안한 심리 상태를 극복할 수 있는 방법이다.

심리학자 찰스 스필버거(Charles Spielberger)에 따르면 일반적으로 불안감은 자신의 태생적인 성향에서 나오는 '특성 불안(trait anxiety)'과 자신이 처한 상황 때문에 발생하는 '상태 불안(state anxiety)'으로 나뉜다. 상태 불안을 내레이션에서의 불안감에 적용하면 결과에 대한 불확실성이 야기하는 실패 공포로 볼 수 있다. 특성 불안은 불안감의 원인이면서 결과이기도 한데, 어떤 이유에서 건 불안해지면 신체적인 증상이 나타난다. 불안감을 느낄 때 사람은 평소 필요한 에너지보다 더 많은 에너지를 발산한다. 이런 과잉 에너지는 지나친 긴장을 초래해 호흡곤란, 안면홍조, 수족경련 등으로 나타난다. 지나치게 땀을 흘리거나 심장박동이 심해지고, 입이 마르거나 현기증이 생기며, 심한 경우에는 쥐가 나거나 마비가 되기도 한다. 이런 증상은 평소에는 없던 것이기 때문에 당황하게 되어 또 다시 불안해지는 악순환으로 되풀이되기도 한다.

불안감을 생성시키는 요인 중 '통제 상실(loss of control)'이라는 것도 있다. 내레이션을 시작하기 전 아는 사람들과 인사를 나누다 보면 잘하라는 격려를 받게 된다. 한편으로는 힘이 되지만 또 한편으로는 심리적 부담으로 작용해 불안감이 커지기도 한다. '잘해야 한다'는 사명감과 함께 '못하면 어떡하지' 하는 불안감이 밀려든다.

이 같은 현상은 대부분 심리적 요인 때문에 신체 에너지를 통제하지 못하는 데서 발생한다. 이때 가장 기본적인 방법은 깊은 심호흡이다. 숨을 들이마시고 내쉬는 시간을 평소보다 길게 하다 보면 횡격막이 정상적으로 기능하면서 심신이 안정되는 효과를 얻게 된다. 과잉 에너지 현상은 긴장이나 불안 상태로 학습된다는 것도 기억해야 한다. 해소되지 못하고 계속 이어지면 어느 순간 불안하지 않은데도 불안할 때처럼 신체가 이상 반응을 보이게 된다.

불안에 관한 그간의 연구 결과는 불안의 원인을 이와 같은 학습의 결과, 잘못된 인지적 해석, 사회적 행동 기술의 부족 등으로 분류하고 있다. 사회심리학자 필립 짐바르도(Philip Zimbardo)는 많은 사람들이 유쾌하지 못한 경험을 야기한 특정 사건과 비슷한 상황에 처하면 불안감을 느낀다고 설명했다. 예컨대 과거 청중 앞에서 발표를 했다가 비웃음을 샀거나 굴욕감을 느꼈다면, 그것이 심리적 트라우마가 되어 이후 비슷한 상황에서 불안감이 조건 반응으로 나타난다는 것이다. 앨버트 엘리스(Albert Ellis)와 같은 심리학자는 불안은 그것을 유발한 상황에 대한 잘못된 인지적 해석 때문에 발생한다고 말했다. 불안감을 느꼈던 상황 자체가 사실 그럴 이유가 없는 상황이었을 수도 있다는 뜻이다. 엘리스는 사회적 불안이 높은 사람들은 타인의 평가를 크게 의식하고 인정받으려는 욕구가 강하다고도 주장했다.

불안감이 들면 그 상태가 발전하도록 내버려둬서는 안 된다. 즉시 제거해야 한다. 곧 사라질 증상임을 인지한 다음에는 음악을 듣거나 안정제를 복용해서 벗어나는 것이 좋다. 가장 효과적인 방법은 주변 사람들과 즐겁게 대화를 나누는 것이다. 그들도 불안한 마음이 드는 건 마찬가지이기 때문에 말을 걸면 바로 대화가 잘된다. 수다 떨 듯이 이야기를 나누다 보면 불안감이 어느새 가라앉는다.

게다가 말을 하면서 발성 기관과 호흡이 안정되는 워밍업 효과도 얻을 수 있어서 아주 좋다. 불안하다면 주변을 둘러보고 말을 걸자. 그리고 수다를 떠는 것이다.

● 부적응은 아닌지 생각해볼 것

불안하다는 기분이 불안감이 아니라 '부적응(inadequacy)', 즉 적응이 안 되는 느낌 때문일 수도 있다. 유독 그 장소가 낯설게 느껴지거나 마음에 들지 않아서 생기는 감정을 불안감이라고 착각하는 것이다. 내레이션을 해야 하는 장소의 분위기나 마이크, 빔 프로젝터 등 각종 프레젠테이션 기기 등이 생소하게 느껴질 때가 있다.

컨디션이 좋지 않다는 느낌이 들거나, 집중이 잘 안 된다든지, 몸이 축 처지는 기분이 든다든지, 괜히 피곤해진다든지, 뭔가 찜찜한 느낌을 갖게 되는데, 이를 불안감으로 잘못 생각해 자기 스스로만 통제하려다가 제대로 해결되지 않을 때가 있다.

이런 부적응이 불안감을 만드는 원인이 되기도 한다. 내레이션을 해야 하는 장소는 달라질 수 있다. 그런데 부적응의 실체를 모르면 엉뚱한 처방이나 조치를 할 수 있다.

주변을 돌아보고 적응이 안 된다면 그 장소를 벗어나 잠시 맑은 공기를 마시면 도움이 되는데, 마땅치 않은 상황이라면 그 장소를 천천히 둘러보거나 어느 한 지점을 응시하면서 익숙해지도록 마인

드 컨트롤을 하는 것이 필요하다.

● 있는 그대로의 나를 사랑할 것

사람은 저마다 모두 다르다. 자신의 표현 능력을 과소평가하면서 타인의 평가를 의식하지 않으려고 노력해보자. 자신의 스타일과 다른 내레이션 계획을 한 번에 세우고 잘되지 않을까 봐 전전긍긍하지 말고 단계별로 조금씩 변화를 주는 계획을 세워서 하나씩 실행하는 것이 좋다.

사회적 불안은 사실 개인의 문제라기보다는 자신을 표현할 수 있는 기회가 적었기 때문인데, 결국 다양한 경험을 통해 극복할 수밖에 없다. 대다수의 우리나라 사람들은 자신의 생각이나 감정을 공개적으로 표현하는 일이 별로 없던 환경에서 자랐다. 어려서부터 생각을 주입받아왔기 때문에 사회적 상황의 요구를 적절히 조정하지 못하고 그 상황을 불안한 것으로 인식하는 경우가 많다. 어떻게 표현을 해야 하는지 적절한 요령이 없어서 불안을 느끼는 것이므로, 표현 내용을 어떻게 짜임새 있게 정리해 어떤 순서로 말할 것인지, 목소리 크기나 억양 변화는 어떻게 할지, 제스처나 자세는 어떤 식으로 할지 계획을 세워서 하다 보면 불안은 서서히 극복된다.

표현을 통해 실제의 자신보다 더 나아보이게 하려는 본능적인 욕구도 불안감의 요인이 되므로, 솔직한 자기 자신을 보여주겠다는 마음가짐을 갖는 것도 필요하다. 사람에게는 누구나 사회적 얼굴인 페르소나(persona)가 있다. 이왕이면 '이상적인 나'의 모습을 표현하고 싶어 한다. 드러내고 싶은 '이상적인 나'는 '본래의 나'보다 언제나 더 나아야 하는 모습이다. 그 사이의 괴리가 갈등을 일으켜 긴장과 불안을 조성하는 것이다.

있는 그대로의 나, 솔직한 모습의 자기 자신을 바라봐야 한다. 스스로를 사랑하고 인정할 때 수많은 불안 요소들이 사라지게 될 것이다.

◀» 마이크를 잡아보자

육성으로 내레이션을 하는 경우는 흔치 않다. 내레이터와 마이크는 떼려야 뗄 수 없는 관계다. 내레이터에게 마이크는 감정과 내레이션을 담아내는 도구이며, 내레이션 녹음을 할 때에는 가상의 청중이 되기도 한다. 마이크를 잘 다루지 못하면 그동안 갈고 닦은 내레이션 실력이 허사가 되는 일도 생긴다. 그렇기에 마이크에 대해서도 알아둬야 한다.

마이크는 소리 신호를 전기 신호로 바꾸는 변환 장치다. 소리라는 음파 에너지를 전기 에너지로 바꾸는 에너지 변환기의 일종이다. 마이크를 이해하려면 우선 마이크의 종류와 지향성을 알아야 한다. 내레이션을 할 때 사용하는 마이크는 크게 다이내믹 마이크 (dynamic microphone)와 콘덴서 마이크(condenser microphone)라는 두 가지 종류로 나뉜다. 이것들부터 살펴보자.

● 다이내믹 마이크

우리 주변에서 흔히 보는 소위 '노래방 마이크'와 같은 형태의 마이크가 바로 다이내믹 마이크다. 비교적 저렴한 가격과 넓은 다이내믹 레인지(dynamic range) 덕분에 때문에 가장 많이 사용된다. 다이내믹 레인지는 최대 음량과 최소 음량 비의 차이, 쉽게 말해 왜곡 없이 담아낼 수 있는 소리의 영역을 말한다.

스피치 전문 마이크는 다이내믹 마이크라고 해도 매우 고가의 마이크들도 많다. 작동 원리는 음파의 압력에 의해 진동판이 진동하면 그 진동이 자석 표면을 감은 코일을 왕복 운동해 전류를 만들어내는 방식이다. 구조적으로 간단하고 튼튼해서 제조 가격이 낮다. 습기에 강하다. 콘덴서 마이크는 온도와 습도 변화에 약해 다루기 까다롭지만 다이내믹 마이크는 보다 편하게 다룰 수 있다. 또한 콘덴서 마이크와는 다르게 별도 전원이 필요치 않다(무선 마이크는 배터리가 필요하다). 간단한 구조에 비해 주파수 특성이 우수하며 음색도 두껍고 따뜻한 편이다. 고급형은 콘덴서 마이크와 비슷한 직선적 주파수 특성을 가지고 있다. 대부분 단일지향성을 갖고 있으며 큰 음압에도 찌그러짐이 적다.

다이내믹 마이크의 가장 큰 특징은 감도가 낮다는 점이다. 낮은 감도를 갖고 있어서 높은 증폭이 필요하다. 음파가 약하면 출력도 없으므로 잡음이 없다. 콘덴서 마이크는 내부에 증폭 회로가 있어서 일정량의 고유 잡음이 있다.

● 콘덴서 마이크

이 마이크도 많이 봤을 것이다. 스튜디오 녹음실에 설치돼 있는 그 마이크다. 내레이터에게도 가장 친숙한 마이크가 콘덴서 마이크다. 콘덴서란 전기를 저장할 수 있는 일종의 용기를 말한다. 콘덴서 마이크는 축전기 이론을 이용해서 만든 마이크다. 외부 전력 공급이 필요하기 때문에 콘덴서 마이크 전용의 '팬텀 파워(phantom power)'를 연결해야 작동한다.

콘덴서 마이크는 다이내믹 마이크보다 감도가 높다. 다이내믹 마이크보다 10배 정도 높은 수준의 감도를 가진다. 고음역대의 소리를 내는 악기나 멀리서 전체적인 소리를 잡아내야 할 경우 다이내믹 마이크로는 어림없기 때문에 콘덴서 마이크를 사용한다. 또한 주파수 범위가 매우 넓어 부드러운 소리를 제공한다. 높은 주파수대를 잡을 수 있어서 섬세한 소리에도 적합하다.

🔊 마이크가 소리를 받아들이는 방식

마이크는 소리를 받아들이는 방식, 즉 어느 쪽 소리를 수집하느냐에 따라 무지향성(omni directional), 단일지향성(cardioid), 초지향성(super cardioid), 반지향성(half cardioid), 양지향성(bidirectional) 등으로 분류되는데, 여기서는 가장 기본이 되는 세 가지 방식을 살펴보기로 하자.

● 무지향성

무지향성은 말 그대로 지향성이 없다는 것을 뜻한다. 다시 말해 마이크의 방향과는 상관없이 360도 어느 방향에서 나는 소리든 모두 받아들일 수 있다는 것을 의미한다. 물론 거리에 따라 감도는 달라진다.

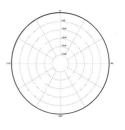

가장 단순한 구조를 갖고 있으며 클래식 오케스트라 연주나 엠비언스(ambiance) 녹음용으로 사용된다. 엠비언스는 어떤 공간 내에 존재하는 소리를 지칭하는 용어다. 새소리나 물소리 같은 자연의 소리도 엠비언스다. 넥타이 핀 모양의 마이크와 같이 음원의 방향이 계속 바뀌는 경우에도 사용하지만, 모든 방향의 감도가 같기 때문에 하울링(howling)에 약해 라이브 공연 현장에서는 거의 사용하지 않는다. 하울링 현상은 뒤에서 조금 자세히 설명하겠다.

● 단일지향성

단일지향성은 대부분의 마이크에서 볼 수 있는 보편적인 방식이다. 진동판에 대해 직각인 0도 방향의 감도가 가장 좋으며, 반대로 180도 방향의 감도는 가장 낮다. 180도 방향에서의 소리 수집 능력이 없기 때문에 공연에서 많이 사용된다.

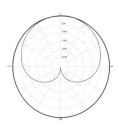
라디오 드라마를 내레이션할 때 무지향성 마이크를 쓰기도 하지만, 통상적인 라디오 프로그램에서 화자가 여러 명 있는 경우에는 각자 단일 지향성 마이크를 사용한다.

● 양지향성

양지향성은 0도와 180도 두 방향을 향한 1개의 양면 진동판 또는 2개의 단면 진동판을 사용해 양쪽 방향의 소리를 수집할 수 있는 마이크다. 양지향성의 마이크는 0도와 180도에서 최대 감도를 가지며 그 사이의 각도에서는 다양한 감도로 소리를 받아들인다. 90

도와 270도에서는 거의 소리를 받아들이지 않는다.

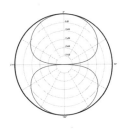

　2명이 마주보고 하는 대화를 녹음할 때 사용되며, 1개의 마이크로 두 방향의 소리를 받아들일 수 있기 때문에 피아노 2대의 연주를 녹음하거나 음원의 직접음과 벽면의 반사음을 동시에 녹음할 때 쓰지만 활용 빈도 면에서 그리 널리 쓰이지는 않는다.

◀》 마이크를 사용할 때 피해야 할 것들

　마이크를 사용할 때 어떤 부분에 유의해야 하는지 살펴보자. 마이크는 어디까지나 기계 장치이기 때문에 자연적인 소리를 그대로 수용하지는 못하며 특유의 현상을 유발하기도 한다.

● 근접 효과

　'근접 효과(proximity effect)'는 마이크를 입에 가까이 할수록 저음 대역의 레벨이 증가되는 현상을 말한다. 이를 방지하기 위해 마이크 앞에 동그랗게 생긴 팝 필터(pop filter)를 설치해 사용하거나 2개의 마이크를 쓰기도 한다. 하지만 녹음할 때 내레이터가 적정한 거리를 유지하는 것이 가장 좋은 대처 방법이다.

하울링

'하울링'은 마이크에서 바뀐 전기 신호가 앰프를 거치면서 증폭
되고 스피커를 통해 다시 소리로 출력될 때 그 소리가 마이크로
들어가면서 특정 주파수 대역이 증폭되는 현상이다. 노래방에서
'삐!' 하는 그 소리가 하울링이다.

흥미로운 것은 하울링되는 주파수대가 각기 다르다는 사실이다.
흡음 시설이 돼 있는 공간 또는 커튼이나 카펫이 설치된 공간에서
는 저음대역의 하울링이 생기고, 흡음 시설이 안 되어 있거나 음의
반사가 많은 공간에서는 고음대역의 하울링이 생기는 경우가 많
다. 이 경우 이퀄라이저를 통해 하울링 주파수대역을 찾아 중심 주
파수를 내린다거나 별도의 하울링 제거기를 사용한다.

팝핑과 시빌런스

우리말 발음 가운데 피읖(ㅍ)이나 티읕(ㅌ) 같은 소리들이 다른 발
음에 비해 입에서 나오는 음압이 강해 잡음이 되는 특징이 있다. 이
를 '팝핑(poping)'이라고 한다. 이 현상을 막기 위해 근접 효과 때와
마찬가지로 팝 필터를 설치하거나 마이크에 스타킹 재질로 된 천
등을 씌운다.

또한 시옷(ㅅ)이나 쌍시옷(ㅆ)을 발음할 때에도 다른 자음에 비해
더 마찰된 소리가 나오는데 이 현상을 '시빌런스(sibilance)'라고 부

른다.

팝핑과 시빌런스는 사람의 입에서 발음되는 소리 자체의 특성이
므로 화자가 마이크와 거리를 조절한다거나 마이크를 살짝 빗겨
쓰는 방식으로 조절할 수 있지만 완전히 없어지는 못한다. 듣기 거
슬리지 않도록 조절할 뿐이다.

◀» 마이크 사용의 5계명

마이크를 사용하기 전 기억해두면 좋은 내용을 다섯 가지로 정리
해봤다. 마이크를 능수능란하게 사용하는 여러분의 모습을 상상하
면서.

● 제1계명: 내 앞의 마이크가 무슨 마이크인지 알라

다이내믹 마이크와 콘덴서 마이크가 어떻게 생겼는지 알았으니,
여러분 앞에 있는 마이크도 구별할 수 있을 것이다. 다이내믹 마이
크는 입술과 마이크의 방향이 틀어지면 소리가 갑자기 작아지니
항상 입술 방향이 마이크를 향하게 해야 한다. 콘덴서 마이크의 경
우에는 뒤돌아서지 않는 이상 마이크가 여러분의 목소리를 모두
잘 잡아낼 것이니 걱정하지 않아도 된다.

● 제2계명: 마이크와 20센티미터 떨어져라

이 책의 초반부에서 살펴본 〈킹스 스피치〉의 경우를 생각해보자. 라이오넬 로그가 조지 6세에게 약 한 뼘 정도를 유지하도록 알려주는데, 요즘의 마이크에도 유효하다. 다이내믹 마이크든 콘덴서 마이크든 마찬가지다. 이보다 가까우면 마이크에서 팝핑이나 시빌런스가 나기 쉽고, 이보다 멀어지면 마이크가 소리를 제대로 받아들이지 못한다.

● 제3계명: 마이크를 내 말을 들을 사람의 귀라고 생각하라

앞서 강조했듯이 여러분 앞에 회사의 대표이사나 임원이 앉아 있다면 마이크를 그들의 귀라고 생각하고, 여러분 앞에 사랑하는 사람이 앉아 있다면 마찬가지로 마이크를 그 사람의 귀라고 생각하자. 그 귀에 하고 싶은 말을 한다는 생각을 놓치지 말고 여러분의 메시지를 전하는 것이다. 당신의 메시지를 전하라. 더 설득력 있는 내레이션이 될 것이다.

● 제4계명: 스피커의 위치를 파악하라

다이내믹 마이크를 들고 왔다 갔다 하면서 내레이션을 한다면 반드시 스피커의 위치를 미리 확인하고 여러분의 동선에서 스피커 쪽은 피해야 한다. 움직이다가 마이크를 들고 스피커 쪽으로 다가

가면 그동안 여러분에게 집중돼 있던 청중의 주의를 단숨에 깰 수 있는 하울링이나 잡음이 생긴다. 계속해서 '삐!' 하는 소리는 여러분에게 큰 손해다.

● 제5계명: 마이크를 믿어라

마이크는 기계다. 여러분의 목소리를 잡아내 잘 전달하기 위해 만들어진 기계다. 그리고 그 뒤에는 또 다른 음향 기기들이 설치돼 있고 그것을 다루는 엔지니어가 있다. 그 둘을 믿고 여러분은 여러분이 낼 수 있는 가장 훌륭한 목소리로 내레이션을 하면 된다.

⑴) 목소리, 내 몸의 관악기

내레이션은 언어와 음성 표현의 예술이다. 여러분의 목소리로 구현해내는 예술이다. 목소리는 몸을 통해 내는 소리다. 그러므로 좋은 목소리를 내려면 여러분의 몸, 다시 말해 몸이라는 악기를 잘 이해하고 활용할 수 있어야 한다.

그렇다면 사람의 음성은 어떤 종류의 악기가 내는 소리에 해당할까? 다름 아닌 '관악기(管樂器)'다. 사람이 소리를 내는 기본적인 구조는 관악기와 흡사하다. 횡격막의 이완과 수축을 통해 들숨(흡기)으로 폐에 들어간 공기는 날숨(호기)으로 우선 후두(喉頭)를 지나게

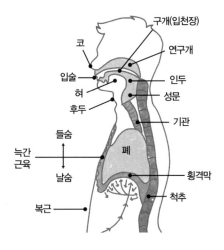

된다. 그리고 후두에 위치한 성대를 지나면서 소리가 만들어진다. 하지만 이때 성대에서 만들어진 소리는 일정한 주파수는 가졌으나 의미 체계가 없는 그냥 소리에 불과하다. 이 소리가 성문(聲門), 인두(咽頭), 연구개(軟口蓋)를 지나 구강에 있는 조음 기관을 거치면서 일정한 형식의 의미 체계를 갖추고 이것이 두개골 및 흉곽에 걸쳐 있는 공명 기관을 통해 울리면서 외부로 출력되는 것이다.

이 과정은 관악기에서 호흡이 리드(reed)를 거치면서 생겨난 소리가 음계를 갖춰 공명관을 흐르면서 울림으로 만들어지는 과정과 정확히 닮아 있다. 그렇다면 내레이터는 자신의 몸 악기를 어떻게 다뤄야 좋은 소리를 얻을 수 있을까?

◀)) 바른 자세

관악기로서 이해된 여러분의 몸 악기를 제대로 다루기 위해 가장 먼저 해야 할 것은 공명 기관, 즉 자신의 몸이 성능 좋은 공명 장치가 되도록 바른 자세를 갖는 것이다. 후천적으로 자신의 두개골을 늘리거나 후두의 크기를 조정할 수는 없지만, 자세는 얼마든지 바로잡을 수 있다. 소리의 바른 조음과 공명을 위해 목과 어깨를 꺾지 말고 똑바로 해서 울림을 증폭하고 그 소리가 입을 통해 풍성하게 밖으로 뻗어나갈 수 있도록 앞 자세도 똑바로 하면서 옆 자세를 바로 세워 크고 안정된 호흡이 유지되도록 해야 한다.

흔히 복식 호흡이 중요하다고 말하는데, 내레이터는 감정 표현을 위해 흉식 호흡도 이용할 줄 알아야 한다. 또한 발화 시 구강을 최

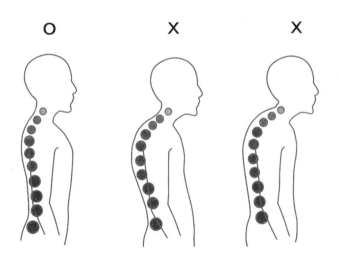

대한 이용하는 것이 좋다. 상하좌우로 충분한 구강 공간을 확보하면서 발성 및 발화를 하면서 몸이라는 공명 장치를 막힘이나 치우침 없이 이용하는 것이 몸 악기 다루기의 첫 번째 과정이라고 할 수 있다.

◀» 좋은 목소리란 무엇인가

목소리를 만들기 위해서는 성대의 '진동'과 '공명'이라는 두 가지 요소가 필요하다. 성대 진동으로 소리가 만들어진다. 기도의 맨 윗부분에 연골과 인대 그리고 독립된 하나의 조직으로 작용하는 근육들이 위치하고 있다. 이 부분을 통틀어 후두라고 한다. 후두 내부에는 앞쪽에서 뒤쪽으로 붙어 있는 주요 근육이 있는데, 이 부분이 바로 성대다.

매력적이고 훌륭한 목소리를 내기 위해서는 무엇보다 목의 건강이 중요하다. 악기가 좋아야 소리가 잘 나오는 것처럼, 목이 건강해야 좋은 목소리를 낼 수 있다. 또한 목소리를 이루는 요소들을 잘 파악하고 그에 걸맞은 힘을 길러야 한다. 운동할 때를 떠올려보자. 평소에 하지 않던 운동을 무리해서 하게 되면 근육과 뼈마디가 뻣뻣해진다. 기초 체력이 없어서다. 성대도 기초가 튼튼해야, 즉 건강해야 좋은 소리를 만들어낼 수 있다.

● 좋은 목소리의 조건

'좋다'라는 개념은 주관적이고 추상적이라 이를 명확히 정의하기란 어렵지만, "저 사람 목소리 좋다"라고 했을 때 대부분의 사람들이 떠올리는 그런 목소리가 있다. 귀로 들었을 때 거슬리지 않고 자연스러운 소리다. 다시 말해 '듣기에 좋은' 목소리다. 거부감 없이 들을 수 있고 호감이 가는 목소리가 존재한다고 했을 때, 이를 기준으로 좋은 목소리의 조건을 정리해보면 다음과 같다.

첫째, '자연스러운' 목소리가 제일 좋은 목소리다. 성대를 되도록 충분히 연 상태에서 폐 속의 공기가 성대 주변 근육의 제약을 받지 않고 부드럽지만 거침없이 나오면서 성대를 진동시키는 순수하고 꾸밈없는 목소리다.

둘째, '건강한' 목소리가 좋은 목소리다. 당연한 말이지만 건강한 몸에서 건강한 목소리가 나온다. 건강한 목소리란 복부 근육을 자유롭게 수축시키며 폐 속의 공기를 힘 있게 내보낼 때 성대가 진동하면서 내는 힘 있는 목소리다.

셋째, '톤이 낮으면서 떨림이 없는' 목소리가 좋은 목소리다. 톤이 높으면 음정이 불안정해지고 떨림이 생긴다. 불안정하게 높은 음성은 품격이 떨어지며 때로는 혐오스럽게 들릴 수도 있다. 낮으면서 안정되고 힘 있는 목소리는 날숨과 함께 발성할 때 나온다.

넷째, '생각이 담겨 있는' 목소리가 좋은 목소리다. 차분하고 깊은 목소리는 호감을 얻는다. 자신이 말할 내용을 미리 생각하면서 발성하면 아무 생각 없이 말할 때와 다른 목소리가 나온다.

다섯째, '자신 있고 당당한' 목소리가 좋은 목소리다. 태생적인 음질과 상관없이 자신 있고 당당한 목소리는 잘 들리고 듣기에 좋다. 타고난 자기 목소리 그대로 씩씩하게 말해야 명쾌하게 들린다. 음색은 밝아야 한다. 목소리가 어두우면 호감을 줄 수 없다.

결국 좋은 목소리는 자연스럽고 건강하며 높지 않고 생각이 담겨 있으며 자신 있고 당당한 음성이라고 할 수 있다. 이제 이런 목소리를 내기 위한 기본적인 내용들을 하나씩 살펴보자.

• 성대의 구조

소리의 씨앗을 만드는 성대는 후두의 한복판에서 약간 아래쪽에 수평으로 붙어 있는 한 쌍의 주름이다. 좌우 근육으로 구성된 리드가 이를 둘러싼 부속 기관들의 보조를 받아 폐로부터 분출되는 공기로 인해 진동함으로써 소리가 발생한다. 성대 중간의 간극을 '성문(聲門)'이라고 하는데, 근육으로 돼 있어서 자유롭게 열고 닫을 수 있으며 진동을 조절하고 여러 다른 음색을 만들어낸다.

성문은 평소 호흡할 때에는 삼각형 모양으로 열려 있다가, 발성 시에는 열린 모양이 시시각각으로 변하면서 연속적으로 빠르게 개폐 운동을 한다. 남성의 성대는 굵고 평균 2.4센티미터로 비교적 길

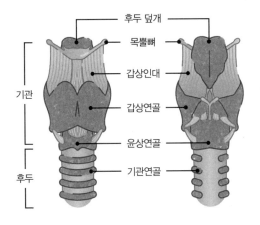

다. 어린이와 여성의 성대는 가늘고 짧은데, 어린이는 약 0.9센티미터이며 여성은 1.7센티미터 정도다. 이런 구조상의 차이로 남성은 성대의 진동수가 적고 어린이와 여성은 많다. 그래서 남성은 목소리 톤이 낮고 어린이와 여성은 높다. 같은 성별과 연령일 경우 목소리의 높낮이는 진동하는 성대의 폭으로 결정된다. 성대의 폭과 길이는 사람마다 제각각 크기가 다르며, 이는 목소리에서 최저음부터 최고음까지의 범위인 성역(聲域)을 구분하는 가장 중요한 기준이 된다.

● **성대의 진동**

성대가 진동하는 것이 성음(聲音), 즉 목소리인데, 성음만으로는 공명이 있는 아름다운 음색은 나오지 못한다. 성음이 두부(頭部)를

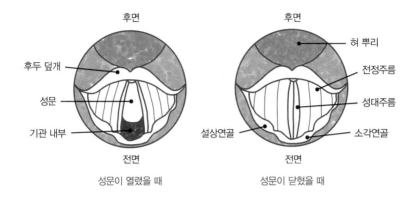

후면	후면
후두 덮개	허 뿌리
성문	전정주름
기관 내부	성대주름
전면	설상연골 · 소각연골
성문이 열렸을 때	성문이 닫혔을 때

이루는 각 부분의 도움으로 공명이 일어날 때 발성이 된 목소리가 나온다. 두부 및 신체 공명이 조화롭게 일어나야 비로소 아름다운 발성이 이뤄지는 것이다. 후두에 위치한 성대는 남성의 경우 초당 100~150회, 여성은 200~250회로 진동한다. 성대 근육이 과도하게 경직된 상태에서 소리를 내보내면, 다시 말해 성대 진동을 받아 공명하는 성도(聲道), 즉 목소리 길의 일부분만을 사용해 목소리를 내게 되면 성도에 일종의 굳은살인 폴립(polyp)이 생긴다.

🔊 호흡: 목소리는 숨을 먹고 산다

'호흡'에서 호(呼)는 '날숨'을 말하며 흡(吸)은 '들숨'을 뜻한다. 공기가 폐에 들고 나는 것이 호흡이다. 즉, '숨 쉬기'다. 내레이터에게 호흡은 음성 표현의 재료이기도 하지만, 그 전에 호흡은 생명의 필

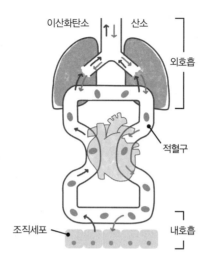

이산화탄소 산소 외호흡

적혈구

조직세포 내호흡

수 조건이다. 숨을 못 쉬면 죽으니까. 하지만 일반적으로 말하는 호흡은 무의식적인 생리적 순환 과정을 지칭하는 경우가 많으며, 호흡 운동을 내호흡과 외호흡으로 구분하거나 각 신체 기관의 호흡 과정과 관련한 호흡으로 분류하고 있다. 일상적인 호흡 과정은 폐, 기관(氣管), 기관지(氣管支) 등의 신체 내부 기관들을 통해 이뤄지며 아래의 그림처럼 설명할 수 있다.

● 호흡의 목적

호흡의 주된 목적은 공기 중의 산소를 흡수하고 이산화탄소를 빠르게 배출하는 데 있다. 격한 운동을 하면 숨을 헐떡이게 되는데, 이는 뇌의 조절 중추인 연수(延髓)가 자극 받아 교감 신경이 촉진돼 호흡 항진이 일어남으로써 호흡 속도가 빨라지기 때문이다. 호흡 속도가 빨라지는 이유가 바로 이산화탄소를 혈액 속에서 제거하기 위해서다.

호흡은 외호흡과 내호흡으로 구분한다. 외호흡은 폐의 폐포(肺胞), 즉 허파 꽈리를 둘러싼 모세혈관 사이에서 산소와 이산화탄소의 분압 차로 인한 기체 교환에 의해 공기 중으로 이산화탄소를 내보내고 산소를 받아들이는 작용이다. 다시 말해 우리가 코나 입으로 숨을 쉬는 호흡이다. 내호흡은 세포 호흡이라고 부르는데, 폐에서 받아들인 산소를 혈액 속 헤모글로빈이 세포 내 미토콘드리아로 운반해주면 미토콘드리아에서 산소를 이용해 포도당과 같은 영양분을 분해시켜 에너지를 얻는 작용을 지칭한다.

내호흡은 개인의 의지로 다룰 수 있는 부분이 아니기 때문에 내레이션에서 다룰 호흡은 외호흡이다. 호흡은 내레이션에서 매우 중요한 요소다. 호흡이 부족하면 발성이 부족해지고 발음도 불명확해진다. 이는 표현력을 떨어뜨리는 요인이 된다.

● 흉식 호흡

흉식 호흡이란 가슴을 넓히고 어깨를 이용해 호흡한다고 해서 쇄골 호흡이라고도 부른다. 쉽게 말해 가슴(늑골)으로 이뤄지는 호흡이다. 이 호흡은 공기를 들이마실 때 어깨가 올라감으로써 흉곽 내부 특히 윗부분을 확장해 호흡하는 방식이다. 흉식 호흡으로 발성할 때 엑스선(x-ray) 장치를 이용해 횡격막의 움직임을 살펴보면 부자연스럽게 움직이고 일시적으로만 아래로 내려온다.

가슴의 뼈가 넓어지면서 어깨는 조금 위로 올라가는 상태에서 횡격막의 움직임이나 그 밖의 기관들이 부자연스럽게 운동하므로 공기가 몸속 깊숙이 공급되지 못한다. 흉식 호흡은 남성보다는 여성들에게서 많이 볼 수 있다. 인간은 태어나면서부터 복식 호흡을 하지만 살면서 여러 가지 이유로 복식 호흡보다는 흉식 호흡을 주로하게 된다.

사람은 흥분될 때, 아플 때, 공포에 질렸을 때, 슬플 때, 초조할 때, 힘들 때 등 정상적인 상황이 아닐 때 흉식 호흡을 하게 된다. 태어날 때는 복식 호흡을 하던 인간이 성장 과정에서 서서히 흉식 호흡으로 옮겨가는 이유는 외부의 다양한 물리적 환경과 스트레스 등의 심리적 환경 때문이다. 내레이션을 할 때 흉식 호흡은 부정적으로 작용한다. 깊고 건강한 음성 표현을 하는 데 걸림돌이 되며 일정시간 계속해서 안정된 호흡 상태를 유지할 수 없기 때문에 흉식 호흡 습관을 고쳐야 한다.

하지만 이를 극복한 다음에는 오히려 흉식 호흡을 활용할 수 있다. 음성 표현을 한다는 것은 그때의 상황이나 감정 상태가 갖고 있는 호흡을 안다는 것과 다름없다. 따라서 여러 가지 흉식 호흡이 필요한 감정적 상황을 표현하기 위해 의도적으로 흉식 호흡을 할 수 있고, 몰입감을 유지하기 위해서도 흉식 호흡을 활용할 수 있다.

• 복식 호흡

복식 호흡은 횡격막이 적극적으로 개입하는 자연스럽고 건강한 호흡이다. 내레이터는 늘 이 호흡법을 연습해 횡격막 훈련을 꾸준히 해야 한다. 호흡 훈련이라고 할 때의 호흡이 복식 호흡이다. 코로 숨을 들이마시고 배와 등의 근육을 이용해 가슴에 무리한 긴장을 주지 않은 상태에서 폐에 충분한 공기를 들이마신다. 배를 중심으로 횡격막을 상하로 운동시켜 들이마시고 내쉬는 호흡이다.

일반적으로 복식 호흡은 들이마신 숨이 복부까지 이동하는 것으로 생각하는데, 사실 숨 자체는 폐까지만 이동하게 되어 있다. 다만 호흡을 하는 과정에서 복부 근육이 움직이므로 그런 느낌이 들 뿐이다. 복식 호흡에는 많은 이점이 있다. 우선 공기가 비교적 먼 곳에서 많이 들어오기 때문에 흉식 호흡 때보다 깊은 발성이 가능하다. 또한 인후부의 긴장을 덜어 준다. 나아가 복부 근육을 충분히 이용해서 낸 소리는 표현력이 풍부해진다.

복식 호흡은 선천적으로 타고난 호흡 방법이지만 대다수의 성인들이 어려운 호흡법으로 착각한다. 숨을 배로 끌어내린다는 느낌을 가지면서 코로 숨을 들이마시면 자연히 배가 앞으로 부풀려지

듯 나오게 되는데, 이때 숨을 저장하면서 천천히 내보낸다는 기분으로 천천히 내쉬면서 복부 근육을 원위치하면 된다. 들숨보다 날숨을 길게 내쉬고, 숨보다 복부 근육이 먼저 움직이지 않도록 유의한다. 내레이션에 복식 호흡을 권하는 이유는 복근이 횡격막을 최대로 넓혀줘서 평소보다 많은 양의 공기가 폐로 들어가 긴 호흡을 가능하게 하므로 자유자재로 이 압력을 활용할 수 있기 때문이다.

복식 호흡을 하기 위해서는 자신의 몸이 갖고 있는 자연스러운 호흡의 길을 파악하는 것이 급선무다. 이를 알지 못한 채 복식 호흡을 하면 부자연스럽게 호흡에서 긴장을 하게 되고, 이는 발성 기관에 무리를 줄 수 있다.

● 복식 호흡과 흉식 호흡의 차이

호흡은 발성의 기본이다. 특히 내레이션을 할 때에는 평상시보다 많은 호흡량을 유지해야 하기에 최대한 자연스럽게 호흡할 수 있는 연습이 필요하다. 최소한의 호흡으로 최대한 음색을 조절해야 하며, 효과적으로 호흡하기 위해 숨을 빠르고 깊게 들이마시고 내쉬어야 한다. 호흡을 잘하기 위해서는 호흡 강화 훈련을 통해 주기적으로 반복해 연습해야 효과적이고, 복부 근육을 강화하기 위해 꾸준한 운동을 병행해야 한다. 흉식 호흡과 복식 호흡의 차이를 알기 쉽게 표로 정리하면 다음과 같다.

복식 호흡	흉식 호흡
배·등·허리 근육을 이용하는 호흡	늑골 근육을 이용하는 호흡
호흡량과 폐활량이 많고 강함	호흡과 폐활량이 적고 약함
호흡의 길이가 길고 깊음	호흡의 길이가 짧고 얕음
발성의 울림과 느낌이 강함	발성의 울림과 느낌이 약함
음량이 풍성해지고 흥분된 느낌	음량이 적어지고 모자란 느낌
음색이 넓고 낮으며 힘이 강함	음색이 가늘고 길며 높고 좁음
건강을 돕고 순환 기능을 높임	순환 기능이 약해져 쉽게 피로해짐
호흡량이 많아서 발성이 풍부해짐	호흡량이 적어 발성이 약함
안전 호흡 및 단전 호흡으로 발전	폐첨 호흡 및 쇄골 호흡으로 발전

● 호흡의 8가지 원칙

　목소리가 오랫동안 흔들리지 않고 균일함을 유지하도록 호흡해야 하는 동시에 성대에 불필요한 긴장이 생기지 않도록 충분한 공기가 유입돼야 한다. 이때 성대와 목 근육에 무리한 긴장을 주면서 호흡하면 매우 위험하다. 너무 빨리 숨을 들이마시거나 내쉬는 것도 성대에 무리를 줄 수 있다. 특히 입으로 강한 호흡을 많이 하는 것을 주의해야 한다.

　호흡은 기본적으로 코를 중심으로 연습해야 한다. 복식 호흡은 횡격막의 큰 수축을 이용한 깊고 충분하며 자연스러운 호흡이라는 것을 잊지 말아야 한다. 아래는 내레이션을 할 때 제대로 호흡하는 방법을 8가지로 정리한 것이다.

① 일상생활에서 복부의 수축·팽창 이용해 호흡량을 증대시킬 것.

② 들이마신 숨은 복부 근육으로 조정할 것.

③ 내쉴 때 숨이 헛되이 빠져나가지 않게 조절할 것.

④ 비상시를 대비해 약간은 숨은 늘 남겨둘 것.

⑤ 숨을 들이 마시고 내쉴 때 가슴을 오르내리지 말 것.

⑥ 가득 찬 느낌이 들도록 들이 마실 때 너무 세게 하지 말 것.

⑦ 내쉬기는 내레이션이 정지되는 순간에 할 것.

⑧ 안정적으로 호흡이 가능해지도록 규칙적으로 연습할 것.

◀» 발성: 목소리를 연주하는 방법

사전적 의미로 발성(發聲)은 "목소리를 내다"라는 뜻이다. 발성은 날숨으로 성대를 진동시켜 목소리를 만들어내는 일이다. 발성으로 나온 목소리는 음조, 음고, 음질, 유연성을 담고 있다. '음조'는 소리의 높낮이, 강약, 빠르고 느린 정도를 말한다. '음고'는 목소리의 높낮이와 크기를 뜻하는데, 높낮이는 헤르츠(Hz)를 사용하고 크기는 데시벨(dB)을 쓴다. '음질'은 목소리의 명료도, 즉 소리의 맑은 정도를 뜻한다. 음질이 좋은 목소리는 잡음이 섞이지 않고 배음(倍音)이다. 쉰 목소리는 음질에 문제가 있는 대표적인 목소리다. '유연성'은 음고를 어느 정도 변화시킬 수 있는지를 말한다. 감정을 전

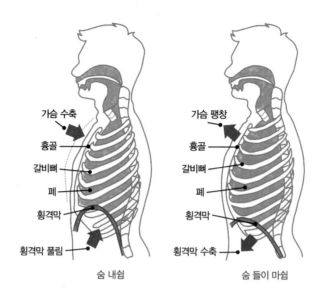

가슴 수축

흉골

갈비뼈

폐

횡격막

횡격막 풀림

숨 내쉼

가슴 팽창

흉골

갈비뼈

폐

횡격막

횡격막 수축

숨 들이 마쉼

달하기 위해, 특정한 단어를 강조하거나 미묘한 차이를 나타내기 위해 목소리를 크거나 작게 또는 높거나 낮게 조절한다.

● 발성의 구분

발성은 목소리를 어디에서 어떻게 만드느냐에 따라 육성, 비성, 가성, 흉성, 두성이 있으며, 성악적 개념에서는 베이스, 바리톤, 테너의 남성 발성과 알토, 메조-소프라노, 소프라노의 여성 발성으로 나뉘기도 한다.

'육성(肉聲)'은 가장 기초가 되는 발성이며 복식 호흡으로 소리를 낼 때 가장 힘 있는 발성이다. '비성'은 인두에서 나오는 소리가 비강을 거쳐 나오는 소리다. 흔히 콧소리로 오해하는데, 일부러 콧소리를 내는 것은 비성이 아니고 비음이다. 비성은 엄연히 발성이며 호흡을 올바르게 사용하는 발성을 해야 나올 수 있는 소리다.

'가성(假聲)'은 성역의 가장 높은 부분이다. 보통 발성과는 다른 발성법으로, 성대가 접촉하지 않고 떨어진 상태로 울리는 소리다. 구강을 잘 확보하고 연구개를 올려서 발성하면 가성으로도 공명이 가득한 소리를 만들어낼 수 있다. 음성 표현에서는 독특한 캐릭터나 특별한 아름다움을 표현할 때 이용한다.

'흉성(胸聲)'은 올바른 발성을 구사하는 사람이 일반 남성의 톤이나 그보다 더 굵은 톤의 소리를 낼 때 가슴으로 울리는 느낌을 받는데 이것을 말한다.

'두성(頭聲)'은 고음역을 낼 때 머리가 울리는 느낌으로 발성하는 것이며, 낮은 음역대의 두성도 말하기에서는 가능하다.

성악에서는 남성과 여성 음역을 구분해 발성을 나눴는데, 우선 남성의 경우 '베이스(bass)'는 가장 낮은 음역이며, '바리톤(baritone)'은 중간 낮은 음으로 힘차고 안정감을 주는 소리다. '테너(tenor)'는 가장 높은 음역으로 밝으면서 탄력이 있고 박력 있으면서 부드러운 느낌이다.

여성의 음역에서 '알토(alto)'는 가장 낮은 소리이며, 차분하고 안정되며 깊으면서 열정적인 느낌이다. '메조소프라노(mezzo-soprano)'는 중간 높이의 음으로 폭이 넓다. '소프라노(soprano)'는 가장 높은 음역이고 밝고 화려한 느낌의 소리다.

● 발성 문제와 해결

목소리는 화자의 인상을 결정짓는 중요한 요소다. 모든 사람이 탄력 있고 꾀꼬리 같은 목소리를 태생적으로 타고날 수는 없지만, 노력에 따라 개선할 수는 있다. 더욱이 같은 내용이라고 할지라도 전달하는 방법에 따라 그 효과는 달라진다. 마냥 쩌렁쩌렁 울리는 큰 목소리보다는 온화한 목소리가 듣는 이에게 더 강하게 어필한다. 또한 같은 내용이더라도 목소리의 강약과 속도 등에 따라 반응이 천양지차로 나타나기 때문에 발성은 매우 중요하다.

발성에서 핵심은 무리가 없는 순수한 소리가 나야 한다는 것이다. 특별한 경우를 제외하고 육성이 아닌 억지스런 가성에 의한 목소리는 내레이션을 위한 발성에서 금물이다. 가성을 요하는 경우에도 그 가성은 훈련을 통한 자연스러움을 가져야 한다. 무리하게 힘에만 의존한 밀어내는 소리나 몸 안에서 공명되지 않는 발성은 듣는 사람에게 감명을 주지 못한다.

목소리의 전달에도 주의를 기울여야 한다. 청자로 하여금 내레이터의 목소리가 완전히 들릴 뿐 아니라 서라운드 음향처럼 그들의 몸을 완전히 꿰뚫고 가는듯한 느낌을 갖게 해야 한다. 내레이터는 청중이 재생산하거나 모방할 수도 없는 자신만의 음조와 억양을 만들어 내기 위해 목소리를 개발해야 한다. 발성에 가장 문제가 생기는 큰 이유는 내레이션에서의 발성과 일상에서의 발성이 다소 다르다는 것에 기인한다.

발성 훈련에서 가장 큰 방해 요인은 무엇보다 발성 기관을 긴장시키는 것이고, 그 다음으로 자기 음성의 기본 음계를 이해하지 못한 채 무리하게 고음이나 저음을 내서 성대를 혹사시키는 것이다. 성대가 혹사당하면 음성을 쉰 목소리로 바뀌게 하는 등의 결과를 초래한다. 음성의 왜곡 현상은 주로 사춘기를 전후해 겪게 되는 변성기에 올바른 대처를 하지 못한 결과이거나, 압박과 긴장, 과도한 노력, 잘못된 호흡 등에 의한 것이다. 이런 잘못된 습관을 제거해 태어날 때부터 지니고 있던 자연스럽고 건강한 음성으로 복귀해야 한다.

대개의 사람들이 쉰 목소리를 어쩔 수 없는 것으로 여겨서 그대로 방치하는 경우를 볼 수 있는데, 후천적인 허스키 보이스는 자기 목소리의 성질을 이해하고 기본 음계를 파악해 자신이 말을 하기에 편안하고 울림 있는 목소리를 지속적으로 탐구하면서 교정이 가능하다.

발성 훈련에서 중요한 것은 자신의 성대를 가장 탄력 있는 상태로 유지할 수 있는지의 여부와 공기를 가장 효율적인 압력으로 유지할 수 있는지의 여부다. 성대를 너무 느슨하게 놓아두면 김빠지는 둔탁한 목소리가 나오고, 성대를 너무 꽉 조이면 목에 긴장이 가면서 생목소리가 나온다.

● 여러 가지 발성법

음성 표현에서 발성은 흔히 성악 발성, 뮤지컬 발성, 판소리 발성으로 나눌 수 있는데, 여기에서는 '가창(歌唱)'의 측면이 아닌 말하기 측면에서 살펴본다.

먼저 '성악 발성법'이다. 성악의 대표적인 발성법인 '벨칸토(bel canto)'는 유럽의 이탈리아에서 시작해 독일과 프랑스 등으로 전해졌고, 각 나라의 말과 억양 등에 따라 조금씩 변했다. 성악 발성은 널리 퍼져 수많은 언어에 맞게 자리 잡으면서 발달했고, 목소리 전반에서 훈련이 가능하므로 가장 보편적인 발성법으로 여러 분야에서 활용됐다.

음성 표현에서 성악 발성은 가장 자연스러운 상태의 말하기에서 시작한다. 우선 자신이 원하는 음색을 인위적으로 만들거나 유지한다는 생각을 버리고 아래턱을 편안하게 떨어뜨려서 소리를 낸다. 턱의 긴장은 성악 발성법을 배우는 누구라도 넘어야 할 산이라고 할 수 있는데, 턱을 자연스럽게 움직이지 못하면 나쁜 습관이 들수 있다. 턱에 힘을 주고 연구개를 긴장시켜서 발성하면 혀 짧은 소리가 날 수 있고, 지속되면 성대에 무리가 가서 목소리가 쉽게 쉴 수 있으므로 주의해야 한다.

다음으로는 '뮤지컬 발성법'이다. 뮤지컬의 원류는 연극이라고 할 수 있는데, 다양한 연극 장르로 발전하다가 19세기에 뮤지컬이 탄생하게 된다. 뮤지컬 발성은 성악 발성과 같이 정의를 내리기는 어렵다. 뮤지컬마다 조금씩 다른 발성을 하기 때문이다.

그렇지만 기본적인 부분은 마찬가지다. 정확한 대사 전달과 드라마를 이끌어가야 하는 뮤지컬의 특성상 탄탄하고 매끄러운 발성을 선호한다.

이 발성법도 음성 표현을 위해 배우면 유리하다. 그러나 뮤지컬 발성을 잘못 이용하면 비강이나 입술강 공명에만 의존하는 변질된 발성을 하게 된다. 고음이면서 날카롭고 앞으로 뻗어나가기만 하는 이런 발성은 듣는 이에게 피로감을 준다.

'판소리 발성법'은 배꼽 아래 단전에 힘을 주어 뱃속에서 바로 위로 뽑아내는 통성을 기본으로 하며, 껄껄하고 거친 목소리를 일컫는 수리성을 사용한다. 하지만 천구성을 가장 좋은 소리로 여긴다. 천구성은 판소리에서 타고난 이상적인 목소리를 가리킨다. 수리성에 비해 상대적으로 맑고 고우며 애환이 서려 있어 높은 소리나 슬픈 선율의 소리를 표현하기에 적절하다. 수리성이 훈련을 통해 얻을 수 있는 소리라면, 천구성은 선천적으로 타고나는 목소리다.

'판소리'라는 이름이 널리 알려지기 이전에는 타령(打令), 잡가(雜歌), 창(唱), 소리, 창악(唱樂), 극가(劇歌), 창극조(唱劇調) 등의 용어가 사용됐다. 그러다가 1940년에 정노식(鄭魯湜)이 저술한 《조선창극사(朝鮮唱劇史)》에 처음으로 판소리라는 명칭이 쓰이기 시작한 뒤부터 일반적으로 사용하게 됐다. 판소리 발성은 음성 표현을 하는 내레이터가 관심을 가져볼 만한 발성법이지만 무작정 따라하다가 성대를 다치지 않도록 조심해야 한다.

이 밖에도 발성법에는 여러 가지가 있다. 이른바 보컬 발성도 있는데, 말하기를 목적으로 체계화된 발성이 아니라 가창 발성이다. 노래를 부를 때 쓰는 근육과 말할 때 쓰는 근육은 미세하게 다르다. 그렇기 때문에 가창 발성을 배워도 말하기에는 잘 적용되지 않을 수 있다.

노래를 부를 때의 목소리는 들숨에 의해 폐로 들어온 공기를 날숨이 밖으로 내보낼 때 의도적으로 성대 아래에 모이게 된 공기의 압력을 이용해 성대를 울리고 성문을 거쳐 공명강을 통해 울려 나오는 과정을 거친다.

말하기에서의 발성 구조와 가창에서의 발성 구조에는 극명한 차이가 있으므로 연습을 하면서 이 점을 잘 살펴야 한다.

🔊 공명: 공간을 울리는 목소리

'공명(共鳴)'이란 서로 함께 울린다는 뜻으로, 성대의 진동으로 음성이 발생하고 이 음성이 인체의 각 부분에 전달돼 진동할 때 성대에서 처음 발생한 음성과 서로 어울리는 현상을 말한다. 제대로 된 공명이 이뤄지기 위해서는 인체의 각 부분이 진동해야 한다.

우리의 몸은 그 자체로 울림통이라고 할 수 있다. 몸이 긴장되고 힘이 들어가면 울림통이 정상적으로 진동할 수 없기 때문에 제대로 된 공명을 얻기 힘들다. 따라서 공명을 위해서는 우선적으로 몸의 긴장을 풀어줘야 한다. 공명 기관은 사람이 태어나면서부터 갖고 있는 일종의 음향판이며 공명강 또는 공명체라고 부른다.

● 공명이 되는 과정

호흡이 발성과 조음 등을 거쳐 공명으로 전환되는 단계를 설명하면 다음과 같다.

우선 의사소통을 하고자 하는 욕구에서 출발한다. 뇌가 언어 반사 근육을 일깨우면서 그것들의 표현을 통제한다.

그 다음으로 호흡반응, 즉 들숨과 날숨을 시행하는 근육들의 조화로운 움직임이 일어나 호흡 근육 조직을 자극해 성대가 늘어나도록 후두 근육 조직을 활성화시키면서, 성대가 호흡에 충분한 저항을 주게 되어 그 충격으로 진동이 일어난다. 이렇게 성대가 주변

연골에 의해 늘어나고 줄어들면서 그 근육은 뇌로부터 전해오는 운동 신경에 직접적으로 반응한다.

호흡이 성대에 진동을 만들어내자마자 가장 가까운 음향판인 후두 연골에 닿아 울리는데, 그 진동이 몸의 공명강들에 적절한 저항을 받으면 증폭되고 더 강한 공명이 일어난다. 우리 몸의 비강, 구강, 흉강, 목, 인두 등이 공명강 역할을 담당하는데 여기에 속하는 것들은 다음과 같다.

우선 '인두강'은 성대에서 나오는 소리에 공명실의 구실을 한다. 발화할 때 인두강의 모양이나 부피 변화에 가장 큰 요인이 되는 것은 혀의 움직임이다. 혀가 인두강의 공간을 다르게 만들어 모음의 음색을 달라지게 한다. 주로 두성을 이용할 때 인두강이 공명한다.

다음은 '구강'이다. 연구개와 경구개가 이에 속한다. 구강에서의 조음은 모음적 효과와 자음적 효과로 나뉜다. 모음적 효과가 공명을 말하는데, 음성의 공명 효과가 가장 크게 작용하는 곳이 구강, 즉 입 안이다. 구강은 공명을 발생시키는 기류를 일으킬 수도 있으며, 코로 흘러나가는 기류에 대해서도 부가적으로 공명실 작용을 한다.

'비강'도 공명강이다. 비강은 조음 기관이기도 하면서 공명 기관으로 많이 작용하는데, 근육이 아니어서 움직일 수 없으므로 그 모양을 바꿀 수는 없다. 목젖이 아래로 늘어져 있을 때 날숨은 비강으

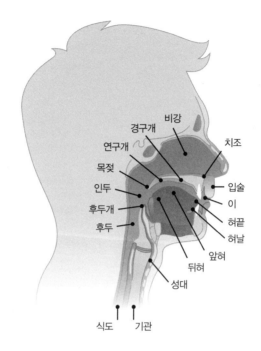

소리의 통로인 구강과 후두

로 흘러 나가 특유의 공명음을 내며 이것이 음색을 더해준다. 비강
의 공명에 의하여 나는 소리를 비음이라고 한다.

'입술강'은 아래턱이나 입술의 움직임에 의해 공간이 생길 때 공
명강 역할을 한다. 순음(脣音)이 입술강의 공명으로 나는 소리다.

'흉강'은 횡격막까지의 가슴 공간을 지칭하며, 이른바 흉성을 표
현할 때 쓰는 공명강이다.

공명강이 되는 인체 부위는 이것 말고도 많다. 두개골 속 비강으

로 이어지는 작은 공간들로 이뤄진 '부비강'도 중요한 공명강으로 작용한다.

● 공명의 전환

몸 악기인 여러분의 신체에서 소리를 직접 발생시키는 기관은 성대이지만, 공명되는 부분이 없으면 그 소리가 울리지 못한다. 소리가 울리려면, 즉 공명하려면 공간이 있어야 한다. 신체 부위 중 대표적인 공간은 주로 복강, 흉강, 구강, 비강, 두개강이다. 비강은 중요한 공명강이긴 하지만 비강만을 위주로 공명을 하면 콧소리가 나오므로 주의를 요한다.

복식 호흡과 공명강 열림이 동시에 되는 바람직한 상태는 정확한 음을 내는 입 구조를 만들면서 입천장을 음미한다는 느낌과 두개골을 열어놓는다는 기분으로 얼굴 전체에 긴장을 풀어야 하며, 이때 어깨에 힘이 들어가지 않아야 한다.

음의 높낮이에 따라 반응하는 공명 패턴을 보면 낮은 소리의 경우에는 흉강과 목 아랫부분, 중간에서 약간 아래 음역은 목뒤 벽과 연구개, 안쪽 치아, 턱뼈, 경구개가 공명강이 되며, 중간에서 약간 위는 비강 중간 부분과 광대뼈와 코, 높은 소리는 코 위 눈썹이 위치한 이마뼈 안쪽 공간의 부비강 부위인 전두동 그리고 비강 바로 위쪽의 사골동 등 두개강 전반이 공명강으로 작용한다.

● 공명 기관의 활용

모든 발성법의 목표는 최소한의 힘을 이용해 가장 유리한 공명 조건을 확보함으로써 목소리의 음량과 강도를 최대한으로 발휘하려는 데 있다. 이를 위해서는 성대에서 발생한 소리가 구강 앞쪽의 딱딱한 입천장에 부딪치도록 해야 한다. 목소리를 증폭시키는 기능을 하는 두부의 공명강은 딱딱한 입천장 위에 위치해 있기 때문이다.

성대에서 나온 소리가 여기까지 이르기 위해서는 여러 걸림돌을 거치게 되는데, 이를 극복하고 후두부로부터 경구개에 도달하는 동안 소리 에너지가 줄어들지 않게 하는 것이 중요하다. 그러려면 부드러운 입천장과 목젖 부위가 혀뿌리로부터 멀어지게 하고, 혀뿌리는 될 수 있는 데로 낮고 평평하게 해서 목구멍이 넓은 원통 형태로 유지되도록 연습해야 한다. 그렇지 않으면 소리가 구강의 말랑말랑한 입천장이나 혀뿌리에 부딪혀 대부분 소모되고 일부분만이 경구개에 도달하게 된다. 공명이 제대로 일어나지 않는 것이다.

여기서 주로 훈련돼야 하는 부분은 목구멍 통로가 입의 통로로 바뀌는 지점, 다시 말해 목젖이 있는 부분이다. 이 통로를 자유롭게 열어놓을 수 있으면 더욱 울림 좋은 목소리를 얻을 수 있을 뿐 아니라 소리를 몸의 중심과 밀접하게 연결시킬 수 있는 자신만의 지점을 느낄 수 있다.

소리의 통로를 개방하기 위해서는 연구개와 목젖을 위로 올려야한다. 혀뿌리가 아래쪽으로 내려가게 해서 구강과 인두강을 하나의 소리통으로 연결하는 역할을 한다. 거울을 보면서 입을 크게 벌리고 높은 음을 떠올린다. 계속 연습하다 보면 자연스럽게 연구개가 올라가는 것을 확인할 수 있다. 또 다른 방법은 크게 하품을 하거나 하품이 나오려는 것을 참으려고 애쓰는 것처럼 입을 다물고하품을 해보는 것이다. 그러면 연구개가 보다 쉽게 올라가는 것을알 수 있다.

공명 훈련을 할 때 잊지 말아야 할 것은 신체 중심에서부터 발산되는 소리에 대한 이미지다. 소리의 근원은 횡격막 중심에 있고, 충동 중심은 명치에 있음을 의도적으로 생각하면서 연습한다. 다시말해 목소리는 호흡으로 성대에서 발생해 몸의 공명강을 통해 증폭되고 공명돼야 한다. 여러분의 몸이 공명 장치다. 성대가 바이올린의 현이라면 몸은 바이올린 몸체인 비어 있는 나무통이다. 바이올린 몸체에 공간이 없으면 현을 아무리 켜도 작은 소리만 나온다. 마찬가지로 인간의 성대도 몸의 공명강이 없으면 작은 소리만 낼수 있을 뿐이다.

소리는 몸을 통해 공명되면서 커지고 확산된다. 실제로도 발성을잘하면 몸 전체가 공명한다. 가슴은 낮은 음역에 결정적인 영향을미치며, 경구개와 부비강은 중간 음역에 영향을 미친다. 두개골 윗부분의 공간은 가장 높은 음역을 책임진다. 이 모든 공명 기관들이 진동하면서 함께 어우러져 목소리 전체 음역에 공헌한다. 이들 중 어떤 공명강만 이용하고 나머지는 쓰지 않는다면 음역이 제한돼 풍성한 소리가 나올 수 없다. 게다가 모든 공명 기관을 이용하더라도 제대로 발달시키지 못하면 각 음역이 내는 힘은 미약할 수밖에 없다.

공명은 발산된 소리를 증폭시키는 것이다. 공명이 제대로 된 목소리는 크기가 크고 부드러우면서도 울림이 있는 독특한 음색을 지니게 된다. 요컨대 목소리는 공명이 잘되었을 때 효과적으로 전달되며 풍부한 감정을 실을 수 있게 된다. 여러분이 내레이터로서 얼마나 자신의 신체 기관을 자유롭게 조절하느냐에 따라 공명 기관의 수는 한없이 늘 수 있다.

세상을
내레이션하라

글을 쓴다는 것은 스스로에게 질문을 던지는 일이라고 했다. 이제 이 책을 마무리하면서 우리가 왜 내레이션이라는 화두를 던졌는지 자문해보다가 이 장면이 떠올랐다.

영화 〈광해, 왕이 된 남자〉(2012)의 한 장면이다. 저잣거리에서 제법 인기 있던 만담꾼 하선(이병헌 역)은 왕과 겉모습이 닮았다는 이유로 궁궐에 들어와 왕(훗날 광해군)의 대역을 맡게 된다. 하선은 궁궐 생활에 대한 기본 예법은 고사하고 왕가의 법도와 품행도 알 리 없는 인물이다. 무엇보다 왕의 어법을 모른다. 아무리 흉내 잘 내는 광대라지만 천민 중에서 광대가, 양반도 아닌 한 나라의 왕 역할을 소화해야 하는 말도 안 되는 상황이다.

왕의 최측근인 도승지 허균(류승룡 역)과 조내관(장광 역)의 철저한 방비로 처음에는 어떻게 버틸 수 있었으나 결국 운명의 상참 자리를 피할 수 없게 됐다. 조금이라도 실수하면 모든 것이 수포로 돌아갈 수 있는 상황. 어전 회의를 앞둔 전날 밤 허균은 하선에게 내일 낭독할 교지를 연습시킨다. 곤룡포를 입고 익선관을 쓴 모습은 영락없는 왕인데 말이 문제다. 처음에 하선은 평소 자신의 말투대로 교지를 읽어 내려갔다. 광대의 낭독으로 나름 열심히 읽었다. 그러나 바로 허균의 질책이 화살처럼 날아들었다.

"낮고, 위엄 있게, 임금처럼!"

그러자 하선은 잠시 사이를 둔 후 목을 가다듬으며 목소리를 낮추고 정말 왕과 같은 위엄과 호흡으로 여유 있게 교지를 차근차근 읽었다. 진짜 왕이 말한다는 마음자세로 '내레이션'을 하기 시작한 것이다.

이때 허균과 조내관이 서서히 고개를 들어 하선을 놀랍다는 눈으로 바라본다. 왕에게 보내는 눈빛이다. 하선이 광대인 것을 알면서도 '왕'의 내레이션을 하니 존중의 눈빛으로 변한다. 심지어 하선의 내레이션이 끝나자마자 조내관이 저도 모르게 "예, 전하" 하고 대답한다.

바로 이것이다. 우리가 이 책을 쓴 이유가 바로 이 장면에 있었다.

여러분의 말하기가 제대로 표현된 내레이션으로 변화할 때, 여러분을 바라보는 주변의 시선이 허균과 조내관의 시선처럼 바뀔 수 있기를 바란다. 그것이 내레이션의 진정한 '힘'이다.

영화에서 하선의 직업이 오늘날의 배우에 해당하는 광대였다는 것은 시사하는 바가 크다. 평소 저잣거리에서 자신을 표현하고 다른 역할을 표현하는 것에 능하도록 연습하고 실연한 사람이었으니 그 짧은 시간에 왕으로의 내레이션이 가능했을 것이다. 〈킹스 스피치〉의 라이오넬 로그가 연극배우 출신으로서 배우 훈련법을 알고 있는 언어치료사였다는 점도 같은 맥락일 것이다. 표현하는 것에 대한 이해가 있고 일정 정도의 훈련을 하게 되면 자신이 원하는 말하기 수준에 다다를 수 있다.

어쩌다 보니 왕의 이야기로 시작해 왕의 이야기로 마무리를 하게 됐다. 여러분이 살아가면서 하게 되는 무수한 말들이 무심코 나오는 것이 아니라 내레이션의 진정한 가치를 담아 세상을 가득 채운다면, 그래서 여러분의 말이 단순히 기술적 차원을 넘어 예술로까지 승화한다면 왕이 부럽지 않을 것이다. 삶에서 스스로를 제대로 표현하고 다른 사람의 표현도 온전히 이해하며 누리는 세상이 모두 여러분의 것일 테니 말이다.

세상을 내레이션하는 첫 발걸음을 이제 뗴었다. 이 책에 모든 것을 완전히 다 담지는 못했다. 한 권의 두꺼운 내레이션 백과사전은 재미도 없지만 매력도 없을 것이다. 이번에 못 다한 이야기들을 하나하나 퍼즐처럼 맞출 수 있는 기회가 생겨 또 열심히 채우고 담을 수 있게 되기를 희망하면서 조금의 아쉬움을 달래본다.

마지막 글 공간을 빌려 감사 인사를 전하고 싶은 분들이 있다. '글'보다는 '말'에 익숙한 우리 두 사람의 부족한 글쓰기를 때로 우리보다 더한 열정으로 채워주신 예문아카이브 조민호 실장께 깊은 고마움을 전한다.

또한 무엇보다 아직 우리도 계속 공부하고 있는 내레이션을 용기 내서 정립하고 정리할 수 있도록 도와주신 분들이 있다. 바로 지난 70년의 시간 동안 한결같이 표현의 길을 닦아 오신 성우 선배님들이다. 그 분들의 바탕이 있었기에 감히 미천한 후배인 우리가 내레이션이라는 이름을 소리 내어 말할 수 있었다. 감사 그 이상의 존경을 바친다.

마지막으로 이 책을 읽은 여러분께 무한한 감사의 인사를 드리고 싶다.

몸 악기
훈련법

호흡 훈련

호흡에 관한 여러 가지 훈련 이론이 있다. 연습 방법에 따라 각기 다른 결과물이 나온다. 이는 예컨대 가창을 위한 보컬 트레이닝에 서의 호흡 훈련이 내레이션을 위한 말하기에는 정확히 적용되지 않을 수도 있다는 뜻이다. 어디까지나 음성 표현을 위한 호흡 훈련 임을 염두에 두고 연습하자. 호흡에 관한 다양한 접근은 크게 아래 와 같이 분류할 수 있다.

- 의학에서 해부학적으로 접근하는 호흡법.
- 가창(성악/보컬)에서의 호흡법.
- 내레이터의 감정 표현 및 기본 훈련으로서의 호흡법.
- 도교의 단학(丹學)에 근거한 호흡법.
- 불교의 선학(禪學)에 근거한 호흡법.

이 밖에도 인도의 요가나 밀교(密敎)에서의 호흡법 등이 있다. 우선 호흡 훈련의 기본인 호흡량 늘리기부터 시작해보자. 호흡량을 늘리기 위한 훈련은 다음과 같다.

- 숨 참기를 통한 호흡량 늘리기.
- '아~' 하는 소리를 더 이상 날숨이 나오지 않을 때까지 길게 내기.

호흡에는 네 가지 방식이 있다. '코-코', '코-입', '입-코', '입-입'이다. 차례대로 살펴보자.

코-코 호흡

- 코로 숨을 5초 동안 들이 마신 뒤 5초 동안 멈추고 버티다가 5초 동안 모두 내쉰다. 이때 핵심은 숨을 들이마시고 내쉴 때 5등분으로 고르게 들이마시고 내쉬어야 한다는 것이다. 내쉴 때는 숨이 찬 상황이라서 초반 1~2초에 많은 양의 숨을 내쉴 수 있는데, 각별히 신경 써서 고르게 5초 동안 모든 숨을 폐에 남기지 말고 모두 소진한다. 이 방식으로 5회 실시한다.

코-입 호흡

- 코로 숨을 들이마시고 멈춘 뒤 입으로 내쉰다. 방식은 '코-코' 호흡과 같으며 5회 실시한다.

입-코 호흡

- 입으로 숨을 들이마시고 멈춘 뒤 코로 내쉰다. 방식은 동일하며 5회 실시한다.

입-입 호흡

- 입으로 숨을 들이마시고 멈춘 뒤 다시 입으로 내쉰다. 방식은 동일하며 5회 실시한다.

위 네 가지 호흡을 다 마치면 한 세트다. 각각의 호흡을 5회씩 하다 보면 처음에는 시간이 많이 걸릴 수 있지만 습관이 되면 15분에서 20분 사이에 마무리할 수 있다. 아침에 잠자리에서 일어나기 전 누운 채로 하거나, 지하철 등에서 짬을 내 활용할 수 있다. 시계를 보면서 하는 것보다 마음속으로 숫자를 세면서 연습하는 것이 몰입하기에 좋다. 이 훈련을 통해 호흡을 충분히 활용하는 습관을 들여 코나 입으로 자유롭게 들이마시고 내쉬는 연습을 하게 되면 기본 호흡량이 늘어날 뿐 아니라 내레이션을 할 때 풍부한 소리 활용을 할 수 있다. 복식 호흡으로 해야 하며 다음과 같이 연습한다.

- 등줄기 뒤쪽 꼬리뼈까지 내린다고 생각하면서 마신다. 복부 위쪽, 옆구리, 등허리가 팽창하는 것을 느낀다.

• 숨을 참는다.

• 숨을 천천히 내쉰다.

몸의 뒷부분을 의식한다. 횡격막 뒤쪽의 중간 지점(식도를 감싸고 있는 부분)을 다룰 줄 알아야 한다. 이 부분을 수축·이완시킬 줄 알면 폐부 뒤쪽 깊숙이 호흡이 자리 잡아 더욱 정갈한 호흡을 할 수 있다.

다음은 복부의 근육을 이용한 호흡 훈련이다. 다음과 같이 실시한다.

• 누운 채 두 다리를 붙이고 두 팔은 엉덩이 옆에 자연스럽게 놓는다.

• 두 발을 45도 높이로 올리며 숨을 들이쉰다.

• 이 상태로 숨을 들이쉬며 머리를 가볍게 들어올리고, 손을 뻗으면서 시선은 손끝을 향한다.

• 두 다리가 올라오는 순간부터 숨을 멈춘다.

• 상체를 발쪽으로 굽힌 상태로 참을 수 있을 때까지 숨을 멈춘다.

• 몸을 본래 상태로 눕히면서 천천히 길게 호흡을 내쉰다.

• 1회가 끝나면 가볍게 호흡하며 긴장을 푼다.

호흡을 위한 훈련이므로 들숨과 날숨의 조절에 유의해야 하며,

체력 단련의 목적이 아니라 호흡 조절을 위해 부드럽게 실시한다. 횡격막을 움직인다는 생각으로 명치 부분의 배를 늘리고 줄이는 것이 좋다.

다음은 횡격막 훈련인데 앉아서 하는 방법과 누워서 하는 방법 그리고 서서 하는 방법이 있다.

앉아서 하는 방법

- 두 다리를 가슴 넓이만큼 벌리고 자연스럽게 뻗는다.
- 허리와 어깨는 귀와 일직선이 되도록 곧게 편다.
- 두 손은 명치와 배꼽 사이의 배 위에 가볍게 놓는다.
- 허리와 등을 등받이나 벽에 기대지 않도록 한다.
- 한두 번의 심호흡으로 몸과 마음을 안정시켜 긴장을 푼다.
- 상체를 뒤로 천천히 가볍게 젖히면서 코를 이용해 천천히 길게 숨을 들이 마신다(명치 부분이 부풀어 오르도록 마시는 것이 중요).
- 윗몸을 앞으로 구부리면서 숨을 천천히 내쉰다.
- 처음 준비 상태로 돌아온다.
- 횡격막(명치 부분)이 늘어나고 줄어드는 현상이 느껴지면 윗몸을 그대로 둔 채 들숨과 날숨으로 명치 부분이 늘어나고 줄어들도록 호흡 훈련을 실시한다.

누워서 하는 방법

- 편안한 자세로 눕는다.

- 명치 부분에 가벼운 책을 올려놓는다.

- 가벼운 호흡으로 준비 운동을 실시해 몸을 안정시킨다.

- 천천히 횡격막(명치 부분)을 부풀리면서 코로 길고 깊숙이 숨을 들이쉰다.

- 들이마신 숨을 잠시 참았다가 다시 천천히 입으로 '푸∼' 하고 내쉰다.

  *들이마실 때 명치에 올려놓은 책이 움직이는지 확인한다.

서서 하는 방법

- 두 다리를 가슴 넓이만큼 벌리고 선다.

- 허리와 어깨는 귀와 일직선이 되도록 곧게 편다.

- 두 손은 명치와 배꼽 사이의 배위에 가볍게 놓는다.

- 들이마신 호흡을 윗몸을 앞으로 천천히 숙이면서 내쉰다.

- 처음 자세로 돌아오면서 숨을 천천히 마시고 윗몸, 귀, 어깨가 일직선이

  되었을 때 의도적으로 윗배의 공기를 아랫배로 밀어준다.

  *앉아서 하는 방법보다 횡격막의 움직임이 잘 느껴진다.
  *횡격막의 움직임을 익힐 때는 어깨나 가슴이 움직이지 않도록 주의한다.

이번에는 '각' 훈련법이다. 짧고 강한 발성을 내는 훈련으로 횡격막을 단련한다. "각!" 하고 크고 짧게 발성한다.

- 숨을 내쉴 때 사용하는 근육인 날숨근(배꼽 바로 위 복근)을 최대한 이용해 '각'을 짧고 강하게 발성한다.
- 혀뿌리가 발성을 방해하지 않는 선에서 발성한다.
- 받침 '기역(ㄱ)'을 발성할 때 혀뿌리로 발성을 끊지 않고 횡격막을 멈춰서 발성을 멈춘다.
- 손을 배꼽 바로 위쪽에 살짝 대고 발성시마다 날숨근의 강한 수축을 느껴 본다.
- 인위적으로 날숨근을 움직이지 말고 발성을 할 때 날숨근이 자연스럽고 강하게 수축되는 느낌이 들어야 한다.
- 익숙해지면 '각', '걱', '격', '곡', '곡', '국', '긱'을 쉬지 않고 연결해 같은 방법으로 발성한다.

이제 호흡량 조절 훈련이다. 풍선을 이용해 객관적인 호흡량을 체크한다.

- 흉식 호흡일 때의 호흡량을 체크한다.
- 복식 호흡일 때의 호흡량을 체크한다.
- 최대한 숨을 들이쉬었을 때 확보할 수 있는 호흡량을 체크한다.
- 담은 숨을 1분에서 1분 30초에 걸쳐 풍선에 불어넣는다.

호흡 훈련은 최대한 단순하게 실시돼야 한다. 하지만 실제로 해보면 쉽지 않다. 사람은 태어날 때 누구나 자연스러운 호흡법을 갖고 있다. 그러나 나이가 들면서 여러 나쁜 습관 때문에 자연스러움을 잃고 좋지 못한 호흡에 익숙해진다. 숙련되고 아름다운 음성에 필요한 호흡은 '깊은' 호흡이어야 한다. 그리고 횡격막으로 유지된 호흡 위에 소리를 살포시 얹어서 발성해야 한다. 발성의 90퍼센트는 호흡에 있다. 그만큼 호흡법이 중요하다.

발성 훈련

내레이션을 할 때에는 발성에 유의해서 내레이션에 필요한 목소리를 준비해야 한다. 그러려면 우선 체력이 좋아야 한다. 체육학적인 측면에서 보면 건강한 신체에서 건강한 목소리가 나오고 유지되는 것은 너무나도 당연한 이치다. 사람의 폐는 발성에 절대적으로 작용한다. 복부 근육의 자유로운 수축은 폐에 많은 양의 공기를 유입시킬 수 있다. 발성의 진원지인 복부가 힘의 집중력을 잃지 않도록 유산소 운동이 필수적이다.

호흡 운동에는 요가 호흡과 단전 호흡이 있다. 이 운동의 기본은 공기를 들이마실 때 배를 팽창시키고 내보낼 때 수축하는 복식 호흡이다.

요가 호흡

- 양반다리를 하고 무릎에 양손을 올려놓는다.

- 코로 공기를 폐 깊숙이 들이마시되 복부만 팽창되도록 마신다. 입으로 '푸
  ~' 하면서 천천히 모두 내쉰다. 같은 방법으로 10회 반복한다.

- 코로 깊숙이 마셨다가 입으로 빨리 내뱉는다. 10회 반복한다.

  *매일 반복하면 장의 운동 리듬이 좋아지고 건강한 신체가 유지된다.

단전 호흡

- 상체를 움직이지 않은 채 배꼽 아래 단전에 숨을 모은다는 생각으로 깊숙
  이 2~3초 동안 들이마셨다가 4~6초 동안 코로 천천히 내쉰다. 몇 차례
  반복하면서 배꼽 윗부분이 들어가는지 확인한다.

- 코로 숨을 3~4초 동안 들이마신 뒤 단전에서 잠시 멈췄다가 6~8초 동안
  천천히 내뿜는다. 10회 반복한다.

- 가능한 한 깊숙이 숨을 들이마시고 최대한 참았다가 아주 천천히 입으로
  내쉰다.

위의 훈련으로 호흡이 강화되면 이제부터는 소리가 입 안에서 맴
돌지 않고 시원하게 밖으로 터져 나오도록 하는 훈련을 실시한다.
들숨 때 저장된 공기에 압력을 높여 밖으로 내보내면서 힘 있게 성
대를 진동시킨다. 날숨에 의해 토해내는 발성으로 풍부한 표현력

을 구사하는 목소리를 얻을 수 있다.

하하 발성 훈련

• '짝짝 짝짝짝' 손뼉을 치듯이 박자를 맞추면서 "하하 하하하" 하고 소리를
낸다. 이때 유성음이 아닌 무성음, 즉 호흡 소리만으로 실시한다. '하' 소리
를 낼 때마다 복부 근육이 수축된다. 10회 반복한다.

강한 호흡 소리 훈련

• 호흡이 많이 활용되는 호흡 소리를 훈련하기 위해 다음의 유기음들을 활
용한다. ㅋ, ㅌ, ㅊ, ㅍ, ㅎ으로 만들어진 단음들이다. "탓탓탓" 하고 세 마
디 정도 천천히 반복하다기 발동이 걸리면 "타타타타타" 하고 연속적으로
발음한다. 강하고 약하게 계속 반복한다. 그 다음에는 "팥팥팥", "파파파
파파", "콱콱콱", "콰콰콰콰콰"의 순으로 반복한다.

호흡-발성 훈련

발성은 호흡 없이는 불가능하므로 호흡 훈련과 발성 훈련은 개별적·단계적으로 시행하기보다는 병행해 실시함으로써 효과를 극대화하는 것이 좋다. 호흡 훈련으로 올바른 호흡법을 익히고 충분한 호흡량을 기를 수 있다. 날숨근의 힘을 키우면 힘 있는 발성이 가능해진다. 발성 훈련은 근육을 이완시키고 목소리와 호흡을 연결해주며 공명강을 개발해준다.

기본 발성법(후두강과 인두강을 넓게 여는 훈련)

- 후두의 위치를 낮춘다.
- 혀뿌리를 올리지 않는다.
- 혀뿌리를 뒤로 당기지 않는다.
- 인두의 수축근을 느슨하게 한다(입안 모든 근육의 긴장을 푼다).

*후두는 안정된 자세로 호흡할 경우 가장 자연스럽게 놓인다.

*심호흡할 때의 상태가 후두가 발성하기에 가장 적절하다.

*하품할 때 후두가 가장 낮은 위치로 내려간다.

호흡—발성 훈련 계획

NO.	주요내용	세무 훈련	시간
1	준비운동	기본적 몸 풀기 체조 또는 스트레칭 목 운동, 복근 운동, 상체 숙이기 스트레칭	3–5분
2	준비호흡	횡격막 움직임 익히기 횡격막 단련(호흡법) 호흡량 늘리기 훈련	10분
3	발성기관 이완	혀, 연구개, 목, 턱의 이완	10분
4	발성훈련 공명훈련	공명 기관 익히기 공명 전환 횡격막 단련('각' 훈련법)	30분

공명 훈련

우선 바른 자세를 통해 몸을 이완시키는 훈련을 실시한다.

공명 훈련의 기본 자세

- 앉거나 선 상태에서 두 발을 적당히 벌리고 선다.

- 엄지발가락에 힘을 모으고 몸의 중심이 약간 앞에 있도록 한다.

- 상체와 하체가 일직선이 되도록 귀, 어깨, 등을 일직선으로 만든다.

- 턱은 가볍게 앞으로 당긴다.

- 두 손은 아랫배 앞에 가볍게 모은다.

목의 이완

- 머리가 천장에 매달린 줄에 의해 들어올려진다고 상상한다.

- 그 줄을 끊고 머리를 앞으로 떨어뜨린다.

- 그 상태에서 머리를 든다.

- 목 뒤의 이완을 느낄 때까지 반복한다.

*머리를 떨어뜨릴 때 움직임을 조절하지 말고 그냥 머리가 떨어지게 둔다.

상체 구부리기

- 목의 이완 훈련에서처럼 머리를 앞으로 떨어뜨린다.

- 어깨와 가슴을 구부리고 팔을 대롱대롱 흔든다.

- 머리와 어깨를 앞으로 계속 떨어뜨린 채 무릎을 약간 구부리면서 아래로 숙인다.

- 손이 거의 바닥에 닿을 때까지 계속 내려간다.

- 손이 바닥을 스치게 한다.

- 모든 긴장을 풀고 그냥 흔들거리기만 한다.

- 내려갈 수 있는 데까지 내려가서 근육을 완전히 늘여주고 난 다음 머리를 든다.

- 다시 머리를 떨어뜨려 이완시키고 난 뒤 머리를 위아래로 움직인다.

- 목의 이완을 유지하면서 서서히 일어난다. 척추가 시작되는 부분부터 일으킨다.

- 3~4회 반복한다.

*척추와 복부 근육을 풀어주면서 목의 이완을 느낀다.

다음은 발성 기관을 이완시키는 훈련이다.

혀 훈련

- 먼저 턱을 이완시킨다.

- 한 손으로 턱을 잡고 부드럽게 아래 뒤쪽 방향으로 민다.

- 턱을 아래 뒤쪽으로 밀면서 윗입술로 미소를 짓는다.

- 가짜 웃음을 크게 만들기 위해 근육을 위로 올린다.

- 혀끝을 아랫니 뒤에 두고 혀 가운데를 바깥쪽으로 늘인다.

- 턱이 앞으로 나오지 않도록 손으로 턱을 잡고 있는다.

- 여러 번 반복한다.

  *보다 강도 높게 하려면 머리를 올려 천장을 보면 된다. 혀를 늘이는 것은 실제로는
  목구멍을 늘이고 풀어주는 것이다.

큰 하품: 연구개 이완 훈련

- 턱을 목 뒤로 향하게 한다.

- 연구개가 일어서게 한 채 하품을 하거나 하품을 참는 것처럼 해본다.

- 턱이 앞으로 나오지 않게 하고 오로지 목 뒤로 향하게 만든다.

- 여러 번 반복한다.

속삭이는 '케': 연구개와 혀 뒷부분의 근력 및 유연성 훈련

- 숨을 내쉬면서 '케'라고 속삭이듯 말한다.

- 숨을 들이쉬면서 '케'라고 소리를 낸다.

- 숨을 들이쉬고 내쉴 때 연구개와 혀의 뒷부분을 붙인다.

- 턱이 움직이지 않도록 한 손가락을 턱 위에 올려놓는다. '케' 소리를 내기 위해 오로지 연구개와 혀의 뒷부분만을 이용한다.

- 익숙해지면 '케'를 날숨으로 두 번, 들숨으로 두 번 연달아 발음한다.

- 20회 반복한다.

'응아 응아' 소리: 연구개와 혀의 뒷부분의 근력 및 유연성 훈련

- 연구개와 혀의 뒷부분을 붙이면서 '응' 소리를 낸다.

- 그 다음 '아' 소리를 잇는다(응아).

- 턱이 움직이지 않도록 한 손가락을 턱 위에 올려놓는다. 소리를 낼 때 오로지 연구개와 혀의 뒷부분만을 사용한다.

- 2회씩 발음하고 20회 반복한다.

*더 효과적으로 하기 위해서는 혀를 이완시킨 뒤 아랫입술 위에 놓은 상태에서 훈련을 실시한다.

혀의 이완

- 혀를 아랫입술 위에 올려놓는다.

- 혀를 이완시킨 채 '허' 소리를 낸다.

- 혀는 아랫입술 위에 가만히 두고 혀를 당기거나 긴장시키지 않는다.

- 약간의 공기를 먼저 내보낸 다음 소리를 내면 수월하다.

- 다양한 높낮이를 이용해 20회 반복한다.

   *혀를 이완시키는 것에 신경을 써야 한다. 이 훈련은 혀 전체를 이완시키며 목소리를 명
   료하게 해준다.

턱 ❶: 목 뒤와 턱의 이완

- 한손으로 턱을 잡고 앞뒤 대각선 방향으로 천천히 움직인다(아래 뒤쪽).

- 턱을 계속 앞뒤로 편안하게 움직여준다.

- 그러면서 목 뒤의 이완에 대해 신경 쓴다.

- 20회 반복한다.

   *목이 이완돼 있다면 턱의 이완은 쉽다. 누워서 실시하면 더 쉬울 수 있다.

턱 ❷: 아이소메트릭

- 왼쪽 손을 입 바로 옆 왼쪽 뺨에 댄다. 손으로 뺨을 턱뼈 쪽으로 밀고, 목
  에 힘을 줘서 뺨은 손 쪽으로 민다. 어느 쪽으로도 움직여서는 안 된다. 7
  초 정도 서로 밀고 난 뒤 푼다.

- 오른쪽도 마찬가지로 7초 정도 연습한다.

- 손으로 턱 끝을 잡고 아래로 미는 동시에 턱을 밀어 올려 7초 동안 힘을 주

고 나서 푼다.

- 손을 턱 끝 아래에 둔다. 손으로 턱을 밀어 올리는 동시에 턱을 아래로 민다. 7초 동안 힘을 주고 난 뒤 푼다.

- 턱을 앞뒤로 움직여주는 것으로 마무리한다.

  *아이소메트릭(isometric) 훈련은 몸의 두 부분을 똑 같은 힘으로 서로 밀어 어느 쪽도 움직이지 않게 하는 운동으로, 긴장이 심한 턱을 푸는 데 도움을 준다.

이제 발성과 호흡을 연결시키는 훈련을 해보자. 내레이션에 감정을 실을 때 큰 도움이 된다.

집중

- 등을 바닥에 대고 누워서 무릎을 세운다. 한손을 배의 중간에 둔다.

- 복근을 이완시키고 숨을 복부까지 내려가게 한다.

- 숨이 내려갈 수 있는 데까지 내려가게 한다.

- 다시 숨을 내쉬되 근육은 조이지 않는다.

- 자고 있을 때처럼 숨이 배로 들어갔다가 나오게 한다.

- 앉아서도 실시하고 서서도 한다.

- 각 자세에서 편안함을 느낄 때까지 실시한다.

  *이 훈련의 목적은 목소리가 감정과 연결될 수 있게 하는 데 있다. 목소리가 감정을 표현하게 하는 열쇠는 감정에 잠겨 있는 동안 자유자재로 호흡하는 것이다.

소리 공명

- 목소리가 복부 안쪽 깊숙한 곳으로부터 나온다고 상상한다.

- 부정적인 감정의 '허' 소리가 배에서 나오게 한다.

- 조음 기관을 사용하지 않는다. 배에서 나오는 지극히 단순한 부정형의 소리라고 상상한다.

- 다양한 높낮이로 20회 반복한다.

*숨을 조절하지 않고 어떠한 압력이나 통제 없이 호흡한다. 목소리가 배 안쪽 깊은 곳에서 나오고 있다고 상상하면서 호흡과 목소리 사이의 연관성을 느껴본다.

*상체 숙이기 훈련과 결합해 상체를 숙인 상태에서 다양한 높낮이로 '허' 소리를 내면서 허리를 편다. 이완된 기관으로부터 소리가 생성되는 느낌이 어떤 것인지 알게 될 것이다.

이어서 공명강 울리기 훈련이다.

흉강: 낮은 음역

- 머리를 2~3인치 정도 들어 올린 뒤 마치 잠을 자고 있을 때처럼 입을 벌린다.

- '아' 하고 가슴 부분을 통과 하면서 아래로 처지는 한숨 소리를 낸다.

- 소리를 내기 전에 약간의 공기가 나오게 한다(혀의 이완에 도움).

- 약간의 공기, 한숨, 아주 긴 한숨을 만들어본다(아~~~~~~~~).

- 손을 가슴에 얹어 울림을 느껴본다.

- 10회 반복한다.

  *하강조의 억양으로 '아' 소리를 내야 한다. 목구멍에서 나온 소리를 떨어뜨려 가슴으로 내려가게 한다.

경구개: 중간 음역

- 입을 벌리고 '허' 소리를 입천장으로 보낸다.

- 음의 높이는 흉강에서 나는 소리보다 높아야 한다.

- 손가락을 열린 입에 넣고 숨을 보낸다.

- 입에 넣은 손가락에 소리를 보낸다.

- 8~10회 반복한다.

부비강: 중간 음역

- 손가락 두 개를 콧구멍 양쪽 가장자리에 올려놓고 그 부분을 마사지한다.

- 마사지하면서 '허' 소리를 낸다.

- 마사지를 계속하면서 음계를 올렸다 내렸다 한다.

- 소리가 입으로 나오게 한다.

- 혀, 턱, 목을 최대한 이완시킨다.

- 다양한 음계로 8~10회 반복한다.

비강: 비음

- 미간에 힘을 줘 코에 주름을 잡고 '네네네' 소리를 코 바로 안으로 보낸다.

- 소리는 입이 아닌 코로 나와야 한다.

- 소리가 얼굴로 퍼지게 한다.

- 뺨을 올리고 목 뒤를 계속 이완시킨다.

- 6회 반복한다.

두개강: 높은 음역

- 목소리의 가장 높은 부분을 담당하는 공명강이다. '이이이' 소리를 내면서 음역의 가장 꼭대기로 소리를 보낸다.

- 소리를 보낼 때 턱을 앞뒤로 움직이면서 턱의 이완을 유지한다.

- 목을 계속 이완시킨다.

- 8~10회 반복한다.

*몸이 긴장되지 않도록 상체를 숙인 자세에서 몸을 흔들거리면서 '이이이' 소리를 내본다. 1~2분 동안 자세를 유지한 뒤 허리를 편다.

스트레칭

우리 신체의 모든 부분은 발성에서 울림통인 공명강 역할을 담당한다. 그 역할이 다소 미약하거나 외부적으로 분명하게 나타나지 않는 기관도 있지만 발성에 직간접적으로 간여한다. 발성에는 온몸이 참여한다는 사실을 염두에 둬야 한다.

발성에 참여하는 다양한 공명 기관들에 대한 이해 없이 오로지 목과 입처럼 직접적인 발성 기관만을 사용한 발성으로는 제대로 된 목소리를 낼 수 없다. 스트레칭은 온몸의 경직된 근육들을 이완시켜 호흡과 발성이 원활히 이뤄질 수 있도록 돕는다. 가벼운 체조나 몸을 푸는 동작을 시행한다. 자세한 방법은 앞에서 설명한 '공명 훈련의 기본 자세'와 '목의 이완' 그리고 '상체 구부리기' 훈련과 동일하다.

목소리 관리

아침에 일어나서 목소리가 심하게 잠기는 현상이 며칠 동안 반복적으로 나타날 수 있다. 계속해서 심하게 발성 연습을 하거나 성대를 무리하게 사용해 부었기 때문이다. 일정 기간 말을 삼가고 휴식을 취해야 한다.

발성을 할 때 특정 음에서 잡음이 나올 때가 있다. 대체로 저음에서는 정상적이나 중간 음역대의 음에서 잡음이 나오거나 고음에서만 나온다면 성대의 폴립이 의심되니 검사를 받아보자.

발성 시 바람 새는 듯한 소리가 난다면 성대 접착이 제대로 이뤄지지 않기 때문이다. 성대 결절, 폴립, 성대 구증, 궁형 성대 등의 원인으로 성대의 뒷부분을 벌리고 발성하면 바람 새는 소리가 난다. 치료가 필요할 수도 있으니 전문의와 상담하자.

호흡이 평소 발성할 때보다 짧아졌다면 밸브 역할을 하는 성대에서 공기가 낭비되는 것이다. 성대의 접촉력이 떨어지거나 성대의 뒷부분을 버리고 발성하는 경우인데, 이 또한 성대 결절의 원인이 된다.

평소에 잘 나던 고음이 별안간 자주 가성으로 뒤집어지거나, 평소에 잘 나던 고음이 안 되는 경우 성대가 부었을 확률이 크다. 이비인후과에서 약을 처방받거나 휴식을 취한다. 그러지 않고 계속해서 강한 압력으로 고음을 시도하면 상태가 더 악화된다.

고음을 내고 나면 저음이 잘 나오지 않을 때도 있는데 발성적인 미숙함이나 과장된 두성 사용 때문에 발생한다. 어릴 때 합창단 등으로 활동한 뒤 나이가 들어서도 어렸을 때 발성법(성대 뒷면을 벌리는 발성)을 유지하는 경우, 저음에서 성대가 줄어들어 무거워져도 성대접촉이 제대로 이뤄지지 않게 되어 저음이 잘 나오지 않고 바람 새는 소리가 나오기도 한다.

예전에 발성할 때보다 더 많은 힘을 줘야 하고 목소리가 거칠어지는 경우도 있다. 성대가 부었거나 폴립, 심하게는 결절일 수도 있다. 전문의와 상담하자.

목을 가다듬을 때 목 안에 이물질이 느껴져 헛기침이 나올 때 위액이 역류하는 경우가 생긴다. 이런 경우가 잦아지면 역류성 식도염은 물론 성대 폴립이나 결절의 원인이 된다.

재채기가 자주 나고 콧물이 많아져 코가 막힌다. 알레르기성 비염을 의심할 수 있다. 콧속에 항원 물질이 들어오면 즉각적으로 히스타민(histamine)을 분비되는데, 혈관을 팽창시켜 코를 막히게 한다. 또한 콧속에 이물질이 많아지면 신경을 자극해 재채기나 가려움증을 유발한다. 알레르기성 비염은 특정 항원 외에도 건조하고 찬 공기, 담배 연기, 먼지, 자동차 매연 등의 원인으로 발생한다. 근래에 개발된 항히스타민제는 부작용 없이 복용할 수 있다.

고음으로 발성 시 어느 정도의 높이 이상으로는 아예 고음이 나지 않는 현상은 대개 후두 위치의 상승, 즉 후두 거상근의 긴장에 의해 나타난다. 의학적으로 근 긴장성 발성장애라고 한다. 이 경우 발성을 할 때 턱이 앞으로 나오게 되고 근육들이 긴장해 턱에 힘이 들어가는 것처럼 보인다.

좋은 목소리를 내기 위한 방법

- 호흡 훈련: 복식 호흡, 숨을 깊이 들이마시고 천천히 내뱉는 연습. 풍선 크게 불기.
- 체력 단련: 규칙적인 운동을 통한 호흡 기관의 긴장 유지.
- 음악 감상 등 좋은 소리 많이 듣기.
- 허밍 연습, 좋아하는 노래 반복해서 연습, 동요 부르기.

좋은 목소리를 유지하기 위한 방법

• 충분한 수면과 휴식 시간을 갖는다.

• 취침 전 음식물을 섭취하지 않는다.

• 소음이 많은 곳에서의 전화 통화를 피한다.

• 평상시 성대를 건조하지 않게 유지한다. 물을 자주 마시고 물이 없을 때는
  혀끝을 말아서 입천장에 대고 있으면 침이 나온다.

• 가벼운 스트레칭을 통해 긴장된 근육을 풀어준다.

• 술을 마신 후에는 노래를 부르거나 큰 목소리를 내지 않는다.

• 말을 많이 해야 하는 상황일 때 따뜻한 물은 괜찮지만, 녹차와 같이 성대
  를 건조하게 만드는 종류는 삼간다.

내레이션의 힘

말은 어떻게 예술이 되는가

초판 1쇄 발행 2018년 3월 20일
초판 3쇄 발행 2019년 1월 11일

사업총괄 장충상 본부장 홍서진
편집주간 조민호 편집장 유승현
책임편집 조민호 편집 김은혜 이미순 조문채 진다영
디자인 김지혜
영업·마케팅 윤석오 우지영
제작 김동명
관리 윤지연

펴낸곳 ㈜예문아카이브
출판등록 2016년 8월 8일 제2016-000240호
주소 서울시 마포구 동교로18길 10 2층(서교동 465-4)
문의전화 02-2038-3372 주문전화 031-955-0550 팩스 031-955-0660
이메일 archive.rights@gmail.com 홈페이지 yeamoonsa.com
블로그 blog.naver.com/yeamoonsa3 페이스북 facebook.com/yeamoonsa

ⓒ 박형욱·김석환, 2018(저작권자와 맺은 특약에 따라 검인을 생략합니다.)
ISBN 979-11-87749-65-3 03320

THE
POWER
OF
NARRATION